悦读丛书

浙江省社科普及全额资助项目

浙江省社科规划一般课题
——14KPCB03YB——

人类为什么休闲

冯铁蕾 著

浙江工商大学出版社 | 杭州
ZHEJIANG GONGSHANG UNIVERSITY PRESS

图书在版编目(CIP)数据

人类为什么休闲 / 冯铁蕾著. —杭州：浙江工商
大学出版社，2018.10(2020.5 重印)

ISBN 978-7-5178-3016-0

Ⅰ．①人… Ⅱ．①冯… Ⅲ．①闲暇社会学—研究
Ⅳ．①C913.3

中国版本图书馆 CIP 数据核字(2018)第 245138 号

人类为什么休闲

RENLEI WEISHENME XIUXIAN

冯铁蕾 著

责任编辑	沈敏丽	
封面设计	林朦朦	
责任印制	包建辉	
出版发行	浙江工商大学出版社	
	（杭州市教工路 198 号　邮政编码 310012）	
	（E-mail：zjgsupress@163.com）	
	（网址：http://www.zjgsupress.com）	
	电话：0571-88904980,88831806（传真）	
排　　版	杭州朝曦图文设计有限公司	
印　　刷	虎彩印艺股份有限公司	
开　　本	710mm×1000mm　1/16	
印　　张	14.25	
字　　数	263 千	
版 印 次	2018 年 10 月第 1 版　2020 年 5 月第 2 次印刷	
书　　号	ISBN 978-7-5178-3016-0	
定　　价	42.00 元	

休闲，是为了让人类生活更美好

　　随着科学技术的进步和社会经济的发展，人类已开始步入普遍有休闲时间的社会。历史经验和社会研究表明，一个国家的人均GDP(即人均国内生产总值)的变化会影响这个国家经济社会文化的发展和人类活动及行为的选择，比如国家社会经济政策的调整、产业结构的转换升级和人们生活需求的改变，以及消费水平的增长等，最典型的就是GDP的增长会带动休闲产业的发展和休闲行为的发生。当人均GDP达到1000美元时，人们就会产生休闲需求，休闲的主要方式是观光旅游；当人均GDP达到3000美元时，休闲需求表现为休闲度假；当人均GDP达到6000美元以上，这个国家将会进入休闲时代。美国耶鲁大学教授克雷顿·奥尔德弗1969年提出的人的需求层次理论(ERG理论)合理地解释了这种现象。他把人的需求分为三个层次，即生存(Existence)的需要、相互关系(Relatedness)的需要和成长发展(Growth)的需要，简称ERG理论。人的需要有一个从低层次向高层次发展的过程，当人的基本生存需求得到满足后，会追求高层次的精神需求，休闲就是一种满足人类精神需求的高品质的生活方式和生命状态。如今，休闲方式和休闲质量已成为衡量一个人的生活品质和社会发展水平的重要标志。对社会而言，休闲是推动社会经济文化发展的强大动力，是评定社会进步和人类文明程度的重要指标；对个体而言，休闲是人们评价自我的生命质量与生活满意度及舒适度的一个准绳，也是人们发展自我、完善自我的重要手段。

　　2017年中国国内生产总值(GDP)已达到82.7万亿元，排名居世界第二，人均GDP约8582.94美元，中国已开始进入休闲社会。一方面，物质财富的丰盛为人们的休闲生活提供了必要的物质条件，人们的生活内容已从对物质财富追求的满足转而对高品质精神生活的向往，旅游、度假、运动、阅读以及各类文化活动充盈于人们的闲暇；另一方面，伴随着劳动生产率的提高，人们用于满足生活需要的工作时间越来越少，可自由支配的闲暇日益增多，这也为人们能有时间参与各类休闲活动创造了必要条件。目前中国的法定节假日是 11 天,考虑临近的双休日,一般累计休假已近一个月,2017 年国务院公布的公休假是 26 天,如果加上双休日和带薪年休假,中国在职人员正常年均闲暇约占三分之一。如何利用闲暇,未来的消费重点放在哪里? 中央电视台财经频道近两年发布的《中国经济生活大调查》显示,人们的空闲时间主要用于教育培训、舞蹈、唱歌、绘画、观影、插花、种植、旅游等方面。2016 年全国电影票房 457.12 亿元,2017 年突破 500 亿元;2016 年全国旅游人次达 45.6 亿,2017 年全国旅游人次达 50 亿。在"下一年你要购买的商品或服务"选项中,旅游选项连续两年排名第一。国家统计局的调查统计数据显示,2017 年中国百姓的人均教育文化娱乐消费支出为 2086 元,比上一年增长 8.9%,占人均消费支出的比重为11.4%。这折射出中国百姓的消费热点正从注重物质生活向注重精神需求的转移。休闲已成为人们生活中不可或缺的重要组成部分。

何谓休闲? 虽然来自不同的历史环境和不同的文化背景,人们对休闲的认识和休闲的表现形式也有很大的差异性,但休闲能提高人们对生活的满意度,能增加人的幸福感,能促进社会文化和经济的发展与进步,已成为人们的共识。国外有学者调查研究发现,发达国家的人更倾向于对自己生活满意度和幸福感的追求。生活满意度"是个体针对自身舒适、幸福程度或生活质量的一种感觉"[①]。总体而言,生活满意度越高,人就越幸福。幸福的人往往"健康、受过良好教育、收入高、外向、乐观、无忧无虑、有信仰、自尊、已婚、工作状态良好、有抱负(不论性别)、知识面广","这些人更富有爱心、更宽容、更信任别人、精力更充沛、更有决断力和创造性、更友善和乐于助人"。[②] 那么什么因素能增加人的生活满意度呢? 是不是财富越多越幸福,社会地位越高越能让人满足? 一般而言,"穷人的幸福程度相对比较低,但是,赚更多的钱并不意味着一定能提高幸福程度"。"发达国家,收入水平与个人的幸福程度之间的相关度却出奇小……当人们越是一门心思地追求诸如金钱及物质利益之类的身外之物,他们的幸福感和舒适度就越低"。[③] 2017 年央视做的《中国经济生活大调查》也发现,在中国,年 30 万元的"高收入"成为幸福拐点,再多未必就幸福。国内外学者的多项调查研究显示,增加人的生活满意度和幸福感的因素主要有:与朋友在一起、亲密关系、归属感、相同的价值观、精神交往、学习新知识、解决问题、成就感等,而这些因素恰恰可以通过休闲活动表现出来。这说明,有质量的休闲活动与人的生活满意度呈正相关。健康有益的休闲活动能丰富人们的社会生活,提高人们的生活质量。同时,休闲还能帮助人们释放压力、舒缓情绪,增加令人愉快的社会交往,增强幸福感。

---

① 埃廷顿,乔顿,道格拉夫,等.休闲与生活满意度[M].杜永明,译.北京:中国经济出版社,2009:7.
② 埃廷顿,乔顿,道格拉夫,等.休闲与生活满意度[M].杜永明,译.北京:中国经济出版社,2009:7.
③ 埃廷顿,乔顿,道格拉夫,等.休闲与生活满意度[M].杜永明,译.北京:中国经济出版社,2009:10.

然而,随着人们对休闲生活的重视和休闲活动的日益丰富,我们也不难发现,人们的休闲观念、休闲能力和休闲活动内容还存在着诸多问题。长期以来,人们对休闲一直存有误解,以为休闲就是休息玩耍、消磨时光,或者是游手好闲、"玩物丧志"。现实中,一些人没有休闲生活,将休息时间都用于学习、工作,因为休闲不足而导致紧张焦虑、身心疲惫,严重者甚至出现过劳死现象;一些人则滥用闲暇、过度休闲,打牌下棋、大吃大喝、上网游戏、逛街扫货、聚会聊天等是其主要休闲方式,其参与休闲不是为了松弛身心、舒缓压力、丰富情感、健全自我,而是追求时尚、奢侈,满足感官上的刺激和享受;还有些人因休闲能力较弱,缺乏相应的休闲技能、审美情趣和人文科学素养,休闲活动选择主观随意,盲目从众,休闲方式单一,休闲层次较低,从而导致休闲生活质量不高。当前,日益严重的娱乐化、庸俗化和功利化消极休闲倾向,不仅不利于个体的修身养性、人格完善、自我发展及身心健康,还败坏了社会风气,影响了人类文明的发展和社会的进步。

休闲不是人类天生就会的,休闲是需要培养和教育的。英语休闲(leisure)一词,源于法语,法语又源于希腊语的"Skole"和拉丁语的"Scola",意为休闲和教育,主要指发展娱乐,从中获益,同时意味着休闲与发展教育和提高文化水平相关联。美国著名休闲学专家杰弗瑞·戈比曾说:"人们的受教育程度会影响到他们在休闲时选择的活动和他们的休闲价值观。教育不仅能引发人们对很多休闲活动的兴趣,也能传授技巧、开发鉴赏力,使人们能够参与某些休闲活动。很多休闲活动没有一定的技巧就不能享受其中的乐趣,而这些技巧是要通过正规学习才能掌握的。"[①]因此,要提高人们的休闲生活水平,需要实施休闲教育。休闲教育既是个体的自我教育、家庭教育、终身教育,又是学校教育和社会教育。休闲教育一方面帮助人们厘清休闲认知误区,明确休闲既可以休息调整、放松身心、恢复体力脑力,又能陶冶性情、提高审美、完善自我,从而端正人们的休闲态度,树立积极、健康的休闲观;另一方面,也可对个体进行休闲能力与休闲技巧辅导,让其学会合理休闲、智慧休闲,学会适时选择符合自己内心感受和需求的休闲方式,从而提高生命品质和生活质量,促进人的全面发展。

休闲时代的来临还体现在休闲经济的发展和休闲产业的出现。休闲能直接带动经济发展,比如旅游观光、户外运动、体育赛事、影视制作、文艺演出、会议展览等,会带来相应的产业开发、产品推广和就业人口。西方发达国家早在20世纪90年代,就形成了以旅游业、娱乐业和服务业为龙头的休闲经济业态。美国的休闲产业已占国民生产总值的第一位,休闲产业带动的就业人口占全部就业人口的四分之一

---

① 戈比.你生命中的休闲[M].康筝,译.昆明:云南人民出版社,2000.

3

以上。当前,随着科学技术的迅猛发展和生产力水平的提高,以及人们对高质量休闲生活追求的日益强烈,休闲产业已然成为国家调整经济结构、拉动国民经济增长、带动社会就业和促进文化及环境发展的重要力量。同时,健康的休闲活动还能增强人的体魄、调整人的情绪、保持人的心理健康,增进家庭成员的亲密关系和社会成员的和谐,并且能节约医疗成本,减少人际疏离和社会偏差问题,提升社区文化建设。所以,休闲不仅关乎个人,也关乎社会、国家和未来。政府有责任有义务,建立健全法律法规和各项规章制度,建设好公共休闲设施,以保障公民休闲权利的实现。休闲产品和服务的提供者,也有责任和义务通过提供高质量的休闲产品和服务,来提高人们的社会生活满意度,增加幸福感。

全社会都应该意识到,休闲是人的生命存在的一种状态,是人的一种生活方式与生活态度,是社会、经济和文化发展不可或缺的重要组成部分,是人类文明进步的重要标志。休闲是为了让人类生活更美好! 休闲需要引领,休闲更需要教育!

2018 年 5 月

目录

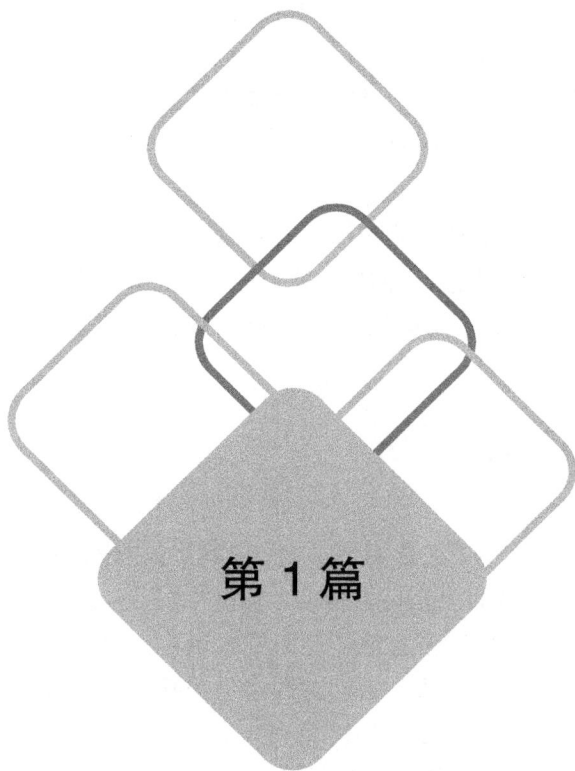

第 1 篇

概　念　篇

1.1 休闲内涵，为什么需要被重新认识

人类的发展过程实际上是不断追求和探寻更美好生活方式的过程。一个社会中人们的生活方式怎样，生活质量如何，关键的考量要素是休闲。休闲是社会、经济和文化发展不可或缺的部分，是人类文明进步的重要标志。

休闲是一个动态概念，不同时代、不同文化背景下，人们对休闲含义、休闲方式、休闲价值的理解是不一样的。

长久以来，我们一直对休闲的理解有些狭隘和偏颇，以为休闲就是玩儿，甚至是游手好闲；或者说休闲即休息，人们在劳动、工作之后，需要休息，恢复体力，以便投入新的工作。如果工作繁多，宁愿少休息。这一概念从中国古汉语"休"和"闲"的字义中即可窥见一斑。

1.1.1 休闲词源、含义

中文"休"由"人"与"木"组合而成。《说文解字》中指出："休，息止也。从人依木。"[1]意为人倚着树木或人坐在树下休息。因此"休"与"劳"是一个相对应的概念，有休息、休憩、休养等暂停劳动之意。人们寻找歇息之地，大树之下是最适合的选择，这也意味着"休"字体现了人与自然的和谐与美好相处。"休"字在古汉语中还有"吉庆，美善，福禄"[2]的意思。因此"休"可引申为美好、欢乐、悠闲和安逸之意。

"闲"字在中文的繁体字中被写作"閒"，《说文解字》中指出："閒，隟也。从门从月。"[3]隟者，缝隙、空隙、门缝。隙谓之闲。段玉裁《说文解字注》："开门月入，门有缝而月光可入。""闲"由"门"与"月"组合而成，是"门中镶嵌着一轮明月"的象形，其意象为家中一轮明月。在静谧的夜晚，明月高挂，和风徐来，引人遐想。人或独处静思，或与家人相聚，所以，"闲"有空闲、安闲、闲适、闲逸、安逸等意思。"闲"还通"娴"，有熟习、熟练、娴熟、娴雅、文雅之意。引申为心绪的平和、安宁与悠闲、闲邃、娴静等。"闲"还有"范围、界限、道德、法度、限制、约束"等意思。

"休"与"闲"组合成"休闲"，一般意义上有两方面含义：一是指人依木而"休"，

---

① 许慎：说文解字[M].上海：上海古籍出版社，1981：270.
② 辞海[Z].上海：上海辞书出版社，1999：609.
③ 许慎：说文解字[M].上海：上海古籍出版社，1981：251.

休息、休养,目的是解除体力上的疲劳,从劳作中恢复生理平衡;二是指人在"休"中感受到的一种轻松自在、悠闲舒适的生活状态。人在完成社会必要劳动之后,通过一些修养身心、颐养精神的活动使心情得以放松,精神获得慰藉。由此,休闲被赋予"和谐、美好、纯洁"的哲学意蕴,意味人在完成工作和满足生活需要之后而享有的安逸、恬静和闲适的生活。这意味着,休闲是人的生命状态的一种存在方式,是一种美好的精神享受过程。

英语"休闲"(leisure)一词来源于法语,法语的词语来源有两种说法,一是源于拉丁文的 licere,指"被允许""合法的"或"自由",意为"从工作或职业之外获得自由"或者说是"被允许的行为",亦即从日常事务中暂时获得解脱而进行的活动,使身体得到休息、恢复,精神得以放松、重振。二是源于希腊语的"Skole"或"schole",指"休闲娱乐活动和学习活动的场所",意为休闲、自由、自在或是免于被占有的心态和情境,同时也象征着教育、自我教化。我国休闲学研究开拓者马惠娣认为,英文"leisure"一词来源于法语,法语来源于希腊语和拉丁语。"休闲",在希腊语中为"Skole",拉丁语为"Scola",意为休闲和教育;即发展娱乐,从中得益,并与文化水平的提高相辅相成。① 在西方语境下,休闲是一种被允许的、合法的,与劳动、工作相对应的行为或状态。而且休闲还是一种具有一定规范性和创造性的学习活动,它以丰富和创造生命活动、完善自我为目的,是需要后天习得和培养的。

从以上我们对中英文"休闲"词源含义考察中发现,中西方"休闲"词义有很多共通之处。一是,休闲是与工作、劳动相对应的人类的一种生活方式。人为了谋生,在完成必要的工作和职业发展需要之外所进行的合理合法的行为或活动,这种行为或者说活动,除了必不可少的以恢复体力、平衡身体机能等内在需要功能之外,还有愉悦身心、陶冶性情、促进自我发展的娱乐性功能。休闲是一种包含内在感知和情绪体验的正能量活动,既能让人感受到欢乐、美好和幸福,又能使人在愉悦身心过程中得到心灵净化和自我升华。二是,休闲是一种体现人性精神需要和社会道德要求的价值追求。中国古汉语中,"休"有美善、美好之义,"闲"有道德、界限和约束的内涵,休闲指一种对人有一定约束力的美好的道德生活;古希腊语境下的休闲是一种合法的、被许可的活动。因此,休闲的本意与道德不可分割,是人类独特的生活方式。人在劳动、工作中要遵守规则、规范,在休闲活动中应同样遵从道德要求。三是,休闲是一种能力,是需要培养和教育的。中文"休闲"一词被赋予"和谐、美好、纯洁"的哲学意蕴,强调内心宁静、独立思考、自我教育。诸葛亮在《诫子书》中表达的"夫君子之行,静以修身,俭以养德。非淡泊无以明志,非宁静无以致远"就是这种境界。英

---

① 马惠娣.人类文化思想史中的休闲:历史·文化·哲学的视角[J].自然辩证法研究,2003(1):55-65.

文"休闲"一词直接与学习、讨论、教育和教养相关,认为休闲本身就是一种教育活动,是一种追求高雅、涵养性情的活动。英国著名哲学家罗素说:"能否聪明地用'闲'是对文明的最终考验。"①基于这一理念,休闲教育在西方国家成为个人、家庭、学校、社区和国家都愿意投入的养成教育。

虽然我们现在正享受着休闲生活,休闲已成为现代人不可或缺的生活方式。但当前我们似乎已忘却了休闲的本质含义,我们对休闲的理解和认识只停留在表层,比如,休闲是一种休息与放松身心的娱乐活动,休闲是个体追求自我的自由之境,休闲是奢华与高贵身份地位的彰显等,甚至有人在休闲过程中放纵自己、迷失方向,导致休闲异化。提供休闲产品和服务的机构也过分注重商业利益,忽视对服务对象的积极健康引导和培养其对公共利益的社会担当。因此,我们有必要对休闲概念有个重新认识。

1.1.2 休闲定义

如何给休闲定义?由于休闲已渗透到经济、社会、体育、旅游、心理和文化等多个领域,其内涵与外延较为宽泛,研究者的学科背景、研究角度、研究重点也不尽相同,这就很难给休闲下一个公认的定义。目前学界主要从闲暇、休闲活动、休闲的存在状态以及休闲心理体验等维度来定义休闲。

一是将休闲界定为时间。这种观点认为休闲是人的生命历程中除了为解决生存而必要的工作(劳动)和满足生理需要时间以外的"闲暇",即人们在完成了工作(劳动)和家庭社会责任及吃饭睡眠等维持生存需要以外的剩余的时间,也就是个体可以自由支配的时间(free time)。人的生活时间包括生理时间,即吃饭睡觉时间、工作时间和闲暇三种。闲暇是扣除了生理时间和工作时间以外的人可以自由支配的时间,这个时间即休闲。被视为现代休闲学鼻祖的美国制度经济学家托斯丹·邦德·凡勃伦(Thorstein B Veblen)在《有闲阶级论》中指出,随着私有制、社会分工的出现,一部分人开始不从事生产,成了有闲阶级。他们"不事工作而专事掠夺,追求金钱,并炫耀财富或穷奢极侈"。"'有闲'这个字眼,指的并不是懒惰或清静无为,这里指的是非生产性地消耗时间。所以要在不生产的情况下消耗时间,是由于:第一,人们认为生产工作是不值得去做的,对它抱轻视态度;第二,借此证明个人的金钱力量可以使他安闲度日,坐食无忧"。② 美国的某些教科书也认可这种说法:"休闲接近

---

① 戴超.世界思想史[M].长春:吉林人民出版社,1998:157.

② 凡勃伦.有闲阶级论:关于制度的经济研究[M].蔡受百,译.北京:商务印书馆,1964:37.

于作为超越生存、养生、休息和其他必需的生活所要求的时间以外的时间。"[①]

从时间角度界定休闲源于工业革命的兴起。随着生产力的发展和进步，一方面生产过程开始高度组织化、标准化和精细化，人们有了工作时间和闲暇的区分；另一方面，随着劳动生产率的提高，人的劳动时间开始逐渐缩短，闲暇逐渐增加，休闲成为可能。将休闲定义为"闲暇"或"自由支配的时间"，会产生一些问题，比如，不同的社会环境、不同的文化、不同的群体，很难界定人生中的三种时间概念。像有宗教信仰的人，他们参与宗教事务也许比其吃饭、睡觉等时间更重要，那用于这种活动的时间该如何计算？另外，弹性工作者，如大学教师、艺术家、运动员，还有学生、退休人员、失业者，甚至乞讨者，他们的闲暇如何界定？因此，将"闲暇"或"自由支配的时间"界定为休闲，有失偏颇。

二是将休闲界定为活动。这种观点认为，休闲是人们在正常从事工作及履行各种社会家庭责任后自由选择的个人偏好性活动。法国社会学家杜马泽德尔(J. Dumazedier)提出，休闲应包括"一系列在尽到职业、家庭与社会职责之后，让自由意志得以尽情发挥的事情，它可以是休息，可以是自娱，可以是非功利性的增长知识、提高技能，也可以是对社团活动的主动参与"[②]。法国另一位学者让·皮尔斯(R. Pierce)认为，休闲是"自愿性而非强迫性的活动，休闲的目的并不在于维持生计，而在于获得真正的娱乐"[③]。我国学者张广端、宋瑞将休闲定义为"休闲是人们在自由的时间内可以自主选择从事某些个人偏好性活动，并从这些活动中获得惯常生活事物不能给予的身心愉快、精神满足和自我实现与发展"[④]。休闲活动多种多样，包括娱乐、旅游、运动、阅读、唱歌、跳舞、养花、垂钓等，参与方式可以是个人独自进行，也可能是与同伴一起，还有一种是群体活动。

休闲的主要方式是通过某种活动进行的，但有些活动可能无法确定其属性，比如，打篮球、踢足球、游泳、下围棋、下国际象棋等对很多人而言是一种个人兴趣、爱好，或者是一种用来锻炼身体的休闲方式，但对很多职业运动员或棋手来说，他们打球、踢球、游泳、下棋则是一种职业、事业，是能给其带来报酬，并且帮助其实现梦想的一项工作、一个理想信念。像美国 NBA 球员年薪百万，甚至上千万美元，即使有人也许不喜欢这项工作了，但打篮球已成为其生存和发展的主要方式，他们也可能不得不继续进行下去。当然，还有像中国著名篮球运动员姚明那样的球员，能将兴

---

① 戈比.你生命中的休闲[M].康筝,译.昆明:云南人民出版社,2000:14.

② DAMAIEDITEKJ. Curent problems of the sociology of leisure [J]. International social science journa, 2012:526.

③ PIEREE R. Dimensions of leisure 111：charaeterjstjes [J]. Journal of Leisure Researeh,1980(12)：273-284.

④ 张广端,宋瑞.关于休闲的研究[J].社会科学家,2001(5):20.

趣、能力与职业和事业结合起来,既能感受到篮球运动带来的快乐、满足和为国争光的自我价值的实现,又能享受到篮球事业带来的经济利益。

三是将休闲界定为精神状态。休闲是个体在完成了工作及履行了各种责任义务后而享有的平和、恬静和悠然的存在状态,是一种精神放松、心情愉悦的生命状态。休闲最重要的一项特质是不受他人控制和外力干扰,按照自己意愿自由进行选择。如果一个人与家人外出休闲度假却不断接到工作电话、邮件,可想而知,他就不可能全身心地投入休闲活动中。美国休闲社会心理学家约翰·纽林格认为,休闲为一种精神状态,而非活动或时间;休闲既非环境,亦非行为,而是与之相伴随的态度;休闲不是依据其地点、内容或时间要素来定义的,而是指与这一切相关的精神状态。这种精神状态既不意味着与工作状态完全脱离,也不意味着在时间上没有明确的界线,而是指精神世界与尘嚣世俗、物欲功利的疏离,是一种自由自在的,享受生命的过程。美国社会学家约翰·凯利认为:"休闲最好被理解为一种'成为状态'(State of becoming),也就是说,休闲并不仅仅是当前的现实,而是动态的;它包含许多面向未来的因素,而不仅仅是现存的形式、情境和意义。因此,应该通过其行为取向而不应以时空、形式或结果来对休闲加以界定。"[1]美国另一位休闲学者杰弗瑞·戈比认为:"休闲是从文化环境和物质环境的外在压力中解脱出来的一种相对自由的生活,它使个体能够以自己所喜爱的、本能地感到有价值的方式,在内心之爱的驱动下行动,并为信仰提供一个基础。"[2]

将休闲界定为一种精神状态的历史最早可追溯到亚里士多德。他认为,休闲是一种"不需要考虑生存问题而心无羁绊"的深思状态,也就是"以欣然之态做心爱之事"。应该说"心无羁绊"仅仅是一种理想,是一种美好的愿望。现代社会的复杂多变和快速发展不可能让人毫无羁绊。理想的休闲状态应该是工作与休闲的平衡,能做到这一点是需要能力和勇气的。

四是将休闲界定为心理体验。休闲是一种观念,更是一种情绪体验,是一个人的自主选择和主观上的无拘无束感,是一种美好的享受。一个人选择阅读、唱歌、逛街,还是登山、滑雪、蹦极,完全是自我内在力量的驱动。心理学家约翰·纽林格认为,"休闲有且只有一个衡量标准,这一标准便是心之自由感(perceivel freedom)。只要一种行为是自由的,无拘无束的,不受压抑的,那它就是休闲的。体验休闲,意味着沉溺于作为自由行为者和自主选择人的活动"[3]。这种观点认为,休闲并非自由时间,也并非闲着,休闲是一种感觉,只要你感觉到了,就达到目的了。无论你从事

---

① 凯利.走向自由:休闲社会学新论[M].赵冉,译.昆明:云南人民出版社,2000:22.
② 戈比.你生命中的休闲[M].康筝,译.昆明:云南人民出版社,2000:14.
③ NJ. To Leisure:An Introduction [M].Boston: Allyn &Baeon,1981:11.

任何活动,包括工作,只要你内心感受到充分的自由,无拘无束、不受压抑,那你就是在休闲。

这种把休闲定义为人的一种心灵的自由和主观的内心体验,与外界客观环境完全无关的论点也是有失偏颇的。虽说休闲的前提需要人内心的充分自由,休闲的功能只有通过人的内心体验才能得以实现,但不能以此就认定休闲仅是一种内心直觉,只是一种纯粹的、不受限制的内心体验。不同的人对同一事物的体验是不一样的,而且内心感受也是客观环境作用的结果,休闲并非与外界事物无关,休闲会受制于外界因素的影响。比如,同样是料理家务,洗衣、做饭、擦地等,有人将之视为劳动,是社会分工的一部分,做家务是基于义务责任,虽也能接受,但没有快乐感,有时甚至会任劳不任怨;有的人则从家务活动中体验到幸福感、满足感,因为漂亮的窗帘、温馨的陈设、丰富的佳肴,是自己精心挑选和制作的,是为了自己和所爱的人的一种付出,既有成就感也有享受感。再者,如果仅将休闲界定为内心感受和体验,则有些感受和体验有可能是消极的、悲观的,甚至是有害的,会将人引入歧途,比如吸毒、赌博、放纵等,这些不能被认定为休闲。

以上四种维度定义休闲,都有一定合理性,但因为只是从某一角度出发,不够全面。定义休闲应该将休闲的前提、本质和功能要素等涵盖完整。首先,休闲的前提是需要有闲暇,也就是休闲必须是在完成了必要的工作和履行了各种社会责任义务以及生理需要被满足后的剩余时间内进行的。社会经济越发达,人们的工作时间相对减少,闲暇相对增多,参与休闲才有可能。但闲暇并非休闲。其次,休闲是出于自己内在需要的一种自由选择,而不是任由他人安排。再次,休闲是个体基于兴趣而进行的有助于自我身心发展需要和精神满足的活动。休闲活动多种多样,能给休闲者带来愉悦感、幸福感体验的活动最符合休闲的本质特征。最后,休闲体现了人的生命存在的一种状态,体现了一个人的一种生活方式和生活态度,同时,休闲还是一种文化现象,不同的价值观有不同的休闲选择。人的生命历程或者说生活内容若用两个词语来概括,那就是工作和休闲。休闲是人的生命的一种存在方式,不同的社会环境,不同的文化背景,人们的休闲内容是不一样的。

我们可以给休闲做如下定义:休闲是人们在可自由支配的时间内,自主选择的符合个人兴趣,并从中获得身心愉悦、精神满足和自我实现与发展的相对自由的生活方式。休闲是人的一种自由选择,是人的一种自在心境、自我教化和生命存在状态。

1.2 休闲，为什么是一种生活方式

休闲与人的生活息息相关。从广义的角度讲，人的生活由两部分构成，一是劳动(工作)，二是休闲，两者共同构成了人类生活的全部内容。劳动是人存在和发展的基础，甚至劳动创造了人本身。没有劳动，人类将无法存在和发展；但仅有劳动是不够的，如果仅有劳动而没有休闲，那人就失去了生命的意义和生存的价值。"从本质上说，劳动仅仅是人类生存的手段和方式，休闲才是人类生存、发展的目的和结果，是人类追求的理想和社会发展的归宿"。[①] 实际上，人类的发展过程就是不断追求和探寻更美好的生活方式的过程，美好生活的标志主要是休闲的质量高，而休闲又是通过人的生活方式与生活态度表现出来的。

所谓生活方式，就是人类生存、发展及活动方式的总体模式。广义的生活方式是包括生产方式在内的全部人类社会活动；狭义的生活方式指除生产活动以外人类全部的社会生活活动。生活方式既受所处的社会环境影响，又受自然环境制约，还受一定的价值观主导，因此，不同的人、不同的群体和不同的时代，人们的生活方式有各自的特点。马克思曾说："人们的存在就是他们的现实生活过程。"[②]人的生活方式包括物质生活方式与精神生活方式两种，主要通过生活习惯、消费方式、生活品位、人际交往以及休闲方式等表现出来，其中休闲涵盖的范围更广，生活习惯、消费观念与消费方式、人际沟通与人际关系以及生活品位等都能通过休闲过程体现出来。任何生活方式都是生产力发展的产物，受社会经济、政治和文化发展的影响与制约，我们可以透过生活方式了解那个时代的生产方式。生产方式决定生活方式，生活方式反映生产力的发展状况。农业社会，生产力发展水平较低，人们日出而作，日落而息，仅仅能维持最低的物质生活，几乎没有专门的休闲活动。伴随着机器化大生产的出现和劳动生产率的提高，社会物质财富增加，人们的劳动时间开始逐渐减少，闲暇增多，在满足物质生活的同时，人们开始追求精神生活，休闲也就成为生活方式的重要内容。

一个社会中人们的生活方式怎样，生活态度怎样，生活质量又如何？休闲是衡量的一个重要标准。尤其在经济全球化、信息网络化、价值多元化的今天，人们的休闲方式也越来越多元化。比如，早期人们的休闲方式主要是唱歌、跳舞、绘画、书法、

---

① 刘海春.休闲与生命教育[M].北京：人民出版社，2008：38.
② 马克思恩格斯全集：第1卷[M].北京：人民出版社，1995：72.

游玩、聊天、购物等娱乐性活动,现在更多的是旅游度假、阅读写作、学习培训、体育健身、艺术欣赏、手工制作、园艺活动、美食品尝、极限运动、慈善公益等。多元化的休闲方式一方面极大地丰富了人们的社会生活,提升了人的生命质量与生活品质,另一方面也对人们休闲方式的选择提出了新的挑战。选择什么样的休闲方式成为人们人生价值的目标追求。

1.3 休闲理想,为什么要以自身为目的

休闲是一切生物的本能,没有休闲,一切生物的生命体都无法存在,当然也就无法延续。休闲更是人类的理想,因为休闲是人对美好生命状态的一种向往,是对美好生活方式的一种追求。每个人都渴望休闲,"拥有闲暇是人类最古老的梦想——从无休无止的劳作中摆脱出来;随心所欲,以欣然之态做心爱之事;于各种社会境遇随遇而安;独立于自然以及他人的束缚;以优雅的姿态,自由自在地生存。西方社会有一个共同的理想,就是以自己的方式生活,做自己想做的事。毋庸置疑,这也是你个人的愿望。"①美国著名休闲学家杰弗瑞·戈比如是说。

人人都希冀过上美好的、愉快的、有希望和有尊严的生活,而这种生活恰恰是由休闲带来的。古希腊哲学家曾论述过休闲与知识、能力、自由、美德、愉快和幸福的关系,在他们眼中,休闲是人存在的一种方式和一种精神态度,是人的价值存在的一种表现形式,是人的本体论意义之所在,是人的灵魂的场所,是人获得自由、快乐、友善、宁静、体验和创造的源泉。亚里士多德曾说,休闲是一切事物环绕的中心。马克思在论述人类社会发展规律时曾预言,未来的理想社会是一个自由人的联合体,是一个人的全面自由发展实现了的社会。在那里,每个人的休闲权利和休闲生活自由都能够全面落实,人人都能按照自己的意愿自由地发展自己想要发展的素质和能力,不必为谋取生活资料而奔波操劳,可以在艺术、科学方面获得发展。可以说,休闲既内在地包含在人的全面自由发展的目标之中;又现实地促进着人的全面自由发展。休闲体现了人本身。

1.3.1 休闲关乎人的生命

休闲是人的生命存在状态,是人的生活方式。杰弗瑞·戈比说:"休闲,从根本

---

① 戈比.你生命中的休闲[M].康筝.译.昆明:云南人民出版社,2000:1.

上说,是对生命之意义和快乐的探索。"①人的生命状态怎样,生活质量如何?关键的考量要素是休闲质量。人类的一切生产活动,或者说促进经济增长,实现经济发展的目的都是"生活",是创造更好的"生活质量",最终是提高人的生命质量。但在现实生活中我们也看到,人们努力工作,创造了丰富的物质财富,提高了物质生活水平后,并未感到富裕带来的幸福。"怎样生活,选择什么样的生活方式才是幸福的",成为我们今天要考虑的主要问题。人们已深刻地认识到,物质需要满足后,精神需求的满足成为衡量人们幸福生活的重要指标,高质量的休闲活动能帮助人们达成这一目标。人的理想的生命状态或者说生活方式如果能呈现出劳动与休闲生活适宜、身心和谐、生活环境舒适惬意、生活情趣丰富多彩、人际交往顺畅、饮食服饰舒服时尚等特点,那伴随着生活质量的提高,人的生命品质也将得到提升。

1.3.2 休闲关切人的自由

休闲是人的自主选择,其本质是自由。自由是人的基本生存价值之一,人之所以为人就在于人的生命具有自由自觉之本质特征。亚里士多德曾说:"人本自由,为自己的生存而生存,不为别人的生存而生存。"②海德格尔将自由看作是"人的存在状态"。马克思更将自由视为人的天性,"自由确实是人所固有的东西"。③ "一个种的全部特性、种的类特性就在于生命活动的性质,而人的类特征恰恰就是自由的自觉的活动。"④在马克思看来,人作为一个特殊的物种,有自己的"类"本质,这种"类"本质,就是人的生命活动的性质,而人的生命活动本质上是一种自由自觉的活动。自由是对人自身内在价值与独立人格的坚守,是人类生来就有的不可剥夺的权利。作为自由的人,"不以物使,不为物役",潇洒自如,追求自我。能够自觉的人,对自己的生命活动能有所觉察、领悟和反省,能够让自己获得平静、豁达、闲适;对他人、群体和文化能够理解、认同和包容,能够体会到其他文化的存在,使自己的整个世界变得更为宽容和多元;对自然能够感激与敬畏,从而达到天人合一的境界。当人能够摆脱尘世间的一切烦扰、压力,达到自由、自在、自得的生命体验时,就能够回归到本我状态,身心放松,进入一种酣畅淋漓的和谐境界,生命得以更好地延续。人类的这种生命活动体验过程,即生命主体表现出的一种自觉、自主的活动状态和境界,是能够通过休闲来表达和实现的。

---

① 戈比.你生命中的休闲[M].康筝,译.昆明:云南人民出版社,2000:1.
② 亚里士多德.形而上学[M].吴寿彭,译.北京:商务印书馆,1959:5.
③ 马克思恩格斯全集:第1卷[M].北京:人民出版社,1961:63.
④ 马克思恩格斯全集:第42卷[M].北京:人民出版社,1979:96.

现代社会,休闲是一项得到法律保障和社会认可的公民基本权利,只要遵守法律和规章制度,每个人都有自己的自由选择权,过自己想要的休闲生活。正因为休闲本质上的这种对生命和自由的不懈追求,其本身也就充满了诗情画意。不同的人因对生命的感悟和生活的理解不同,对事物的观察和分析角度的有别,使得他们的休闲选择、休闲方式和休闲体验异彩纷呈。

1.3.3　休闲关联人的发展

休闲活动是个人基于自身需要和兴趣,自主选择的活动,能最大限度地满足个人的愿望。一方面,人在休闲活动中的积极性、主动性特点,使其容易获得成就感、满足感和幸福感;另一方面,人可以暂时摆脱现实生活中的压力、烦恼,身心得到放松,而且在尽情享受休闲生活的同时,还能涵养性情、完善个性,促进自身全面发展。

首先,休闲活动能帮助人开阔视野,扩展知识领域,培养创新能力。休闲是一种能力,需要知识、技巧,休闲是一种智慧,需要创造性、独立性。人的休闲活动,有些需要借助已有知识、能力进行,如运动、唱歌、做慈善等,有些则需要进一步提升能力或学习新的知识、技巧来完成,因此,休闲者需要主动学习相关知识,提高休闲技能。比如,有人喜欢园艺,在自家院子种花种草,那就要学习植物学等相关知识;如果想打网球、高尔夫球,那就要接受正规的技术培训等。当前不少人热爱潜水、飞行等,那就更需要进行专业的学习训练。积极健康的休闲活动还能激发人的灵感,启迪人的智慧,培养人的创新能力。休闲的本质是自由和自主,人在自由开放的环境下,精神舒畅,神清气爽,思维活跃,可以自由地探索自己感兴趣和关心的各种问题,创意往往在这个时候出现。比如有的音乐人,每年拿出近一半时间外出观光,看似旅游度假,实则音乐采风,大自然的旖旎风光与内心翻涌的情感相互交融,一首美妙的音乐作品或许就会由此产生。

其次,休闲活动能滋养与陶冶人的性情,提高人的生活情趣,培养人的审美能力,并促进其道德升华。休闲活动具有审美的自由性、主观性、愉悦性和情感性等特点。人的审美能力往往都是在休闲过程中实现的,文学艺术作品的精妙绝伦、旅游途中的秀丽风光、运动健身的酣畅淋漓和体育比赛观赏带来的激情享受,无不让人感受到"畅爽","畅爽"的体验过程就是一种审美活动过程。审美活动具有升华人的精神境界,促进人的内在精神与外在世界完美统一的功能。通过具有审美价值的休闲活动,人的审美意识得以唤醒,审美情趣得到增强,审美能力和审美情感得以提升。同时,人的性情得以涵养,道德境界得以升华,人格得以完善。柏拉图曾说:"美具有引人向善的作用和力量。"审美过程中,那些具有审美意义的事物,作用于人的思想情感中,进而孕育出某种向善的倾向,以潜移默化的力量,影响、规范着人的行为,使人在净化心灵的同时,达到审美的愉悦和升华,从而因美而向善,提升自己的道德品质。比如,人在休闲活动中,与大自然接触,体味山水的生命质感与气息,有可能会铸造坚韧、坦荡、虚怀若谷的品格;与他人和社会交往,感受人世间的温暖、和谐,有可能会产生真诚、友善和分担共享的情愫,进而培养健康向上的人格品质。

最后,休闲活动能增加人的交往互动,培养合作精神,促进自我完善。休闲活动往往是通过群体方式进行的,比如与家人、朋友、同事或相同爱好的人等共同经历。关系亲密和兴趣相投的人走到一起,在共同参与的休闲活动中,必定会发生互动行为,不仅能借助休闲活动认识自己、了解他人,建立更和谐的人际关系,还能学会理解、沟通、交流,培养合作精神。比如,工作之余参与休闲活动,有可能结识新的朋友,扩展人际交往空间;有可能通过沟通互动,增进同事之间的了解,或许会化解以前的不愉快。有些休闲活动是家人一同参加的,通过休闲活动,家人之间可以分担分享,形成温馨和谐、快乐满足的氛围,增进家人之间的亲密关系。再有,休闲过程中的交往互动,让人们能彼此交流、分享资讯,开阔视野,同时,还可促进人们取长补短,发挥潜能。人际交往的互动过程实际上是不断丰富自己、完善自我的过程,是促进个体得到全面自由发展的过程。

1.4 休闲相关概念分析

由于不同的个体、社会环境和文化对休闲概念理解的差异,加之休闲又表现出不同的类型并通过各种具体活动来体现,就产生了诸多休闲相关概念,比如,闲暇、休憩、游戏、消遣、娱乐、游憩、旅游和旅行等。我们应对相关概念的相似性与不同点有所理解。

1.4.1 闲暇

闲暇是一个时间概念,指人们扣除劳动(工作)时间、生理满足时间(如吃饭、睡眠等)及履行社会责任和家庭事务活动时间之外的剩余时间。换句话说,闲暇是指个人不受其他条件限制,完全按照自己意愿能利用或支配的自由时间。马克思将自由时间看作"非劳动时间",是"可以自由支配的时间","这种时间不被直接生产劳动所吸收,而是用于娱乐和休息,从而为自由活动和发展开辟广阔天地。"①可以说,闲暇的本质是自由。

闲暇包括日闲暇、周末、节假日和年休等。闲暇的长短与生产力的发展水平和社会的文明进步有关。经济越发达、社会文明程度越高,人们的闲暇就越多,闲暇的增多,使人们的休闲生活有更多的选择成为可能。因此,闲暇的多少,是衡量在一个社会中人类生存发展状态和生命品质、生活质量的重要标志。

闲暇与休闲并非一个概念。闲暇是休闲的前提,没有闲暇,就不可能拥有休闲;但有了闲暇,并不意味着一定会有休闲。因为,闲暇可以用来休息、享受、娱乐、消磨时间、挥霍、发展自我等。人们的休闲观念不同、休闲能力不一,对闲暇的利用会有所差异。有的人可能会利用闲暇,做自己喜欢的、感兴趣的事情,如唱歌、运动、钓鱼、养花、旅游等来放松身心、调节自我,获得精神享受;有的人可能会利用闲暇,阅读、进修、受训等来充实自己、发展自我,实现自身价值;有的人可能会在闲暇无所事事、大吃大喝、赌博酗酒,挥霍时光、放纵自己,最终害己害人。前两者是有益于自己和社会的积极行为,是健康休闲方式;后者则是一种消极行为,不能称为休闲。所以,学会休闲,首先要从闲暇的合理利用与支配开始。

1.4.2　休憩

休憩即休息,一般指在劳累时,暂停劳动(工作)或其他活动,使身心得以休整,体力与脑力得到恢复,为的是再继续投入劳动(工作)。

休憩并不是休闲。休憩往往与劳动(工作)相对应,是一种被动的身心调节、休养生息,是基于生理所需,是为了平衡生理机能,延续生命。休闲则是人的一种主动选择,是为了追求人的生命品质和生活质量,在人完成生存需要的劳动和履行好各种社会责任家庭事务之后,自主选择的使自己获得身心愉悦、精神满足的更高需要的一种生活方式和生存状态。

1.4.3　游戏

游戏有玩耍、嬉闹、游乐和娱乐之意。游戏是人的本能、自发的行为表现。从广义来讲,游戏既包括有规则的竞争性活动,如体育竞赛、歌唱比赛、演讲比赛、市场竞争等,也包括无规则的自由自在的活动;狭义的游戏主要指有规则的游戏,即在一定

---

①　马克思恩格斯全集:第 26 卷[M].北京:人民出版社,1974:281.

规则约束下,人们自愿参加的轻松的、有趣的、娱乐性强的互动休闲活动。游戏的本质是乐趣,乐趣始终贯穿于游戏过程中。人类自诞生之日起就开始了游戏,儿童的很多时间都用于游戏,成人也有游戏,只是内容、方式方法和目的不同。游戏是人类认识自我、了解周围世界的主要方式,它传载着一个民族、群体的习俗、价值观和社会规范,是年轻人实现社会化的重要途径。现在人类的游戏形式主要有智力性游戏(如围棋、桥牌、猜谜、拼图等)、活动性游戏(如捉迷藏、跳绳、踢毽子等)、竞技性游戏(如篮球、乒乓球、网游等)。游戏的特征主要表现在:

第一,游戏是有规则约束的自愿行为。任何游戏都有规则,所谓规则是指在游戏过程中必须遵循的行为守则。不同的游戏有不同的规则,对所有参与者都有约束力,否则游戏就无法进行。有些游戏,规则在前,若有变,游戏要暂停下来,共同商议重新确定规则后再继续进行。游戏的本质特征是有乐趣,有乐趣的前提是自主、自愿,不受外力压迫地做自由选择。但这种自由并非无拘无束,是在一定规则下的自由,这样才能保证对参与的每一个人都是平等的,游戏本身才有意思。比如,篮球比赛、足球比赛有明确的规则,参与者在共同规则下,可以尽情发挥、自由驰骋。裁判来掌握规则、执行规则,裁判不能既当裁判又当球员,那样,就不平等了。而且,规则是公开、透明的,对所有人都具有约束力。

第二,游戏是不同于日常生活的大众化的性情活动,参与者一般都能从中获得愉悦感和审美体验。参与者一旦置身其中,往往能忘却工作、生活中的烦恼,尽情地扮演游戏中的角色,并从中获得快乐的体验。

第三,游戏具有过程中的竞争性和结果的不确定性等特点,对参与者会产生巨大的吸引力。游戏一般都充满着竞争性、挑战性,这恰好能满足人的求胜欲、征服欲。游戏虽夹杂着偶然性、运气和不确定性等因素,但更要靠智慧、技巧、能力和胆识,参与者沉浸其中,往往会全力以赴、乐此不疲,尤其是竞技体育活动。比如,足球比赛中的德比大战,一开始充满的火药味和不确定性,就给人带来无尽的遐想和期待,因而增添了比赛的可观赏性。

第四,游戏发生在所有文化中,它“是文化的基础”,是创造的源泉。“人的一切发明创造,包括哲学和生物学、伦理学和美学、人类学和教育学、科学和宗教等都能在游戏中找到共同的基础”,“从文化最早的起点一直延展到我们目前生活其中的文化阶段,游戏伴随着文化又渗透着文化。即使如今人类文明生活中秩序的形成,都可以说是源自游戏”。[①] 游戏是一种普遍现象,从古希腊时期到现代社会,人类的很多发明创造和科学研究都起始于人的兴趣、好奇心和想象力,而这些往往来自游戏

---

① 于光远,马惠娣.于光远马惠娣十年对话:关于休闲学研究的基本问题[M].重庆:重庆大学出版社,2008:106.

过程中的灵感,如显微镜、望远镜、蒸汽机的发明,相对论的提出,等。

游戏不仅能使人在日常生活之外获得身体与精神上的放松,在情绪情感体验中获得愉悦感和美的享受,还能促进人在游戏过程中开发智力潜能,提高发现问题、解决问题的能力。孩子之间的沟通与交流主要是通过游戏中的角色扮演和模仿互动等活动来实现的。借助游戏所需的各种能力和技巧,可训练、协调孩子的身体机能,激发其主动性、灵活性和创造性。可以说,人是在游戏中成长起来的,游戏是丰富和改善人类生活质量的最主要的休闲形式。

游戏与休闲既有联系也有区别。两者都是相对于工作(劳动)而自由选择的行为,但相对而言,休闲与工作(劳动)基本上相对立;游戏有时会与工作或者学习相伴随,比如,枯燥的知识学习和超长时间的重复性劳动,如果转换成有趣好玩的游戏,可以达到意想不到的效果。比如网络游戏《大航海时代》设置的国家、城市、历史文化等基本尊重了史实,使玩家在有意无意中学到了也许曾经厌烦过的或不了解的地理知识、航海知识和历史文化知识等。游戏与休闲都能给人带来快乐和享受,但游戏主要让人感到精神和肉体上的放松与愉悦,休闲除此之外,还注重人的自我完善、全面发展,层次更高些。再有,游戏本身也是休闲生活的一部分。

1.4.4 消遣

消遣,即消磨,排遣,消闲解闷。是指人主动选择做让自己感觉愉快的事情,用以打发空闲,度过闲暇之意。

消遣是一个中性词,有打发时光,或消闲解闷的意思。不具有休闲性质。

1.4.5 娱乐

娱乐从词义上讲,指欢乐、快乐,使欢乐,快乐有趣的活动等。由此,人们对娱乐这一概念存有误解,以为娱乐不是一件严肃的事情,而仅是游戏,是取乐,更指相关机构、大众传媒等给人们提供的那些刺激感官,让人快乐的大众化商品和服务,比如电影、电视、演唱会、体育比赛、杂技表演、魔术表演、游园活动等。这种定义方法认为,娱乐是能让人获得生理上的快乐满足,具有感官享受作用的大众化活动,而那些传授知识、给人教益的健康、高雅活动则不属于娱乐,因为那些活动的本质不是为了使人快乐,给人带来感官享受。其实,娱乐不仅能给人带来生理上的快乐、享受,更能给人带来心理上的愉悦和满足,人在娱乐中能获得成长。从这一意义上讲,我们可以将娱乐定义为:人们在闲暇进行的能让人获得生理上、心理上愉快感、满足感的行为。比如唱歌、跳舞、运动、游戏、听音乐、看演出、看比赛、阅读、攀岩、登山、滑雪、跳伞、航海等。能给人带来快乐满足的活动是娱乐活动,但同一活动,并非都是娱乐。如骑摩托车,有人视为运动,从中体验到快感;有人则将之作为工具,送快递、上班等。

娱乐与休闲有联系也有区别。两者都是在闲暇进行的,都能给人带来生理上、心理上的愉悦感和满足感。但两者不能等同。娱乐是休闲的重要内容,是休闲的一部分。但娱乐注重的是快乐、体验,目的是恢复体力、脑力,调整身心,从而更好地投入工作、学习中。因此,娱乐活动除了是个人行为,还有可能是组织行为、社会行为。而休闲则更注重人的自由意志、自我选择,注重人的自我发展,往往是个人行为。

1.4.6 游憩

游憩一词来自拉丁文,含有"休养、恢复、平静、放松、娱乐、消遣"等意思。一般意义上讲,游憩中的"游"字有"旅游"之意,"憩"有"休息"之意,两者合起来包含三层意思,一是游憩的前提,需要闲暇;二是游憩是一种范围较为宽泛的活动,尤指离开居所外出参加的活动,如旅游、运动、娱乐、观赏、游戏等;三是游憩的目的,既有满足自我、愉悦身心的一面,还有建构社会美好文化形态之特点。所以现在社会一般都有政府或非政府机构、民间团体组织一些游憩活动及服务,如嘉年华、园博会、素质拓展、音乐节、野营、青年文化交流团等,以引领社会健康优雅的生活理念与生活方式,促进年轻人的人格发展。由此,我们可以将游憩定义为:在闲暇内,离开居所进行的以放松身心,恢复体力和精力为目的的户外健康休闲活动。

游憩与旅游、休闲意义有些相近,但不完全相同。其共性主要体现在时间和目的上,三者都是在闲暇进行,都以放松自己、愉悦身心为目的。区别主要表现在空间上,旅游和游憩都是离开居所外出活动,旅游可能更远,游憩可能近些;休闲则可在居住地,也可外出。

1.4.7 旅游

旅游有旅行、游览、观光、度假和娱乐之意。由于旅游所涉范围较广,人们下定义时往往有多个角度,比如,旅游是一种经济现象,是一种产业,包括景点、交通、餐饮、住宿、购物、娱乐等;旅游是一种文化现象,是人文之旅,包括人们对历史、文化、民俗、建筑、科技、艺术等方面的欣赏;旅游是一种心理现象,是人的一种精神享受、心灵体验等,比如,选择与人结伴参加旅游团还是选择独自行走,人的感受是不一样的。一般意义上讲,旅游应包含下面几层含义:第一,旅游是人的一种主动选择,是一项有计划、有目的的外出休闲活动;第二,旅游是一种精神享受,是一种求新求知、丰富自我、愉悦身心的人生体验;第三,旅游对个人而言是一种放松自我、修身养性、益智审美的必要的生活方式,对社会而言,是一种促进社会发展和人类文明进步的重要手段。概言之,旅游是人们为了追求精神上的愉悦感而有计划、有目的的外出游览活动,包括观光旅游、休闲旅游、娱乐旅游、生态旅游、探险旅游、探亲访友旅游、文化交流旅游、购物旅游、宗教旅游和商务旅游等。

旅游和休闲既有联系又有区别。旅游和休闲都是人们在闲暇自由选择的促进身心愉悦的精神享受活动。但休闲在时间上可长可短,从流动性上讲可在居住地也可外出;旅游则一般外出,时间相对而言较长,一般在 24 小时以上。可以说,旅游是休闲的一部分。人们在讨论休闲方案时,旅游是重点内容。

1.4.8　旅行

旅行,指远行,去外地行走。旅行与旅游有相同之处,都是离开居住地,外出观光游览,但两者又有区别。旅游目的明确,到某一个景区或景点去参观游玩,享受美食和购物,重在消遣娱乐,放松身心,体现的是人与景、人与物的互动;旅行强调的是行走,到"别处"去感受、去体验,读万卷书,行万里路,重在人与人、人与己的互动;旅游往往事先设计线路,订车票、宾馆,准备充分,旅行常常是说走就走,人生其实就是一场旅行,旅行就是体味不同的人生。

1.4.9　休闲方式、休闲活动、休闲行为

休闲是一种行为,休闲通过某种途径和具体的活动来体现。我们可以从休闲方式、休闲活动和休闲行为三个角度来立体多方位阐述休闲这一概念。

休闲方式是休闲的载体,是从抽象意义上讲的休闲方法、休闲途径或者说休闲渠道。人们一般通过分类方式把休闲归为几种类型,比如娱乐休闲、审美休闲、益智休闲、意志休闲、情趣休闲、志愿者休闲等。

休闲活动主要指休闲的具体内容,是休闲方式的具体化,比如"益智休闲"方式下的竞赛活动、兴趣研究活动等;"娱乐休闲"方式下的唱歌、跳舞、打球等;"审美休闲"方式下的影视观赏、音乐欣赏、读书沙龙等;"意志休闲"方式下的体育比赛、歌唱比赛、演讲比赛等;"情趣休闲"方式下的集邮收藏、参观访谈、人文旅游等;"志愿者休闲"方式下的志愿者活动、慈善活动和环保活动等。

休闲行为是指休闲主体在闲暇内根据自己的休闲需要自主选择休闲活动,并从中获得满足的能动过程。可以说休闲行为是指闲暇利用、休闲动机、休闲目的、休闲活动、休闲体验等休闲主要内容和载体的总和。

小贴士

世界休闲组织与《休闲宪章》

世界休闲组织

世界休闲组织成立于 1952 年,又称世界休闲与娱乐协会,简称为"世界休闲"。它是一个具有联合国咨询地位的非官方机构,与联合国教科文组织和有关国家、地区的官方、非官方机构有着良好的合作关系。

20 世纪以来,随着个人拥有的物质财富和自由时间的增多,人们弥补和发展精神生活方面的需求显得尤为迫切,特别是 20 世纪六七十年代,国际社会已步入一个具有新的休闲伦理观和娱乐道德观的大众休闲时代,人们正是通过休闲而不是工作来充分展示个性和自我价值。

为致力于发掘和创造各种有利条件,让休闲成为人类成长、发展与幸福的动力,1970 年,世界休闲组织的前身国际娱乐协会通过了著名的《休闲宪章》。《休闲宪章》明文规定:休闲同健康、教育一样对人们的生活至关重要,任何人都享有从事休闲活动的权利,各国政府必须承认和保护公民的这种权利。1979 年,世界休闲组织对《休闲宪章》加以修改,并于 2000 年 7 月正式批准,作为机构活动的准则。

世界休闲组织理事会是该组织的决策机构,每年召开一次会议。理事会由 20 名来自全球各地、不同行业的成员组成,下设三个常务理事会:执行理事会、财务理事会和发展理事会。世界休闲组织秘书处负责处理日常事务。

世界休闲组织的主要活动包括:举办世界休闲大会和休闲专业类展览,组织论坛,提供教育、咨询、培训、研究、学生服务等项目,就特定课题、项目成立工作小组或委员会,与其他机构展开合作。2006 年 4 月 22 日,世界首届休闲博览会在杭州拉开帷幕。博览会以"休闲——改变人类生活"为主题,为期半年,主要内容包括世界休闲大会、大型会展贸易活动和教育培训、文艺演出等。

《休闲宪章》

《休闲宪章》于 1970 年由世界休闲组织(又称世界休闲与娱乐协会)的前身国际娱乐协会通过。该宪章 1979 年曾被修改,2000 年 7 月由世界休闲理事会正式批准通过。宪章内容如下:

1. 所有的人都拥有参与符合其所在社会的规范和价值标准的休闲活动的基本

人权,所有的政府都有义务承认并保证其公民的休闲权利;

2. 在保证生活质量方面,休闲同健康、教育一样重要,各国政府应当确保公民得到丰富多彩的高质量的休闲与娱乐机会;

3. 每个个体都是自己最好的休闲与娱乐资源,因此政府应当确保提供获得这些必要的休闲技术和知识的途径,使得人们得以优化自己的休闲经验;

4. 个体可以利用休闲机会来实现自我,发展人际关系,增进社会团结,发展社团和文化特征,促进人际间的了解和合作,提高生命质量;

5. 政府应当通过维护本国自然、社会和文化环境来确保公民未来开展休闲活动的可行性;

6. 政府应当确保训练专业人员来帮助个人获得休闲技能,开发和提高其素质,拓宽其休闲与娱乐机会的范围;

7. 公民必须获得所有关于休闲本质及其机会的信息,凭借这些信息,丰富其知识,并影响地方和国家政策的制定;

8. 教育机构必须尽最大的努力,促使人们了解休闲的本质及其重要性,以及如何将休闲知识融入个人的生活之中。

(摘自百度百科及中央政府门户网站,https://baike.baidu.com/item/世界休闲组织,http://www.gov.cn/jrzg/2006-05/02/content_273062.htm。)

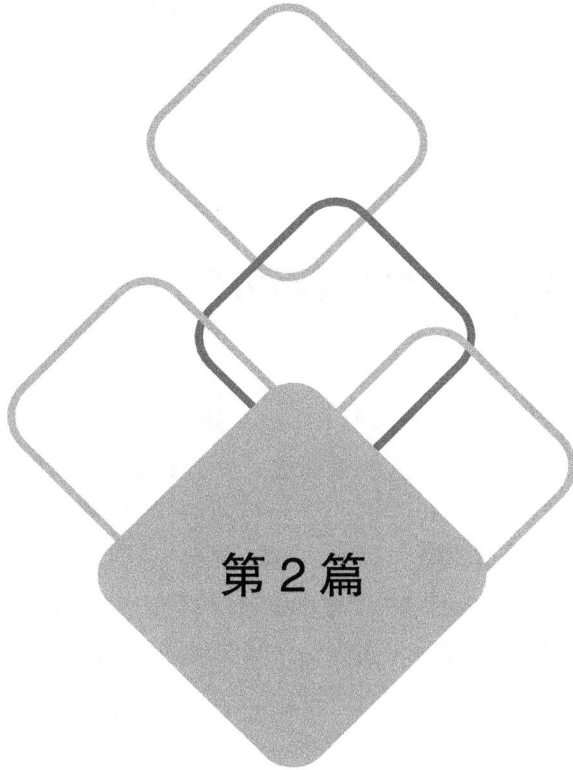

第 2 篇

溯　源　篇

人类的自然属性和社会属性决定了其一切行为背后都有各种各样的支配力量，这种支配力量构成了人类行为产生的原因、动机和目的。

人类休闲行为产生的原因、动机和目的是什么呢？休闲行为的产生既有生理原因、心理原因，还有社会原因。为什么不同的休闲个体其休闲行为不同？不同的人群、不同的时代，人们的休闲方式选择有不同特点？主要原因在于人的休闲需求不同、休闲动机不一和休闲环境有差异。休闲产生的首要原因，与人性有很大关系。比如人性从本质上讲一般都有"好逸恶劳"，向往美好生活的一面；人的生命进化离不开游戏；人本具有追求自由、敌视羁绊的特点；等。这些因素都影响着人们的休闲。

2.1　人性，为什么"好逸恶劳"

何谓人性？人性是指人之所以为人所独自具有的特性，即人类区别于其他动物所具有的最本质的属性。比如，人能够通过语言、思维、感悟、发明及创造性活动等来认识和改造客观事物。当然，人来源于动物，人必然和动物一样具有一些相同的自然性特点，即自然属性，如繁衍、进食、自爱、利己、恐惧、情欲、贪婪、趋利避害等。但人类高于动物，在于人性以自然属性为基础，在社会实践过程中逐渐形成和发展起来的人与人之间的关系属性，即人的社会属性。这种社会属性是人类有别于动物所独有的更高层次的特性，比如，人具有更发达的大脑，能理解、分析、推理、综合、概括、判断事物；有更丰富的情感，能感知、理解、管理情绪；有更勤劳的双手和更智慧的创造能力，发明了语言、文字、生产工具等，将之合理运用，提高了劳动生产效率，使自己摆脱了艰难困苦和简单重复性的劳作，改变了自身所处的不利生存环境，过上了向往的幸福生活。

人是自然属性与社会属性的统一。自然属性是社会属性得以存在的前提，离开了自然属性，人的社会属性就不可能存在。我们在分析人性时，首先要理解、尊重和遵循人的自然属性特点。因为人总是先作为一个自然人而存在的。比如人性的特性之一是"好逸恶劳"，这里的"好逸恶劳"，不是简单的指人贪图安逸，厌恶劳动，而是指人从本质上讲，在一定阶段内，天性喜欢享受，追求舒适美好的生活，不愿意做艰苦繁重的或简单的重复性劳动，为此，人们利用自己的聪明才智发明创造了一系列生产工具、生活工具和新的方法与技术，把自己从繁杂无趣的体力劳动中解放出来。比如，人们用汽车、火车、飞机作为交通工具，用洗衣机、吸尘器、烤箱来助力家务劳动。在计算机应用已普及的今天,计算机不仅能进行科学计算、数据分析处理、辅助设计、人工智能,还可进行生产管理、质量分析、自动控制、文字处理及娱乐活动等。现代科学技术的运用,极大地方便了我们的工作、生活,使我们有可能节省一部分劳作时间,享受快乐的生活。一般来说,没有哪个人天性就喜欢劳动,过苦日子。人之所以劳动,是因为人要生存,要过舒服安逸的生活。因此,从人性来讲,追求安逸舒适的生活是人先天具有的自然属性。"从有文字记载的整个人类历史来看,把自己从苦累、劳作或者从那些维持自身生存所需的各类活动中解脱出来,一直是人类自身的一大企盼"。① 正是出于对舒适安逸幸福生活的追求,人类才有不懈动力,努力创造出了我们今天的现代物质文明与精神文明。人在满足自身安逸富足的物质生活的同时,也追求健康高尚的精神生活,这正是人的社会属性决定的。人的自然属性是在社会属性的作用和指导下形成及完善的,受社会属性的制约。人的社会属性决定人的本质。人追求精神生活,其存在的目的和意义是追求美好幸福的生活,为此,人讲道德、懂合作、需劳动。

休闲的本质与最高境界是摆脱外在压力选择的相对自由美好的生活,而这正是人性中自然属性与社会属性在天人合一基础上的高度契合。人休闲行为的产生既有生理动机、心理动机,也有社会动机。休闲的目的是让人获得愉快感、满足感。

2.1.1 休闲动机

2.1.1.1 休闲动机的内涵与功能

动机(motivation)一词来源于拉丁文"movere",意思是"开始行动""活动",即人的行为的动力之意。动机是激发和维持个体进行活动,并导致该活动朝向某一目标的心理倾向或动力。休闲动机是指能引起、激发和维持调整个体休闲活动,并使休闲活动朝向某一目标的心理活动过程或内在动力。

休闲动机本身不属于休闲行为,它是休闲行为的原因,不是休闲行为的结果。而且,休闲动机本身是无法观察的,我们只能从个体表面的休闲行为来推测或者由休闲者自身来表达。比如,万科董事会主席王石将亲自创办的企业发展成为中国房地产业最大的、最具影响力的企业后,50多岁的他背上行囊,飘然远行,10年时间攀登了七大洲的最高峰,两次攀登珠穆朗玛峰,并到达了南极和北极两个极点,成为中国第四个完成这一壮举的人。他是"中国的企业家中,登得最高的人",也是登上珠

---

① 爱丁顿,陈彼得.休闲:一种转变的力量[M].李一,译.杭州:浙江大学出版社,2009.

峰的中国人中年纪最大的一位。他还滑翔、航海、滑雪,是中国人中年纪最大的极限
运动者、探险家。年过六十,他又远赴美国、英国,游学哈佛、牛津。人们对其既尊
重、羡慕,又担心、不解。曾有网友劝他:"王总,你还是享受人生吧!毕竟已上年岁,
别太拼,以轻松的心态去学。"王石回应:"什么才叫享受人生?做自己想做的事情!"
王石为什么要做这些事?是什么原因激发他去做这样的选择?王石对自己的行为
做了这样的解读:母亲是锡伯族,自己的血液里流淌着马背民族漂泊游走的遗传基
因;自己还是个理想主义者,选择做自己喜欢的事,挑战极限,是自己对生活、对生命
的一种态度。王石在登山手记中写道:"现代文明提供给我们城市人太多的生活享
受和方便,以至于对其熟视无睹,不懂得珍惜。在山上待一段时间,没有自来水,没
有抽水马桶,没有热水器,没有电灯电话,甚至空气里氧气的含量都是不足的,再返
回城市,一切对你而言都是新鲜、可爱、可亲的。你会重新审视、珍惜曾被你长期忽
略的许多东西,你会更热爱现代文明生活,你会对周遭的人更宽容。"[①]在王石看来,
选择登山、航海、游学,是选择一种生活方式。目前这种生活方式实际上已经是他的
一种生活状态了。

　　休闲动机是在休闲需要的基础上产生的,是人的休闲活动的一种动力或心理倾
向,它促使人产生某种休闲活动。休闲动机有三种功能,一是激发功能。休闲动机
能激发一个人产生某种休闲行为,对休闲行为起着始动作用。比如,一个人想打网
球,需要掌握打网球的技术,在这个动机驱动下,他就会产生相应的行为,也许他会
参加一个培训班,或请一个教练,还要安排时间训练等。二是指向功能。休闲动机
不仅能唤起休闲行为,使休闲活动具有一定的目标和方向,而且还能使休闲行为具
有相对的完整性和稳定性。休闲动机是引导休闲行为的指示器,使个体休闲行为具
有明显的选择性。例如,一个人若确立了要做志愿者的动机,在其头脑中形成的这
种表象会促使其时刻留意身边的信息,只要有机会就会努力去争取实现。三是维持
和调整功能。休闲动机决定休闲主体卷入休闲活动的程度,并对休闲行为起着调节
作用。当休闲活动指向个体所追求的休闲目标时,其相应的休闲动机便获得了强
化,休闲活动就会持续下去;相反,当休闲活动背离个体所追求的休闲目标时,就会
降低个体活动的积极性甚至使其停止所进行的休闲活动。可以说,休闲动机维持和
调整功能的实现,主要是看休闲活动的结果是否达到了休闲主体原定的休闲目标。

　　正因为休闲动机具有的上述功能,而且它直接影响着休闲活动的效果,因而研
究和分析个体的或群体的休闲活动动机性质、作用,有着重要的现实意义。

---

①　陆新之.王石是怎样炼成的:中国最具魅力企业家的个性化传记[M].杭州:浙江人民出版社,2004.

2.1.1.2　休闲动机的产生

休闲动机是产生休闲活动的主观原因,一般表现在这样一些方面:

第一,人们怎样选择自己的休闲行为? 是与家人一起外出度假,还是与三五好友在室内喝茶打牌?

第二,人们需要多长时间开始其休闲行为? 是一次说走就走的旅行,还是准备了几个月的时间才上路?

第三,当人选择了某种休闲行为时,其投入的程度有多大? 有的孩子业余时间选择学钢琴,弹琴不仅一直伴随其成长,而且学琴让他学会了热爱生命,热爱生活;有的孩子学钢琴,一两年后就放弃了。

第四,人在进行某种休闲活动时,其思想、情感和态度是怎样的? 有人因为热爱篮球,不仅喜欢看 NBA 比赛,还喜欢打篮球;有的人打篮球是因为体育课要考试,不得已而为之。

是什么因素引起休闲动机的产生呢? 引起休闲动机产生的因素有内外两种:一是内在因素,即驱使休闲主体产生一定休闲行为的内在需要;二是外在因素,即驱使休闲主体产生休闲行为的外在诱因。

第一,休闲动机产生的内在因素——需要与内驱力。

需要是指有机体内部缺乏某种东西或者说生理与心理出现了不平衡状态,而渴望得到的一种心理倾向,它是有机体活动的动力和源泉。需要往往以对某种客体的欲望、意愿、兴趣、好奇心等形式表现出来。有机体内部的需要一旦产生就会成为一种刺激,人们便会想方设法采取某种行为寻求满足,以消除不平衡状态。比如,当一个人血液中含水量不足的时候,体内便会出现一系列与渴有关的生理不平衡状态:口舌干燥、唇裂起皮、肌肤粗糙等。在这种不平衡状态的驱使下,这个人就会四处寻找水源以恢复平衡。此时,内在的生理需求成了他寻求解渴东西这一行为的直接推动力量,这种力量称为内驱力。内驱力是指在有机体需要基础上产生的一种内部推动力,是一种内部刺激。

需要与内驱力是两个概念。需要是内驱力的基础,内驱力是需求状态存在的结果。当有机体内部因为缺乏某种物质,如缺水、缺食物而导致有机体内部的平衡遭到破坏时,就会产生需要。这种生理变化所产生的需要便对有机体形成一种紧张的内驱力,内驱力就是被某种需要激发的动机状态,如口渴、饥饿、寒冷等,于是产生反应,即求饮、求食、求暖行为,以恢复体内平稳状态。

也就是说,有机体出现失衡状态会导致需要;因需要而产生内驱力;内驱力是激发动机产生的主要原因,即行为发生的动力。可以说,内驱力与需要大致呈正相关。

例如,饥饿的人比饱腹的人具有更强的内驱力;而又饿又渴的人比只是饥饿的人具有更大的内驱力。一个刚吃过饭的人逛超市,看到什么食品也许都引不起购买欲;如果一个饥肠辘辘的人去超市,大概有无尽的购买欲,而且会对食物有无限的遐想。当然,需要和内驱力并不总是等同的。例如,一个人如果长期挨饿,尽管对食物的需求强度很大,但由于非常虚弱而无力,其内驱力水平反而降低了。

休闲活动不是从来就有的,在早期人类社会,当人的劳动时间较长、劳动强度较高时,会出现疲劳乏力状态,为恢复体力,人需要休息。但当时人的劳动能力极低,大量的时间用来劳动才能勉强维持生存,很少有时间用来休息,更谈不上休闲权利和休闲能力。当生产力发展到一定阶段,物质较为丰富,人的自由支配时间增多时,人才开始有了休闲动机与休闲条件。人们为解除疲劳,恢复身心,以更好地投入劳动、工作中,除了休息外,还可通过娱乐、运动、阅读、美食、旅游等方式得到满足。

根据人休闲需要的不同,休闲动机分为休闲生理动机和休闲心理动机。

休闲生理动机是指为保存和维持有机体生命和恢复生理平衡状态以及发展生理状态所必需的休闲活动需要。休闲生理需要包括饮食、睡眠、休息、运动、歌唱、舞蹈等需要。休闲生理动机从本质上说是先天的、与生俱来的,是本能。休闲心理动机是指引起个体休闲行为的内在心理需要。休闲心理动机包括满足感,享受感等。休闲心理动机不是从来就有的,是人在社会生活中受环境影响以及后天学习产生的。如一个人本来没有学习舞蹈的天赋,但看到周边人跳街舞很是羡慕和喜欢,便参加了街舞学习,成为不错的舞者。一个喜欢花草树木热衷园艺的人,会在自己的院落里栽种植物,在办公室和家里摆放盆栽,一方面美化环境,另一方面可赏心悦目,减缓压力。

第二,休闲动机产生的外在因素——诱因。

有机体并不仅仅是由于内在需要而产生动机,外部刺激也能激起有机体的活动。例如,饥饿会导致有机体去寻找食物,但并不饥饿的人看见美味佳肴也会激起食欲,即使已经吃饱了还会再次进食。除了菜品的色香味俱全,就餐环境的美观舒适也是吸引食客的重要因素。也就是说,外部刺激是引起动机的另一个原因。这种外部刺激就是诱因。

诱因是指能够激起有机体的一定行为,并能满足某种需要的外部条件或刺激物。

诱因按其性质可分为正诱因和负诱因两类:凡是个体趋向或接受它而得到满足时,这种诱因称为正诱因;凡是个体因逃离或躲避它而得到满足时,这种诱因称为负诱因。然而,外部刺激的诱因强度和性质并不是固定不变的,也许会根据机体的经验和需要不同而有所变化,甚至有时会改变正负的方向。例如,每个人的食物偏好不同,并不一定都受外在因素的影响,很可能是受到孩提时代养成的习惯所致。再如,有人喜欢吃某种食物,这种食物可能是正诱因,但一次吃了太多,造成了生理上的某种伤害,转而变成了负诱因,以后不愿意再吃,甚至一看到就会恶心干呕。还有,诱因引起的动机力量与个体达成目标距离的远近相关。一般而言,距离越大,动机对休闲活动的激发作用就越小;若时间和空间的距离越近,引起趋向休闲目标的力量就越大。也就是说,越是接近休闲目标,诱因强度就会有增大的倾向。

休闲动机产生的外部原因主要是环境因素,如同龄人、朋友、家庭、所在群体、传统习俗、时尚因素等。比如,一个人本来并没有看足球比赛的兴趣,朋友多了一张票邀请其看,看后逐渐喜欢上了足球,成为球迷。再如,有的人参加围棋比赛,其中一个重要原因是想与同水平的人有切磋、学习的机会。外部环境引起个体参与休闲活动的因素称为休闲社会性动机。休闲社会性动机主要有:获得他人评价的需要,对人际交往、尊重、道德、名誉地位、友谊和爱情的需要,家庭的影响,休闲活动本身的吸引力,休闲设施与条件的满足,休闲所在地文化因素的影响等。休闲社会动机是人类特有的在社会生活实践中产生和发展起来的高级需要。人的社会需要受社会发展水平和文化背景的影响有显著的差异,因而,不同时代、不同民族、不同生活环境、不同文化水平、不同性别和不同年龄层次的人,休闲的社会动机呈现出不同的特点。

总之,人为什么选择这种休闲活动,而未选择另一种休闲活动,既有内在动机又有外在因素。有时可能是某种动机,有时可能是两种动机同时存在。

第三,休闲动机是由休闲需要与休闲诱因共同组成的。

休闲需要存在于休闲主体内部,比较内在、隐蔽,是支配其休闲活动的内部原因;诱因存在于休闲主体外部,是与需要相联系的外界刺激物,它吸引休闲主体的休闲活动并使休闲需要有可能得到满足。

休闲动机的强度或力量,既源于休闲需要的性质,也取决于休闲诱因力量的大小。没有休闲需要,就不会有休闲行为的目标;相反,没有休闲行为的目标或休闲诱因,也就不会产生某种特定的休闲需要。因此,休闲需要与休闲诱因紧密相连。

人类的休闲生活不是一成不变的。随着社会的发展与进步,以及人们休闲观念的改变和休闲能力的提升,人类的休闲方式开始由低级向高级发展,休闲动机也日益追求更高的层次。

2.1.1.3　休闲需要层次分析

分析人的休闲动机变化可借助美国心理学家马斯洛的需要层次理论。亚伯拉罕·马斯洛出生于纽约,是美国著名的社会心理学家、人格理论家和比较心理学家,是人本主义心理学的主要发起者和理论建构者。马斯洛的最大贡献是将毕生精力致力于对人的一生生命历程的研究和思考,并取得了重要成果,这就是"人的需要层次理论"。《纽约时报》曾评论说："马斯洛心理学是人类了解自己过程中的一块里程碑。"如果说在这之前心理学的研究主要是以关注少数人的心理问题、心理疾病诊断与治疗为主流，那么马斯洛的人本主义心理学及其之后产生的积极心理学则以全体人为研究对象，其基本价值取向在于，通过激发人类的内在潜能与人格优势，来提升人的生活质量与生命品质，最终促进个人与社会的和谐发展。《做人的权利——马斯洛传》的作者爱德华·霍夫曼曾这样评价马斯洛："正是由于马斯洛的存在，做人才被看成是一件有希望的好事情。在这个纷乱动荡的世界里，他看到了光明与前途，他把这一切与我们一起分享。"

马斯洛认为，个体成长发展的内在力量是动机。动机是由多种不同层次与性质的需要所组成的，而各种需要之间，有先后顺序与高低层次之分；人的需要由低层次向高层次发展，层次越低的需要强度越大，人们优先满足较低层次的需要，再依次满足较高层次的需要；每个层次的需要与满足的程度，将决定个体人格发展的境界。

马斯洛把需要分为五个层次，即生理需要、安全需要、归属与爱的需要、尊重的需要和自我实现需要。

生理需要是人类的第一层次需要，是指能满足个体生存所必需的最基本的需要，包括饥、渴、衣、住、性等方面的基本要求。尤其是饥渴穿住等基本需要得不到满足，人类就无法生存。从这个意义上讲，生理需要是推动人们行动的最强大的动力。马斯洛认为，只有人的最基本的需要得到满足，使其能维持生存需要之后，其他需要才有可能成为新的激励因素。一般而言，如果一个人的生存问题都未解决，那他首先想的是应该怎样让自己活下去，而不是思考未来，改变世界。

安全需要是人类的第二层次需要，是指能满足个体免于身体、心理受到干扰与威胁的焦虑和恐惧之需要，如孩子需要父母的疼爱、老师的公正对待、小伙伴的友爱，成人希望没有疾病困扰、社会和谐、收入稳定、有安全感等。当人的生理需要得到满足后，就会寻求生命、财产等个人生活方面免于威胁、伤害并得到保障的心理需要。

归属与爱的需要是人类的第三层次需要，是指能满足个体与他人交往的一切需要，如亲情、友谊、爱情和归属感等。人是生活在关系中的，人的社会属性决定了人的归属感和爱的需要，即人人都需要亲情、友情和爱情，且有一种归属于一个社会群体的感情，希望成为群体中的一员，渴望与亲人、朋友及合作伙伴之间友好相处，彼此忠诚，希望得到关爱，也有爱他人的愿望。

尊重的需要是人类的第四层次需要，是指能满足自我尊重与受人尊重的需要。自我尊重即自尊，是指一个人希望在各种情境下能表现出能力、成就、地位、尊严、自信、自豪及独立自主；受人尊重是指一个人希望通过自己表现出来的实力、威信、影响力,获得他人的认可、信赖和高度评价。人都希望自己有稳定的社会地位,活得有尊严,自己的能力、成就得到社会的承认。人的尊重需要一旦得到满足,就会对自己充满信心,对他人充满激情,就能深刻体验到生命的意义和活着的价值。

自我实现需要是人类最高层次需要,是指实现个人理想、抱负,最大限度地发挥个人潜能的需要,即获得精神层面最高境界的需要。自我实现是一种创造性需要。人在自我实现的创造性过程中,会竭尽所能,充分地、忘我地、专注于自我价值的追求,达到自己所能达到的高度,从中感受到快乐和"高峰体验"。

马斯洛的需要层次理论,一定程度上反映了人类心理活动和行为的共同规律。人类的需要可分为低级需要和高级需要。生理需要、安全需要为低级需要,是人和动物共有的;自我实现的需要是人类独有的高级需要。人的基本需要得到满足后,会进一步追求较高层次需要的满足。一个理想的社会,除了应该满足人们的基本的生理需要、安全需要外,还要创造条件,促使人们获得较高层次的需要满足,并鼓励个人去追求自我实现的需要。

根据马斯洛的需要层次理论来分析当今人们的休闲需要状况,我们可以发现,随着生产力的高速发展、社会物质财富的急剧增加,人们的精神满足需要也日益提升,休闲选择也开始向多元化方向发展,休闲已不仅仅用于满足人的感官刺激、物质享受,而是用来满足人的高级情感需要,如志愿者活动、慈善活动、社会公益活动等已成为人们日常休闲活动的常态。

2.1.1.4　休闲动机的类型

将人的休闲的生理动机、心理动机和社会文化动机结合起来,我们可以将休闲动机概括为下面几种类型。

第一,释放压力,放松自我。

释放压力、放松自我是基于人的本能需要的一种永恒的休闲活动动机。人们在繁忙的工作劳动后,为解除疲劳、减缓压力、恢复身心活力,最基本的一个方式就是放松。这里说的放松不是纯粹意义上的休息、睡眠,恢复体力,主要是指通过一些休闲娱乐活动,获得身体上的放松、精神上的满足。比如去歌厅唱歌、去广场跳舞、与朋友喝酒、外出运动等。

第二,逃离无趣,愉悦身心。

逃离是指暂时离开枯燥、乏味,甚至让人紧张得有点喘不过气来的环境,转换心境,让自己轻松、愉悦起来。人长期在一种环境下工作生活,即使环境非常舒适、优雅,也会让人有疲劳感、无聊感,甚至窒息感。隔段时间,转换个环境,通过某种休闲活动,改变一下心境,能让自己换一种心情,以更好的精神状态再次投入工作生活,会提高工作效率,获得愉悦感。如,长期在室内工作的人很希望能到外面走走,"世界那么大,我想去看看";生活在城市中的人愿意到乡村度假、到大自然中徜徉;生活在乡村中的人,愿意到喧嚣的城市来感受人流、体验繁华。

第三,人际交往,展现自我。

人们参与休闲活动的一个重要原因是满足自我表现的需要。人与人之间形成的各种社会关系构成了我们这个社会。每个人都有被理解、被接纳、被尊重的需要。参与到休闲活动中,通过与他人的交往互动,能够展现自我,实现自我,同时获得他人的尊重。比如,有些休闲活动是竞赛型的,有些休闲活动是需要智慧、能力来完成的,参加这些休闲活动都可以表现自我,发挥出个人的潜能,在获得他人赞赏、喜欢的同时,也能帮助自己了解自我、评价自我、接纳自我,从而获得自我满足感和成就感。

第四,权利体现,地位象征。

休闲成为人的一项基本权利,经历了漫长的发展过程。工业社会前,休闲是少数贵族、权贵阶层的特权,普通百姓没有时间、精力和金钱参与休闲。当社会发展到一定阶段时,休闲才成为一项基本人权,休息权、年休、度假逐渐通过立法的方式被确定下来。当前,休闲已成为人们一种普遍的生活方式。但社会阶层不同、休闲能力差异、休闲意识不一,人们的休闲活动还是有很大区别的。尤其是休闲涉及经济状况,不是所有人都能尽情享受各种休闲生活的,休闲一定程度上反映了人的社会地位和经济水平。比如有的人休闲选择可以是跳伞、滑雪、航海,甚至上太空;有的人可以出国旅游、度假;有的人可以学习瑜伽、弹奏钢琴、打高尔夫;有的人可能只逛公园、跑步,参与最基本的、花费极少的休闲活动。休闲虽然是一种基本的生活方式,但因为地位的不同,我们这个社会的休闲差异还是很大的。

第五,获得体验,追求幸福。

人们参与休闲活动一个很重要的因素是满足好奇心、新鲜感。休闲是一种体验,当人身临其境时,有一种忘我的投入,沉浸其中,获得极大的愉悦感、满足感。比如,潜水、探险、环球旅行等,让人有一种平时不可能获得的生命体验。另外,休闲活动远离工作、常态性生活,置身于另一种情境中,让人完全放下身段,也许能重回到童年的情趣中。

第六,学习教养,涵养性情。

休闲是一种能力,不是生来就会的,休闲需要教育和培养。首先,休闲意识需要培养,有了健康的休闲观,才能做好休闲选择;其次,休闲技巧需要学习,休闲质量的高低与休闲能力有很大关系;最后,休闲文化需要营建与构建,人的休闲满意度与休闲环境密切相关。而这一切都跟教育相关。

2.1.2 休闲偏好及影响因素

休闲偏好是指个体或某类群体对休闲选择持有的特定的喜好及价值取向。休闲偏好对人的休闲行为有一种内在的规定性和导向性。为什么一些人做这种休闲选择而乐此不疲,一些人则做另一种休闲选择而不离不弃,这与人的休闲偏好有很大关系。比如,喜欢音乐的人,休闲方式选择主要偏好听音乐会;喜爱 NBA 的人休闲方式以看球赛为主。笔者做的"杭州市民休闲方式选择倾向及影响因素"调研结果也印证了这一点。比如,杭州市民选择休闲场所的一个重要特点是偏爱自己所在的城市。杭州凭借着得天独厚的自然条件、巧夺天工的人文景观和政府精心打造的"生活品质之城",不仅吸引着国内外各界宾客前来观光旅游,而且还让生在此、长在此的杭州市民对自己的城市无限热爱,无比自豪。在问及杭州市民平时主要选择的休闲场所时,大多数市民首选自己的城市,尤其是西湖景区,有的市民每周必去一次西湖。杭州市民将西湖作为杭州的标志,认为没有西湖的杭州就不再是杭州。

引起人们休闲选择的重要原因是休闲偏好,而形成休闲偏好的因素有很多,其中主要因素有:

一是人生观、价值观。人生观是人们对人生的基本看法和观点,人生观决定了休闲观与休闲态度,价值观是人们对客观事物价值的主观评价。如果一个人认为,人生除了要通过自己的努力工作,创造出生存和发展的物质基础外,还包括通过参与自己喜欢的、闲适的休闲活动获得生命的体验和人生幸福,那他对休闲的选择就会遵循自己的价值取向。比如,他会协调好工作与休闲的时间,工作时勤勤恳恳,休闲时尽情投入。张弛有度的工作与生活态度,会让他对人生有幸福的体验。

二是生活方式。生活方式是指在社会环境影响下,由个人价值观、情趣和爱好决定的生活行为的独特表现形式。不同的生活方式形成不同的休闲心理、休闲消费习惯和休闲活动选择。比如,在传统生活方式下生活的人与在现代生活方式下生活的人,在城市生活的人与在乡村生活的人等,其休闲方式选择有不同的偏好。

三是审美情趣。休闲是一种体验,休闲过程实际上是一种审美过程。人的审美情趣不同,休闲选择倾向也有很大差异。比如同样是旅游,有人喜欢城市,爱看人造景观;有人则亲近自然,喜欢湖光山色。同样是看球赛,有人只关注自己喜欢的球队,倾情投入,在乎比赛结果;有人则是热爱这项运动,懂得欣赏,看重球员的能力、技巧、球风、态度,关注比赛过程。同样是喜欢一个明星,有人做粉丝,凡是明星的,无论缺点优点都接受,都追捧;有人只是欣赏者,理智待之。

四是时尚因素。社会风气、时尚流行等社会心理因素对人的休闲生活具有很强的引领与导向作用,成为影响人的休闲偏好的深层力量。

五是风俗习惯。风俗习惯是指个人或群体的传统风尚、习俗,是特定社会区域内由历代人们相沿而来,共同遵守的行为模式或规范。风俗习惯对人的休闲选择有着无形的影响。比如,杭州经济社会无论发展到何种程度,人们普遍的休闲偏好依然离不开坐茶馆、逛西湖、打扑克。这是杭州人世世代代相沿而来的休闲习惯。

六是人格特质。个人的心理与生理因素以特有的方式调节着人们的休闲生活和休闲习惯。不同的人格特质决定了人们休闲选择的偏好性。比如,温和儒雅的人习惯于静态的休闲方式,如阅读、听古典音乐;性格刚烈、意志顽强的人喜欢户外活动,勇于探险。著名企业家王石先生的休闲生活大多与野外生存、探险有关,有人认为是他对恶劣环境下,顽强地生存、健康地生活,有一种潜意识里的偏好;而他自己解释说,他的母亲是锡伯族人,也许其血液中还保留着射猎民族的野性。

2.1.3 休闲目的

每个人做任何事都有其目的,休闲的目的是什么呢? 休闲是一种以自身为目的的内心活动,休闲目的决定了休闲动机。总体而言,休闲的本质决定了人的休闲目的。也就是说,休闲是为了使人放松身心,恢复体力、精力,陶冶情操,增长见识,培养能力,提高生命质量与生活品质的。但是不同的人选择休闲的目的是不一样的,不同的休闲活动,要达到的目的也是不同的。比如,很多人都喜欢登山活动,但不同的人对登山活动的选择有不同的目的,当记者问王石登山是否为了登顶时,王石回答说:"登顶也是目标,但不是唯一的目标,更重要的是感受大自然,亲近大自然,让你的生活更丰富,让你能平衡你的工作和生活,让你的生活有质量。"[①]在王石看来,登山是一种感受,是一种休闲方式,是一种学习和成长!

2.1.4 休闲障碍

一个人是否参加休闲或参与休闲过程中是否会因为一些因素而导致休闲受阻,比如一位女性想去现场观看足球比赛,又担心球场女性较少让自己显得太与众不同便放弃了;一个爱踢足球的男士因为年纪达到一定岁数,无法再在球场上驰骋了;一位教师想与家人外出旅游,因为太忙而无法实现;公司组织春游,因为下雨无法成行;一个年轻人特别喜欢跳伞,可是母亲以安全为由极力阻挠而无法实现;等,这些

---

① 张驰.登山是种生活方式[EB/OL].(2007-07-17)[2015-04-22].http://travel.sohu.com/20070717/n251112017.shtml.

妨碍人们参与休闲活动的因素,称为休闲障碍。休闲障碍有可能是个人内在原因,有可能是受周围人际影响,还有可能是客观环境因素等。

2.1.4.1　个体内在阻碍

在文化多元的社会里,每个人生活在不同的环境中,生活经历不同,生活态度不同,价值追求不同,兴趣爱好不一,闲暇多少和休闲能力也有差异,人们的休闲观念和休闲行为自然也就不可能达成一致。

因受个人内在因素影响而导致休闲选择受阻,称为休闲个体内在阻碍。这种内在因素包括人生观、价值观、休闲观、人格因素、身体状况、经济能力、休闲技能等。比如,年龄是影响人参与休闲的一个主要因素,家长有可能基于安全方面的考虑,限制孩子参加一些户外休闲活动;性别因素也可能成为影响男女两性休闲选择的障碍,女性也许喜欢赛艇、赛车,但又觉得那是男性的专属运动而放弃了选择;身体状况会影响人的休闲选择,有的人对跳伞、蹦极等极限运动充满兴趣,但心脏不好,那也只能叹息远观;宗教信仰也会对某些休闲活动的选择产生影响;有的人可能会因为某一时刻的情绪状态而放弃平时喜欢的休闲活动。

2.1.4.2　人际阻碍

人的休闲活动会受到周边人际关系的影响,比如你喜欢打乒乓球或下围棋,可一时找不到对手;你想参加攀岩,可父母担心危险,不支持你参加;你想组织羽毛球俱乐部,可没人对这件事情感兴趣。很多休闲活动受到家人、朋友关系影响而导致无法进行。

2.1.4.3　环境阻碍

更多的休闲活动障碍是客观环境因素的影响,客观环境因素主要有休闲时间、休闲产品、住宿餐饮、交通设施、体制问题、服务水平等。国家法律规定了节假日、年休假,但有些地方不落实,导致一些有很强休闲欲望的人,因为闲暇有限,而不能实现。有些休闲产品设计的成本太高让人望而却步,如我们现在的文化演出市场不是特别景气,源自国家没有相应的政策扶持,主办方又追求高利润。大学生本是文化活动的休闲主体,很希望听演唱会、观看球赛,可门票价格太高,只能选择放弃。有些休闲产品缺少时尚元素或缺乏吸引力而导致休闲参与者没有选择意愿,比如现在的很多景观,人造痕迹明显,商业化严重,且千篇一律,没有创意。另外,现在已经进入老龄社会,老年人是目前休闲活动的主要参与者,可适合他们的休闲产品太少。有些人没有选择某些休闲活动可能是休闲设施问题,交通不便利,或者人数太多等,比如有些旅游景点的住宿和餐饮呈现出两极化,要么奢侈豪华,要么简陋、不卫生;景点与景点之间缺乏交通衔接,自行开车又停车不便等。休闲业的发展需要国家政策法规及相关机构的指导、管理,也需要公共机构、行业组织的支持、自律。目前,休闲产品的标准化管理不到位,行业缺乏自律。英国国家成立专门机构管理、支持地方旅游产业,协助地方将本地的旅游资源品牌化,并帮助营销推广,哪怕是模仿一本小说中出现的城堡、乡村,或是某个人物原型的家乡、住宅,都能吸引世界游客去考察游览。走到每一个小镇、乡村,交通最便捷的标志性建筑都设有政府经费支持的旅游服务中心,为来自四面八方的游客提供咨询服务。我们国内目前还没有政府出资在地方基层设置专门的旅游服务机构来服务四方游客。行业自身的服务水平也是影响人们参与休闲的重要因素。休闲者获得一次美好或恶劣的休闲体验,很大程度上依赖于休闲产品提供的服务。目前,休闲产业员工进入门槛低、待遇差,流动频繁,没有职业认同感、荣誉感,势必影响我们的休闲服务水平。

2018 年 3 月,国家机构改革将文化部和旅游部合并为文化旅游部,这说明国家已经意识到,旅游业也属文化事业和文化产业。人们外出旅游、旅行本身就是一种文化之旅,旅游、旅行本质上是一种文化体验、文化认知与文化分享的重要形式。同时,文化也可以通过旅游来创新、传承与传播。相信新组建的文化旅游部会制定文化旅游相关政策措施,统筹规划文化事业、文化产业和旅游业的发展,组织实施好国家和地方的旅游品牌资源,最终惠及百姓的休闲生活。

2.2 人世,为什么需要游戏

从某个角度来讲,休闲就等同于游戏。这不仅仅是因为,游戏是人类休闲的主要方式和生活内容之一;更重要的是,游戏是促进人类生命进化,包括一切生命物质进化的一个相关因素。"游戏,人的一种自然本性,一种自由状态,一种习得方式,一种创造源泉。"[①]

2.2.1 游戏,一切生命进化之必需

游戏是人的主要休闲方式之一。游戏是个既简单又复杂的概念。做动词时,游

---

① 于光远,马惠娣.于光远马惠娣十年对话:关于休闲学研究的基本问题[M].重庆:重庆大学出版社,2008.

戏可以强调玩耍的行为;如果做名词,游戏强调玩耍的内容;游戏还可理解为娱乐、游憩、运动、玩电子游戏等。

　　游戏并非人类特有,而是一切动物之本能。游戏伴动物而生。在动物世界里,我们经常会看到,热带丛林中,两只叶猴在高达十几米的树顶上,欢跳嬉闹,相互推挤,看似要掉下万丈深渊,却总能化险为夷。它们是在打架吗? 其实它们是在游戏。我们还会看到,生活在北冰洋附近哈德逊湾的北极熊,每到夏季,当冰雪消融时会转移到陆上生活,它们会进行各种游戏,如摔跤、奔跑、追逐、滑坡等。它们是在进行体育运动吗? 它们实际上是在锻炼身体,为冬季寒冷季节捕食做准备。

　　动物为何要游戏? 科学家经考察研究提出了两个具有代表性的观点。一是演习说,即"游戏是生活的演习",该观点认为动物的游戏行为是对未来生活的排演或学习。动物从小通过一些游戏活动,如追逐、躲藏、搏斗等来培养和习得未来生活中需要掌握的各种"竞争技能"。比如"捉迷藏"和追逐游戏,能锻炼动物的速度、敏捷、隐蔽、争斗,使其学会利用有利地形保护自己。同时,动物还能通过游戏熟悉生存环境、相互了解彼此,获得"物竞天择"的各种本领。二是"自娱说"。有些科学家不同意"演习说",他们认为,游戏行为并不限于小动物,有些游戏与生存适应毫无关系,成年动物也同样有游戏行为。比如河马喜欢玩从水下吹浮在水面上的树叶的游戏,野象喜欢把杂草老藤滚成草球,然后用象牙"踢"草球玩儿等。动物的这种游戏行为是为了"自我娱乐","自我娱乐"是动物天性的表现,正像捕食、逃避敌害、繁殖行为等是动物的天性一样。越是进化程度高、智力发达的动物,"自我娱乐"的天性就越强。一方面,动物世界紧张、激烈的自然竞争生活可以通过自得其乐的游戏活动,获得某种调剂与补偿,使其在生理上、心理上容易保持平衡,从而得到一定的自我安抚和自我保护;另一方面,动物在游戏行为中表现出来的智能潜力、自我克制能力、创造性、想象力、狡猾、有谋略,以及丰富多彩的通信方式等也使动物物种得到了进化。

　　游戏,随人类而造。作为高等动物的人类,不仅保留着动物本能活动的特质,如小孩子喜欢投掷、拍打、拆卸东西,乐于涂鸦、攀登、蹦跳、奔跑等,还善于根据自身发展需要创造出复杂多样的游戏活动,如棋牌、竞赛、电游等。人类游戏,既有满足肉体和精神情感体验的娱乐需要,更有人类特有的在游戏中习得或培养的文化——作为人类生存或者生活方式的社会化规则、规范及涵养这些规则、规范的人文知识的需要。正如荷兰著名学者约翰·赫伊津哈在其所著的《游戏的人》中指出的那样,游戏是文化的基础。游戏作为文化的本质和意义,对现代文明有着重要的价值。人只有在游戏中才最自由、最本真、最快乐、最具创造力,没有游戏,世界将多么孤独和无奈!

2.2.2　游戏，人类创造力之源泉

人类游戏与动物游戏最大的不同在于人在游戏中展现了无限的创造力。创造力是通过能动的思维活动，产生新思想，发现和创造新事物的能力。可以说，人类的文明史实质是创造力的实现结果。

有创造力的人往往具备敏锐、流畅、变通、想象力和好奇心等人格特征，尤其是想象力与好奇心为创造力的产生提供了基础性条件，而想象力与好奇心正是游戏的主要特质。一提到游戏，人们马上想到孩子，孩子的成长过程一直伴随着游戏，游戏有助于提高孩子的创造力。第一，适当的游戏活动，能带给孩子快乐、愉悦的情绪体验，使孩子在游戏过程中相互交流、学习、合作、互助，形成乐观进取的个性品质；第二，游戏可以促进孩子心智的发展，引发其好奇心、探究欲，培养孩子的想象力、创造力、意志力和自信心；第三，游戏所创设的各种问题解决情境，能激发孩子的遐想，提高孩子解决问题的能力，使孩子的创造性思维品质得到发展。

实际上，人类最伟大的创造性活动都始终渗透着游戏。人们感叹我们这个时代没有大师，缺少原创，大概正与游戏的缺失有关吧！

2.3　人本，为什么敌视羁绊

游戏的本质是自由，在悠闲自得的状态下，尽情地"游戏"，从中获得快乐与享受是人的一种美好生活状态。人本敌视羁绊，向往自由。追求人的自由发展，是人们对未来理想社会的一种向往。马克思对共产主义社会的阐述便是一个"自由人的联合体"，是一个实现人的彻底解放，使人成为"完整的人""真正的人""自由的人"的社会。

2.3.1　人之本性是追求自由

人从本质上讲是社会关系的总和，人的生存与发展受自然力量和社会力量的制约，但从人的本性上讲，跟随我心，自由自在的强烈愿望一直伴随着人的生命历程。人与动物虽有自然属性的共性特征，但其最重要的区别是动物不知自己是谁，自己与外部是什么样的关系，其一切行为均受制于必然性，是纯粹的先天本能，是消极被

动地适应自然界。鸟儿在天上自由自在地飞,鱼儿在水里自由自在地游,并非是其自身把控的选择,而是先天赋予其的本能,顶多算是一种"必然的自由"。而人具有能动性,能以自己的意志或理性来约束本能和支配行动,能按照自己的意愿去创造人的世界和改造客观的自然界。

自由是人本之必需。马斯洛将人的基本需要归纳为生理、安全、爱、尊重和自我实现五种需要,人的最高需要——自我实现是一种"可以归入人对于自我发挥和完成的欲望,也就是一种使他的潜力得以实现的倾向"①。马斯洛认为,虽然人在生理上也许不平等,比如,对先天的遗传无能为力,但可以选择如何对待它们;虽然不能选择自己生下来是男是女,是高是矮,不知道自己将具有一双锐利或衰弱的眼睛,也不知道自己是否会有某种残疾,但却可以通过努力工作和学习,实现计划。因为人的自由意志是与生俱来的,人是可以接受自由意志、个人责任,使自己的一生变得自主、积极,做一个有责任感的自己的主人,这就是人的自由。所以,"人与动物都来自自然,是自然界的精华。但动物的一切都属于自然而然,它从属于必然性,或者说它本身就是必然性的一部分。而人却由于自身的本质力量从动物界中脱颖而出,它既从属于必然性又不断地超越必然性,使自己越来越多地拥有自由色彩……人由此而成为自然界的精灵和主人"②。

人的自由自在的天性能在游戏中展现、发挥,游戏所创造的自由环境能为人的创造性活动提供灵感。游戏,作为"一种特殊的文化内容和文化形式,以特殊方式影响和推动着人类生活和社会的进步"③。

2.3.2　人类休闲生活考察

人类社会的发展史,实际上就是一部人类休闲文化史。休闲是生产力发展和社会进步的结果,同时又是促进生产力发展和社会进步的内在因素。不同的社会经济条件,不同的文化环境,人类的休闲方式和休闲状态是不一样的。

2.3.2.1　早期人类社会的休闲

这里说的早期人类社会是指人类开始出现时的狩猎采集时代、农业文明时代及近代工业文明之前阶段。这一阶段人类休闲生活的特点是从休闲蕴藏于劳动中,到

---

① 马斯洛. 动机与人格[M]. 许金声,程朝翔,译. 北京:华夏出版社,1987.
② 张伟胜. 自由与人的本质[J]. 浙江社会科学,2004(5).
③ 于光远,马惠娣. 于光远马惠娣十年对话:关于休闲学研究的基本问题[M]. 重庆:重庆大学出版社,2008.

休闲与劳动相分离,再到休闲与劳动相对立,逐步发展。

人类诞生初期的原始社会,生产力极其低下,人们靠采摘果实、挖掘根块、猎取动物为生,也磨制石刀、石斧、棍棒、弓箭等劳动工具。他们的大部分时间都用于维持基本生存需要所进行的劳动,没有我们现代意义上所说的专门的休闲活动,其休闲也是基于人本能意义上的休息、玩耍和情绪上的宣泄,而且主要方式是借助劳动和家族、宗族事务以及宗教仪式表现的。比如,他们在生产活动中边劳动、边歌唱;在日常生活中游戏、说笑和舞蹈等。劳动与休闲生活没有明确的界限,而是混着在一起,劳动伴随着消遣娱乐成分。这种早期人类的休闲生活状态,是人类学家通过对现代依然生活在部落文化中的部族进行考察时发现的。比如在非洲的很多部落中可以看到他们在经济活动中放声唱歌、高声谈笑。人类学家斯普顿和考恩斯在研究毛利人时发现"不管他们是捕鱼、捉鸟、耕田或是盖房子、造独木舟,都能找到可以被认为是娱乐性的活动的痕迹"。[①] 总之,早期的人类社会,人们没有休闲意识与休闲能力,劳动是生活常态,休闲没有形成独立的生活形态,而是附着在劳动中。

随着生产力的发展和社会分工的出现,人类社会开始进入了农业时代。随着金属工具的广泛使用,农耕技术、灌溉技术发展,劳动者生产的产品除了满足自身需要外,还有了剩余,这使得一部分人不劳动或较少从事劳动成为可能。随着阶级、国家的出现,掌握权力、控制剩余财富的人成为统治阶级和有闲者,他们不参加生产劳动,还无偿占有被统治阶级的剩余劳动,甚至是必要劳动,过着悠闲自得、奢侈闲散的自由生活;而被统治阶级除了为恢复体力而进行短暂休息外,大部分时间都用于劳动,为统治阶级和有闲者提供物质财富。可以说,随着生产力的发展,劳动与休闲开始有了分离,社会出现了统治阶级、有闲者和被统治阶级、无闲者。休闲与劳动处于一种极不平等的状态:劳动者几乎没有闲暇,其所有时间几乎都用于劳动,这种劳动不是为自己生存和休闲需要而进行的自愿选择,而是为少数特权阶层的休闲生活提供服务的一种强制性选择。休闲成为少数人的专利和特权。当然,除了统治阶级和少数特权阶层外,社会也存在一些专门从事哲学、艺术、文学、宗教、竞技活动的专业人员。

西方休闲之风始于古希腊、古罗马时代。那时已孕育了休闲文化,不仅产生了影响至今的休闲思想与休闲理论,还创造了丰富多彩的休闲活动实践方式,并建设了许多休闲设施。比如古希腊时代盛行享受美食、戏剧、舞蹈、宗教祭祀活动和竞技体育等,奥林匹克运动会正发源于此;古罗马时代修建了竞技场、室外剧场、洗浴室、游乐园等休闲设施。欧洲中世纪的休闲方式则主要与宗教生活和封建领主的射击、

---

① 戈比.你生命中的休闲[M].康筝,译.昆明:云南人民出版社,2000.

骑马、剑术、投石等竞技活动相关。到了文艺复兴时期，人们的思想、情感完全从宗教禁锢中解放出来，开始直接参与到各种休闲生活中，比如听歌剧、看画展、参加竞技活动等。当然所有这些休闲活动都由少数有闲阶层享有，劳动者的时间与精力除了极少用于满足自身生存需要而进行的短暂休息之外，大部分依然用于劳动，他们根本无暇也无钱去从事任何休闲活动。

中国自古就注重休闲，传统休闲思想受老庄哲学和儒家思想影响很深。老子主张"人法地、地法天、天法道、道法自然"，即人要顺其自然，悠然自得，达到精神自由、人格独立的境界。庄子主张"就薮泽，处闲旷，钓鱼闲处，为无而已矣。此江海之士，避世之人，闲暇者之所好也"，即人要远离尘世，亲近自然，与天地精神交往，追求闲适安逸的生活方式。儒家思想对休闲价值的认同则表现得更为深刻。孔子的"志于道，据于德，依于仁，游于艺"，说的是人生理想的最高境界应该是既要有志向高远的精神思想，还要有存德于心、修身养性的价值追求；既要有"仁"于天下，对他人怀有终极关爱之心，又要学习礼乐射御书术，在闲适游乐中悠然自得。董仲舒"天人合一"理念强调的人与自然、社会和自身和谐统一，人生修炼重在内心。这些思想对中国休闲文化注重"自怡""自适"的影响至深。

中国古代先人不仅将休闲与文化结合起来，通过诗词歌赋传递休闲观念、休闲理想，还身体力行，亲身感受休闲生活，给我们留下了宝贵的精神财富。如陶渊明的"采菊东篱下，悠然见南山"反映的是中国古代休闲文化的隐逸特征。中国传统士大夫阶层怀揣修身治国平天下的理想，如果在现实生活中得不到实现，他们宁愿辞官隐世遁名，回归田园生活，寄情山水，慰藉心灵。典型人物当数陶渊明。陶渊明为东晋文化名人，出身破落仕宦家庭。他早年受家庭和儒家文化影响，怀有兼济天下之壮志，曾几次入仕。但其天性崇尚自由洒脱，追求闲适优雅，加之看不惯官场的昏暗与污浊，更不愿苟合取安、为五斗米折腰，便挂印归田，享受"暖暖远人村，依依墟里烟。狗吠深巷中，鸡鸣桑树颠"的田园乐趣。他创作了大量的诗歌散文，如《饮酒》《归园田居》《桃花源记》《五柳先生传》《归去来兮辞》《桃花源诗》等，既有对自然景色与隐居生活情景的美好描述，表达了对淳朴田园生活的无限热爱和对徜徉于自然山水间悠然自得的极大满足，同时还有对官场功名利禄与世俗社会的厌恶鄙视，以及洁身自好、守志不阿的高尚节操的自然流露。陶渊明志趣高远的品格气节，寄意田园、超凡脱俗的人生哲学，恬静自然、淡泊明志的精神境界向后人展现了休闲的至高至善、至纯至美。到了唐宋年间，中国的休闲文化有了极大的发展，不仅产生了李白、苏轼这样风流倜傥、有仙风道骨的杰出诗人、词人和休闲大师，而且还开创了旅游、文学、书画、音乐、哲学、宗教和讲学等新休闲方式。明清之时，社会达人开始逐渐摆脱传统观念的束缚，变得洒脱自在，追求自由闲适的生活。他们三五聚会，品尝美食、喝茶聊天,游历于山水林间,也写下了大量的小说、戏曲、游记等,更产生了探讨休闲理论和反映休闲生活的《闲情偶寄》。《闲情偶寄》的作者是明末清初著名戏曲理论家李渔。该书虽是一部戏曲著作,但内容较为驳杂,除了戏曲理论外,还有养生之道、园林建筑等内容,包括"词曲""演习""声容""居室""器玩""饮馔""种植""颐养"八部分内容。有相当多的内容是根据其艺术实践与生活经验写就的休闲学。如卷四"居室部"中的"茶具"一节,专门讲述了茶具的选择和茶的贮藏。再如卷六"饮馔部",专门讲述的是饮食之道。他概括了 24 字饮食原则:重蔬食,崇俭约,尚真味,主清淡,忌油腻,讲洁美,慎杀生,求食益。他主张于俭约中求饮食的精美,在平淡处得生活之乐趣。这正表现了中国传统文化对饮食的健康与美的追求。《闲情偶寄》文字清新隽永,叙述娓娓动人,雅俗共赏,读后让人回味无穷。该书是一部开我国休闲生活美文先河之作。时至今日,依然对我们提高生活品质,涵养性情,健全理想人格具有一定的借鉴价值。

2.3.2.2 近代社会人类的休闲生活

随着科学技术的进步,机器生产代替手工劳动,机器化大工厂代替手工工场,人类社会开始进入近代资本主义工业社会。近代工业社会的特点是工业革命促进了经济的高速发展,劳动生产率得到极大提高。社会由传统的农业社会向工业社会转变,城市化进程加快,劳动人口从农村转移到城市。城市人口的增加,使得人们的生活方式和价值观念也发生了巨大改变,劳动与休闲逐渐分离了开来。

随着社会经济结构的改变,社会结构也发生了重大变革,产生了资产阶级和无产阶级两大对立阶级。无产阶级一无所有,靠出卖劳动力为生。他们在机器化的、标准化的生产条件下无休止地劳动,为资本家创造着巨大财富,可自己却很少有休息时间,更不可能有闲暇从事休闲活动。而资本家因为占有生产资料而剥削雇佣工人的剩余劳动从而成为社会有闲阶级。他们享有社会全部财富并拥有充裕的时间,过着穷奢极欲、悠闲自得的休闲生活。这种阶级分化导致的劳动(工作)与休闲对立不仅加剧了社会等级差异,带来了阶级冲突,更重要的是也造成了生产相对过剩和消费需求不足。马克思曾针对工人生存状态尖锐指出:"个人的全部时间都成为劳动时间,从而使个人降到仅仅是工人的地位,使他从属于劳动。"[①]"一个人如果没有一分钟自由的时间,他的一生如果除睡眠饮食等纯生理上的需要所引起的间断以外,都是替资本家服务,那么,他就连一个载重的牲口还不如。他身体疲惫,精神麻木,不过是一架为别人生产财富的机器。同时,现代工业的全部历史都表明,如果不

---

① 马克思恩格斯全集:第 42 卷[M].北京:人民出版社,1980.

对资本加以限制,它就会不顾一切和毫不留情地力求把整个工人阶级弄到这种极端退化的绝境。"①"这种工作不让工人有精神活动的余地,并且要他付出这样大的注意力,使他除了把工作做好,别的什么东西也不能想。这种强制劳动剥夺了工人除吃饭和睡觉所最必需的时间以外的一切时间,使他没有一点空闲去呼吸些新鲜空气或欣赏一下大自然的美,更不用说什么精神活动了。这种工作怎么能不使人沦为牲口呢?"②马克思认为,休闲权是基本人权,如果一个人连基本的自由时间都没有,那他就称不上人。因此,工人阶级早期争取自身解放,首先从争取缩短劳动时间,降低劳动强度,获得休闲权开始。经过不懈努力,通过罢工、谈判等形式,工人的劳动时间开始缩短,劳动条件得以改善,劳动收入也日渐增多。不少国家以立法形式将标准工作时间确立下来,一般每周工作时间从 6 天 12 小时逐渐缩短到 5 天七八小时,工人阶级开始拥有一定的时间和精力从事休闲活动。这也意味着,长期以来由统治阶级和贵族把持的休闲不再是少数人的专利,休闲成为大众普遍参与的文化活动。从此,真正意义上的大众休闲时代开始到来。

伴随着工业化、城市化和市场化的发展,以及科学技术的进步和现代传媒技术的崛起,以感性欲望诉求娱乐化取向的大众文化产生了。听广播、看电影、看演出、旅游、健身、逛公园、参加文体比赛等休闲方式越来越被大众所广泛接受,休闲已成为一种极为普遍的大众文化。中国近代休闲方式主要表现在听唱片、看杂耍、逛公园、逛游艺场、听相声、看戏、吟诗作画、抚琴品茶、养鱼养鸟、侍弄花草等。民国时期,在开埠较早的城市,上海、天津、北京、武汉等地,不仅西方的休闲娱乐生活方式开始影响着国人,如看电影、进舞厅、喝咖啡、去酒吧、运动健身等,还产生了一批提倡闲适生活的作家,其中最具代表性的是林语堂。林语堂出生于福建,早年留学美国哈佛,游学欧洲,学贯中西,对东西方文化有深刻的体验,提倡写作要"以自我为中心,以闲适为格调",一生著述颇丰。他撰写的《生活的艺术》,1937 年在纽约出版,第二年,连续 52 周高居美国畅销书排行榜之首,这是我国第一位从哲学角度系统研究中西方休闲思想的作品。他在书中畅谈庄子的淡泊,赞美陶渊明的闲适,教导人们如何享受人生、享受生命、享受悠闲、享受家庭、享受生活、享受自然、享受旅行、享受文化,同时,向西方人介绍了中国人旷怀达观,陶情遣兴的生活方式和精致典雅、热爱生活的东方情调。从林语堂描述的如何品茗,如何行酒令,如何观山,如何玩水,如何看云,如何鉴石,如何养花、蓄鸟、赏雪、听雨、吟风、弄月等,可以看出林语堂乐观开朗、性灵超远、才情横溢、闲适幽默的智慧人生。他在《生活的艺术》中说:"一般人不能领略这个尘世生活的乐趣,那是因为他们不深爱人生,把生活弄得平凡、刻

---

① 马克思恩格斯全集:第 16 卷[M].北京:人民出版社,1964.
② 马克思恩格斯全集:第 2 卷 [M].北京:人民出版社,1957.

板、无聊……一个热爱人生的人,对于他应享受的那些快乐时光,一定爱惜非常。"[①]他认为,真正的人生要靠自己选择,生活的艺术是自己创造出来的。

2.3.2.3 现代社会人类的休闲生活

现代社会,随着经济的发展和科学技术的进步,城市化进程的加快,人类的劳动时间(工作)与闲暇已大致相当,城市居民开始进入普遍的"有闲阶段",休闲已成为一种社会建制。现在人们已越来越深刻地认识到,休闲不仅是为了缓解疲劳、补充体力、休养身心和更进一步的工作,休闲已是人的一种生活方式、生活态度和生活内容,是生命不可或缺的重要因素。当前休闲已形成产业涉及社会领域各个层面,如休闲经济、休闲体育、休闲文化等,休闲不仅拉动了经济增长,带动了城市发展,促进了就业,还改变了人的生活方式,提高了人们的生活质量。

然而,人们在选择不同的休闲方式,追寻着生命的意义和生活价值,获得审美愉悦感的同时,也出现了不和谐因素,一方面,休闲产业发展缺乏规范管理,休闲产品和休闲服务还不能满足社会需求;另一方面,人们的休闲意识和休闲能力还有待提高,社会上存在着一些消极的、不良的休闲方式,比如过分追求享受、奢侈浪费、超前消费、游手好闲、涉黄赌博等。如何休闲?休闲是需要管理与教育的。我国休闲学开拓者之一马惠娣在接受记者采访时指出:"人类文化的传承,常常以休闲形式为载体。休闲文化的繁荣与一个民族的创造力也是密不可分的。不断地玩,才能获得精神解放,才能不断地创造。人在沉重的负担下,就没有什么创造力。"可以说,实施休闲教育也是一种传承文明、开拓创新、促进社会文化发展与繁荣的重要途径。

小贴士

美国黄石国家公园

设立国家公园的主要目的是保护国家特有之自然风景、野生物种及文化古迹等生态系统的完整性,以作为现代及未来科学研究、环境教育、生态旅游之场所。目前,全世界大约有 143 个国家或地区设置了 1700 座国家公园,美国的黄石国家公园(Yellowstone National Park)是 1872 年国会通过法案建立的第一个国家公园,也是世界上第一个和最大的国家公园。

黄石公园因位于黄石河(Yellowstone River)的源头而得名。黄石河则被普遍认为是黄石公园大峡谷里看到的黄色岩石而命名的。黄石公园占地面积约 8983 平

---

① 林语堂.生活的艺术[M].北京:群言出版社,2010.

方千米,其中约 96% 的陆地面积位于怀俄明州,另 3% 在蒙大拿州,1% 在爱达荷州。
公园分五个区:西北的猛犸象温泉区以石灰石台阶为主,故也称热台阶区;东北为罗斯福区,仍保留着老西部景观;中间为峡谷区,可观赏黄石大峡谷和瀑布;东南为黄石湖区,主要是湖光山色;西及西南间歇喷泉区,遍布间歇泉、温泉、蒸汽池、热水潭、泥地和喷气孔。园内设有历史古迹博物馆。

公园中有着多种类型的生态系统,其中以亚高山带森林为主,包括湖泊、峡谷、河流和山脉。它拥有世界上面积最大的森林之一,公园内的森林占全美国森林总面积的 90% 左右。水面占 10% 左右,公园内最大的湖泊是位于黄石火山中心的黄石湖,是整个北美地区最大的高海拔湖泊之一;有超过 10000 个温泉和 300 多个间歇泉;有 290 多个瀑布。公园以丰富的地热资源和野生动物种类闻名。黄石火山拥有世界上最大的火山口之一,且仍处于活跃状态,在过去 200 万年中曾数次以巨大的力量爆发,喷出的熔岩和火山灰覆盖了公园内的绝大部分地区,因其持续的活跃状态,也使得世界上的地热资源有半数位于黄石公园地区。公园内有记录的哺乳动物、鸟类、鱼类和爬行动物有数百种之多,包括多种濒危或受威胁物种。其中 7 种有蹄类动物,2 种熊和 67 种其他哺乳动物,322 种鸟类,18 种鱼类,是灰熊、狼、美洲野牛和加拿大马鹿的栖息地。园区有超过 1100 种原生植物,200 余种外来植物和 400 余种喜温微生物。

黄石公园内因其拥有的山川、湖泊、河流、峡谷、瀑布、温泉等自然景观和丰富的动植物品种而成为一个负有盛名的游览胜地。美国人自豪地称黄石国家公园为"地球上最独一无二的神奇乐园"。园内交通便利,500 多千米的环山公路将各景区的主要景点连在一起,使得黄石公园成为休闲娱乐的最佳去处之一,园内可进行远足、露营、划船、钓鱼和观光等活动。

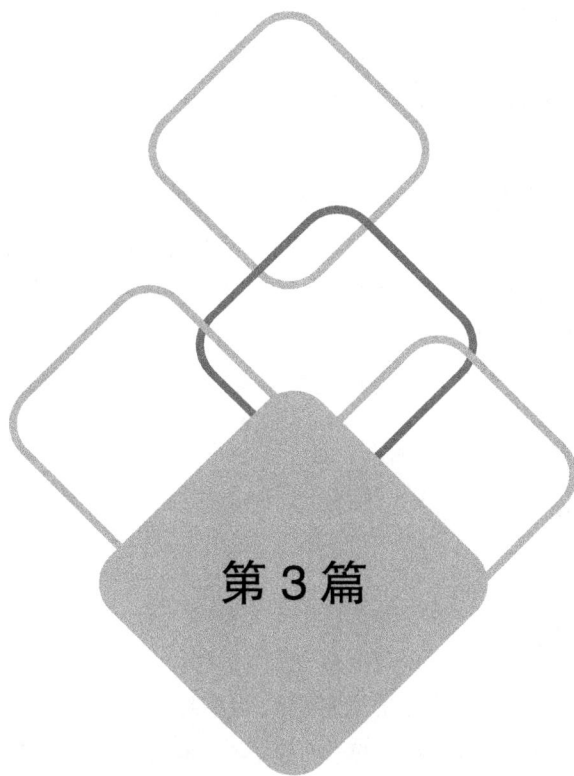

第 3 篇

自　我　篇

3.1 休闲过程，为什么是一种体验

我们可能都有这样的经历，对即将到来的一段外出旅行怀着满心的期待，早早打理好旅行包，出发前，也许有的人都睡不好觉，早早起来，整个人都沉浸在喜悦的状态中。回来后，时时翻看着自己拍摄的美丽景色与人物写真，沉醉在欢乐无比的美好回忆中。

休闲作为人的一种生活方式、生活状态，最重要的内容或者说最本质的要素就是休闲体验。休闲体验即参与休闲活动主体从休闲活动中获得的心理上和精神上的深层次满足，进而感受到生命的意义和生活的完整与美好。休闲体验可以是一种休闲活动的过程，也可以是一种状态与感悟，或两者兼而有之。休闲体验既是人们通过感觉器官去综合感受休闲带给自己美妙享受的过程，也是其洞悉内心、品味休闲意蕴的过程。

3.1.1 何谓体验

3.1.1.1 体验的内涵

"体验"一词在英文中的意思是指对事实的实际考察或实践认知，从中学到知识或技巧；作为动词时，则表示"经历、感受"等，意指亲身经历之后的深刻理解与领悟，并由此引导精神上的升华。"体验"的中文含义是"通过实践认识周围的事物；亲身经历"（商务印书馆），意为体验是人们对从事某种活动的亲身感受。我们可以将体验这样定义：外界事物与情境所引起的人的内心感受与体悟。

"体验"一词既是心理学、哲学概念，也在美学范畴内，心理学意义上的体验是指人对周围事物的感知、理解与体会的心理活动过程，心理体验过程就是一种感觉过程、知觉过程、思维过程、想象过程、情绪情感过程。哲学上，体验一词最早出现在德语文献中，概念成形则是在 19 世纪 70 年代哲学家狄尔泰出版的《体验与诗》等著作之后。哲学意义上的体验是指"在回忆中建立起来的"，"意指某种不可忘却、不可替代的东西，这些东西对于领悟其意义规定来说，在根本上是不会枯竭的"。[①] 体验不

---

① 伽达默尔.真理与方法:哲学诠释学的基本特征[M].洪汉鼎,译.上海:上海译文出版社,2004.

仅从生活的延续中产生,包含着原始经历,还与人的生命整体相连,体验存在于人的生命整体中,人的生命整体也蕴含着体验。美学概念的体验是指审美主体被审美对象深深吸引,情不自禁地沉浸其中,并反复品味、领悟,从而获得精神上的愉悦感。美的感受是人类原始自发的一种情感体验,人在审美活动中所达到的精神超越和生命感悟,是审美过程中的一种特殊的身心感受和状态。

随着社会经济的发展和人们生活水平的提高,社会的需求结构和消费形态也发生了深刻的变化。传统经济主要注重产品的功能是否强大、质量是否过硬、外形是否美观、价格是否有优势,现在的发展趋势则是适应消费者的心理需求和欲望,从生活与情境出发,创设感官体验与思维认同,以此来抓住消费者的注意力,改变其消费行为,同时不断培养消费者的忠诚度,即加强其黏性,为产品的不断升级换代找到新的生存价值与发展空间。比如,到目前为止,似乎还没有一种产品像苹果手机那样圈粉无数。每当一款新机型出现,"果粉"都蜂拥而至。让"果粉"对苹果产品如痴如醉的因素,除了其产品品质优良、设计上乘及宣传造势强劲等因素之外,更多的是苹果公司对消费者人性的理解和接纳。比如苹果手机采用的是一体成型设计,精致美观、简约时尚、操作便捷、运行流畅、安全度高,一旦用上,消费者往往具有较高的忠诚度。目前的消费文化已呈现出,人们购买的不只是商品本身,而是附加在商品上的象征意义。例如,苹果手机不仅仅是用来实现通信功能,还意味着品位、地位和身份。

当前体验式消费逐渐形成社会流行的新时尚,体验也成为生产者和销售者解读消费行为的关键要素,成为经济发展与价值创造的新途径。消费者体验、旅游体验、用户体验、顾客体验等概念已成为体验经济的重要词汇,产品的生产和服务都开始注重消费者"感官上的愉悦感""审美上的享受"和"情绪上的反应",体验经济正逐渐成为社会经济发展的趋势,休闲产业更成为体验经济的新业态。这是因为体验是休闲活动的核心属性,休闲产品的提供主要是基于休闲主体的主观感受和体验需求。

3.1.1.2　体验的本质特征

人的生命过程就是一种体验过程,所以说体验的本质与人的生命和生活密切相关。

第一,体验是一种主观感受与体悟。体验是一种个人意志的表达,具有主观性、自主性、独立性,体现了人的自由与个性。每个人都具有独立的认知结构、情感活动、价值取向、人生经历和生活环境,对外界事物的体验也打上了自己深深的烙印,所以体验具有个体性。

第二,体验属于情感范畴。体验的过程既是一种认知过程,更是一种情感过程。

体验是通过个人的各种感官及情绪情感过程实现的。外界事物、客观情境引起人的内心感受与体悟，就是情感过程。体验过程实际上是一种情绪情感的表达过程。人的内心感受力、体悟力越强，其情绪情感就越丰富。

第三，体验将知识与人的本质相联系。英国小说家乔治·爱略特曾说过："感受就是一种知识……对于我们同胞的唯一真实的知识是那种让我们得以与他们共同感受的知识——那种知识使我们能够听到在境遇和观点后面心跳的声音。"①她的意思是说，人们只有借助"共同感受"或者"爱"才能获得真实的内在认识，而这同时也是所有知识的最终目标。所谓"共同感受"或者"爱"就是人的一种体验，体验将知识与人的本质相联系，人只有感受到了才能认知，进而可转化为知识。知识的价值在于促进人与人之间的理解、同情和关爱，同时，对人类精神世界的认识也要借助共有感受来实现。

第四，体验具有亲历性。体验者只有进入某种情境中，或者说亲身参与到某种活动中才能获得主观体验和感受。这种亲历不仅仅是参与到实际活动中，而且要尽量做到身心合一。

第五，体验是人的一种高级需要。人的最高需要是自我实现、美的享受。所谓自我实现，即人的天赋和潜能在适宜的社会环境中能够得到充分发挥，理想和抱负得以实现。在这个过程中，人会产生出一种欣喜若狂、如痴如醉、心旷神怡的感觉，也就是美国心理学家马斯洛所说的人的需要的最高层次——自我实现过程所获得的那种高峰体验。这种情感是人存在的最高、最完美、最和谐的状态，是人生追求的最高境界。

小贴士

从"电商"到"店商"，体验式消费、场景消费正在兴起

当电商走到线下，会是啥模样？超市、书店、手机店、酒店……都是，却又都不是。日前，齐聚人脸识别、大数据智能推荐、基于 Wi-Fi 和图像识别的人流热力感应等多项炫酷科技的京东线下零售体验店——京东之家亮相，并宣布在年内建成300家这样的零售体验店。另一家电商平台网易严选则更挑战人们的想象力，跨界开起了可以"边用边买"的酒店。体验式消费、场景消费的兴起，不断诞生"新物种"的零售业正掀起一场打破边界、多方融合的全新变革。

---

① 高晓玲.感受就是一种知识[J].外国文学评论,2008(3).

京东进商场人脸识别荐商品

走进店内,在门口的屏幕前停留几秒钟,屏幕上便会识别出你的人脸,并推荐你可能感兴趣的商品,并冒出"工作狂""科技发烧友""爱深夜购物""居家能手"等与你相对应的特征词,方便店员帮你选购心仪的商品。

这个有些炫酷的购物场景,发生在通州万达的京东之家店内。原来,顾客在第一次进入京东之家时,系统会通过摄像头留下其头像照片,通过消费者扫描二维码点击确认后,就能瞬间完成在京东之家线下店的注册。下次进店时,你的"脸"就成了"会员卡",可以被摄像头自动识别。

清新的植物、纯木色陈列架,与普通的手机、电子卖场不同,在这个充满清新情调的实体店里,商品不再简单按照品牌或是品类区分,而是按照旅行、健康、女性等不同的场景和主题分区。例如,在"旅行"主题区,消磨长途飞行时光的 Kindle 电子书、让你在异国无须为语言不通担忧的翻译机、便携式照片打印机,小巧的洗漱包、蓝牙音响、水杯等各种商品被摆放在一起,吸引热爱旅游的"驴友"驻足。

如果不是工作人员介绍,你很难发现,店内乍一看与柜台里普通价签并无二致的价签,其实是一枚枚电子价签。通过网络与电商平台联网,价签上显示的价格会随电商网站的价格实时调整,保障线上线下同价。

另外,在你进出店门的时候,门口的两部摄像头实时记录进店、出店人数、性别、年龄段、到店停留时间。在店铺人流热力图中,红色是客人最爱驻足的区域,蓝色则是被冷落的角落,店铺运营人员可以随时根据热力图、店内人流特征等信息,及时调整商品品类及店内陈设。

网易开酒店房间变"超市"

"昨晚睡的床垫不错,想给家里也买一套,可是人家酒店不卖啊。""酒店的床头智能音箱真棒,好想带回家继续用。"不少经常辗转于精品酒店住宿的商务一族、旅行爱好者,或许都曾遇到这样的一刻。日前,电商品牌网易严选与亚朵酒店合作,开出了全国首家"所用即所购"的新业态酒店,他们脑海中的"小嘀咕"成真了。

颈枕、毛巾、香薰机、浴袍、热水壶、马克杯……所有你在酒店房间里使用的东西,几乎都能直接付钱带走。如果不想随身携带,你还可以打开手机 App,下单购买,或者由酒店贴心地包邮寄回家,等出差或旅行结束回到家你就能收到货了。"当今消费者早已不是'物质至上'的盲目群体,单纯依靠商品包装上的参数再难激发消费者的购物欲,实体化的商品体验场景应运而生,场景消费因此具备极大的潜力。"网易严选相关负责人解释了其跨界开酒店的原因。

酒店房间变成电商平台线下体验店的同时,将电商元素引入人们的住宿场景,也成为酒店突破传统住宿模式,用个性化体验吸引用户的一大法宝。"在新的住宿时代,过去依靠硬件和标准化服务获得用户的模式已经不在了,取而代之的是个性化。"与网易严选合作开酒店的亚朵酒店负责人说。

体验消费成"临门一脚"

过去几年,电商颠覆了人们对购物价格、购物方式的观念。随着电商流量红利逐渐遭遇天花板,相比冷冰冰的价格、包装、参数,越来越多的消费者开始对消费时的"体验""场景"更为在意。摸摸质感,开机体验一下,这些看似细小的体验细节,却恰恰能够成为他们购物决策时的"临门一脚"。

比如说,如果让你对爱上京东买电子设备的人群画个像,不少人脑海中或许都会冒出"男性""青年"这样的字眼。然而,记者在从线上开到线下的京东之家门店里看到,工作日里,这里迎来了不少"阿姨"和"妈妈"人群驻足。由于购物、生活习惯等原因,扫地机器人、智能音箱等家居科技用品,她们可能没有上网选购的习惯。趁着逛超市的工夫,进京东零售店里体验一把,她们也成了这些潮科技产品的拥趸。根据"第一财经"发布的《中国新中产品质生活报告》中显示,75%的人愿意花钱追求更好的服务和互动体验;62%的人更加注重在实体店的体验;近60%的人因为个性化的服务而爱上一个品牌。

面对越来越"挑剔"的消费者,从"电商"到"店商"的变革背后,大平台除了自身的进化,也正通过赋能传统商家,掀起更大范围的零售业变革。"我们的零售创新战略绝不是从线上向线下单纯扩张,而是从提供零售产品转变为提供零售基础设施,既服务终端的消费者,也服务上游的合作伙伴。"京东集团副总裁、京东3C事业部总裁胡胜利介绍,京东将与一些传统零售商合作,将京东之家的模式复制、推广。

(摘自中国报告网,http://baogao.chinabaogao.com/hulianwang/289250289250.html。)

3.1.2 休闲体验

3.1.2.1 休闲体验的内容

休闲体验通常被界定为个体从事休闲活动的主观感受,包括生理的、心理的以及精神层面的内容。有关休闲体验的内容,学者从不同角度进行了描述,主要观点如表1所示。

表1 休闲体验的不同概念

学者(年代)	休闲体验的界定	重要内容
Lee (1999)	处于休闲状态时的体验。	通常具有如下属性:有乐趣、享受、放松、社会的亲密关系、积极的心理状态、友谊、亲密、新奇、与自然共融、审美、不受时间影响、生理刺激、智力培养、创造性的表达、反思、自由、和谐、平静和愉快。
Henderson (1996)	认为休闲体验中自由感是最重要的,另外还有其他七项重要因素。	自由感、快乐、放松、内在动机、缺乏评价、分离感、投入、自我表现。
Lee, Dattilo & Howard (1994)	很多人都会有正向感受的休闲体验;有时也有负面感受的休闲体验。	正向的感受,包括愉快、放松、满足、社交、人际关系、接触大自然、生理上刺激、脑力激荡、创意、自省、满足等;负面休闲体验,包括疲惫不堪、神经质的、担忧、沮丧、挫折、罪恶感、沉思等。
Csikszentmihalyi & LeFevre (1989)	综合相关说法,发展出七个变项来检验个体的主观休闲体验。	分别是情感、活力、认知、动机、创造力、放松、满足。
Gunter (1987)	提出人在参与休闲活动时,有八项共通的休闲体验。	分别是分离感、享受、自发性、不受时间影响、想象、幻想、冒险、选择自由、自我实现。
Denzin (1984)	参与休闲活动时,人们会有四种情绪结构。	生理与心理上的实时体验:例如紧张、害怕、虚弱、心跳加快等;身体上的体验:例如休闲活动后的肌肉酸痛、愉快;目的价值的体验:如以满足个人目的为主;从自我出发的体验:自发性。
Ungar & Kerman (1983)	综合出六种重要的主观心理体验。	分别是内在满足感、知觉自由、投入、刺激兴奋、精进感、自发感。
Neulinger (1974, 1981)	认为休闲体验由两项重要要素构成。	知觉自由与内在动机。

3.1.2.2 休闲体验要素

人们参与休闲活动,获得休闲体验需要具备三个基本要素:

一是要花费个人一定的时间。休闲体验是一个过程,只有在一个休闲活动过程中,才能完成休闲体验。

二是要有充分的自由感。休闲是极具个性的活动,是一种享受。享受是一种人生自在生命的自由体验。休闲主体在休闲体验中有不受外界干预的自由选择权,有一个从容自得的境界,其自在生命的自由体验就能实现。

三是要有内在结果。休闲的目的要达到身心的放松。人们在紧张、繁重的工作后,可通过休闲活动解除疲劳、恢复体力,同时还可获得愉悦、安逸,休养身心。①

3.1.2.3　休闲体验类型

休闲体验的划分至今没有统一的标准,国内外学者一般从不同方面进行研究。

按照参与和融入程度,休闲体验可分为娱乐体验、教育体验、遁世体验、审美体验、移情体验等。

娱乐体验是指通过感觉器官,如听音乐、看电视、阅读、打游戏、看球赛、旅游观光等方式,来参与娱乐活动,获得身心的愉悦感、满足感,使平日生活的紧张情绪得以释放,达到愉悦身心、放松自我的目的。

教育体验是教育与休闲的结合,达到寓教于乐的目的。休闲者参与休闲活动在获得娱乐、享受的同时,还能获得有益的学习体验、思想上的感悟和情感上的升华。如参观博物馆、艺术馆,游览历史遗迹、文化名城,考察特色小镇、新农村建设等。有些休闲活动本身就是一种知识的获得和性情方面的培养,如书法、绘画、插花、布艺、陶艺等。

遁世体验是指休闲者离开自己居住的、熟悉的环境,前往异地暂住,短时期摆脱工作生活中必须扮演的角色,从工作压力、烦琐生活和复杂的人际交往中解脱出来,获得舒畅和愉悦的感受。比如宗教活动、主题公园、虚拟世界、游戏等。

审美体验几乎是所有休闲活动都具有的一种审美活动。休闲者置身于某种休闲环境与休闲氛围中,获得美的感悟与享受。如旅行、看画展、听音乐会、观看体育比赛时,对美的体验可以贯穿始终。审美体验可以让人心情舒畅,精神愉悦。

移情体验是指休闲者处于另一种情境中,将自己幻变为臆想中的对象从而实现情感的转移和短暂的自我逃离,达到亲身体验、情感升华的目的。比如音乐剧、话剧表演等。

从休闲主体的心态和内在追求角度,休闲体验可划分为宁静平和型、冲突刺激型、厚重典雅型。

宁静平和型休闲是指侧重于追求和谐、安适和平静,强化生命的自在、安逸和整合的休闲活动,如看电视访谈节目、听古典音乐、读畅销小说等。

冲突刺激型休闲侧重于追求冲突、碰撞、新奇、刺激、怪异、潮流,强化生命的张力、生存的活力、心灵的丰满,如攀岩、登山、浮潜、竞技体育等。

---

① 李仲广,卢昌崇.基础休闲学 [M].北京:社会科学文献出版社,2004.

厚重典雅型休闲侧重于追求文化欣赏、文化创造和文化建构,强化生命的本真、自由和文化的传承,如琴棋书画、品茶论道、以文会友等。

从休闲主体与外部世界的关系角度来划分,休闲体验可分为"幼稚型体验""充实型体验""价值型体验""创造型体验"。

"幼稚型体验"是指外部容易、内部简单的休闲活动体验,即休闲体验的层次不高,但较容易从生活中找到休闲感觉。

"充实型体验"指外部困难、内部简单的休闲活动体验,即外部条件较艰难,但依然能找到一般意义上的休闲感受。

"价值型体验"指内部复杂、外部容易的休闲活动体验,即能够在平凡的日常生活事件中体验到休闲的价值和生命的意义。

"创造型体验"是指内部复杂和外部困难的休闲活动体验,即能够在相对困难的条件下体验到休闲的价值,并有所升华、有所创造。

根据体验层次的高低,休闲体验可分为世俗体验和发展体验。

世俗体验是指从休闲活动中都能获得的放松、愉快、享受等一般体验。比如旅游、美食、运动等带给人的体验。

发展体验是指从休闲活动中获得心灵的感悟、情感的升华和个性的完善与自我发展。比如同样是旅游、美食、观赏活动,有的人能从中悟出道理、净化心灵,转化为行动。

根据休闲体验的感受方式不同,休闲体验分为感官体验、情感体验、思维体验、行动体验和关联体验。

感官体验是经由视觉、听觉、味觉、触觉、嗅觉等感觉器官来实现的休闲活动体验。比如,电影是一种典型的感官艺术形式,主要通过色彩、声音,尤其主题音乐产生的视觉、听觉冲击给观众带来精妙绝伦的视听盛宴,从而传达出创作者要表达的思想和主题。美国著名电影导演斯皮尔伯格在评价张艺谋的电影《英雄》时说:"让人们不用看字幕都能理解,使颜色成为一种沟通的语言。"经典电影流传百年,让人魂牵梦绕的是电影音乐、电影主题曲。观众觉得一部电影好看、舒服,首先感觉到的是视觉、听觉上的美感,进而沉浸其中,觉得故事讲得好,演员演得好,最终能被感动,情感得到升华。

情感体验是人们参与休闲活动的核心。休闲主体能够融入休闲活动中,有认同感、愉悦感。如旅游项目内容新鲜、刺激、设施安全、交通便捷、服务贴心,参与休闲的人沉浸其中可以获得巨大的满足感。

思维体验指的是一些休闲活动创设的目的就是给休闲主体一个认知和解决问题的体验。休闲主体通过休闲活动能从中感受到解决问题后的喜悦感和成就感,同时还能挖掘出自己的潜力和创造力,增加自信。比如参加棋类比赛、知识竞赛等。

行动体验是指休闲主体用自己的实际行动参与到休闲活动中而获得的身心体验。比如青少年参加篮球夏令营活动,与著名球员近距离接触,一起打球、训练,相互切磋交流,既有身体的有形体验,又能给参与者带来值得反复回味的心理体验。

关联体验是指休闲活动中,将与休闲活动相关联的东西结合进去,让其产生无数的联想,从而增强情感体验。比如,早春三月到西湖游览,走上苏堤,发现杨柳夹岸,艳桃灼灼,湖波如镜,万种风情,不禁让人联想到北宋时期的大文学家、书法家苏东坡被贬南下,时任杭州知州时,疏浚西湖,利用挖出的葑泥构筑苏堤给后人留下美丽的景致。在欣赏美景的同时,也不免有一种惆怅之感。

3.2 休闲体验,为什么是一种"审美游戏"

3.2.1 休闲体验满意度的条件

休闲体验是否满意,需要一定的休闲体验条件。休闲体验条件的构成有休闲主体自身因素,也有外部环境因素影响。

3.2.1.1 休闲动机与能力

休闲体验的满意度主要由休闲主体内在因素决定。首先,休闲主体要有兴趣和热情,能自始至终积极参与到休闲活动中;其次,需要休闲主体对自身休闲能力的认可。如果休闲主体没有运用自己的休闲能力与技巧实现休闲活动体验的自信,那他就会在休闲活动体验中感到不安、沮丧,不能沉浸其中,最终影响到休闲体验。因此,休闲主体要意识到自己的休闲能力程度,提高自我效能感,选择适宜自己的休闲项目,从而在休闲活动中获得休闲体验的满足感。

3.2.1.2 休闲环境与文化

休闲体验是否满意与休闲环境和氛围有关。休闲环境指的是休闲时间的充裕性,休闲主体内心是否安宁、不受外界干扰,休闲交通便捷程度、费用承受能力,休闲同伴彼此是否和谐,所处文化氛围适宜与否等。比如,目前各国举办运动会,除了给运动员创造良好的条件,为吸引观众前来观看比赛,也会设计一些观众能参与的活动,同时还在环境建设上下功夫。他们会提供具有地方特色的餐饮、安全舒适卫生的住宿环境,让观众有"宾至如归"的感觉。既要看好比赛,也要吃好、住好、玩好。赛制安排、交通环境、城市风貌、市民的文明程度和饮居设施的好坏等都会给观众带来多方面的深刻体验。

3.2.1.3　休闲活动的趣味性与创新性

休闲体验与休闲活动的趣味性、创新性有很大关系。单调枯燥、缺乏魅力的休闲活动只能让人感到乏味、无趣,激不起人的兴奋感,自然不会产生让人满意的休闲体验。如果休闲活动设计得合理有趣,富有竞争性、创造性,能激发人的参与热情,事后又能反复回味,那就一定是一个美好的休闲体验。同时,人放松而后放飞,很多发明创造就是在休闲过程中获得启发而产生的。

3.2.1.4　休闲设施及安全性

休闲设施安全可靠是休闲体验满意的先决条件。比如休闲场地简陋狭窄、停车场地过于拥挤、配套设施不便等都会影响人的休闲情绪。比如登山过程中需乘坐一段缆车,可中途停摆,给游客带来紧张感、恐惧感,这就不可能有良好的休闲体验。

3.2.1.5　休闲情境设置的合理性

休闲情境是指在休闲活动过程中,根据休闲活动的性质、特点,营造休闲氛围,以调动休闲主体的休闲兴趣,使其产生一定的情感反应,能积极主动地参与到休闲活动中的情境状态。现代休闲的最佳体验是设置某种情境,让休闲主体深入其中,获得身临其境的感觉。比如,现在的观光农业不仅提供传统的农作物观赏(像春天赏油菜花、夏天赏荷花、秋天赏桂花、冬天赏梅花),还会设计一些游客能参与的活动,修枝、嫁接、除草、制作标本等,让游客有参与感。比如,2011 年,杭州举办第二届世界休闲博览会期间,设计发布了十大休闲体验类型,十条专题休闲体验之旅,一百个休闲体验点。十大休闲体验类型主要有主园区休闲体验、休闲夜都体验、休闲美食体验、休闲文化体验、休闲体育体验、休闲养生体验、休闲民俗体验、休闲购物体验、休闲山水体验、休闲乡村体验等,每种类型推出一条以上特色体验线路,供市民游客参考。十条专题休闲体验之旅主要有:慢游杭州,品味浪漫休闲之都;跟着你的味蕾去旅游——余杭、临安二日游;品茗赏桂,骑游西湖;休博直通车;"休闲博览纵贯线"品质生活休闲样板体验五日考察团;秀水古镇,温泉养生,惬意三日;"田园逸境,山水寄情"——乡村体验、饕餮美食三日游;印象江南,休闲杭州六日游;花现西湖,健康养生,休闲之旅;休博杭州之旅等。每个专题推出一条以上体验之旅线路,供旅行社组团参考；推出的一百个休闲体验点，供市民游客自助体验。丰富多彩的休闲情境设计，不仅使人们能积极参与休闲、体验休闲，还能深刻感受杭州这座"东方休闲之都""最美休闲城市"的魅力。

3.2.2 休闲体验的审美意义

人生历经众多往事，但似乎都是过眼烟云，只有那些给人带来深刻体验的经历才能使人铭记于心，永恒不忘。因为那是人曾全心全力投入，付出激情并历经了心灵沉淀后获得的情感升华的体验。人们常说，生命的意义不在于生命的长度，而在于生命的宽度。体验的功能就在于拓展了人的生命宽度，丰富了人生内涵，使人的生命历程不仅含有生理生命，还有内涵生命和超越生命。

休闲体验对个体而言，能带来美好、独特、不可复制、值得回味的价值体验，使其从繁忙的工作、学习中解脱出来，充分地享受人生、享受生活，体会到生命的自由自在、生活的舒适与美好。很多休闲活动，像音乐、舞蹈、摄影、绘画、书法、文学创作、视频拍摄等都能直接带给参与者艺术美学的体验，如舞蹈艺术的表演者和观赏者都能从各自角度感受到美好，表演者在音乐的伴奏下，通过肢体动作、面部表情等，来表达内心的情感；观看者将目光聚焦在灯光、音乐和舞台中，从舞者时而轻灵、时而刚劲的舞姿中感受着舞蹈与音乐完美结合的韵律感、流畅感。另外，休闲体验还能调整人的心态、增强心理动力，提高工作效率，感受到工作是美丽的。

对社会而言，休闲体验带动了体验经济时代的到来。在体验经济下，消费者关注的不仅仅是购买产品和接受服务之后才能获得的美好体验，而是在消费过程中，甚至在产品生产过程中就能获取"美好的体验"。比如乔布斯创造的苹果电子产品，秉承"与消费者产生情感共鸣""制造让顾客难忘的体验"的理念，设计生产的电子产品，尤其是手机，无论产品选用的材料、造型、色彩，还是产品的功能及品质，都是从人性化需求和现代人审美为出发点，造型简约低调又不乏流畅，色彩温婉中透露着冷艳，给消费者带来视觉、触觉、听觉上的震撼和使用中的快感、美感。温暖、亲切、富有人情味是苹果产品的文化符号。消费者的记忆中能长久保存这种使用过程中的"体验"，而且这种体验影响了其生活、工作，甚至影响了其价值观。消费者乐意为苹果体验付费的原因在于，体验是人们在消费过程中留下的心灵印记，这种印记符合人的审美情趣，在情感层面能与消费者产生共鸣，使消费者获得美好愉快、令人难忘的印象。所以，休闲产品提供者根据消费者的个性化消费需求定制休闲产品与服务，一方面满足了个体的缺失性需求和高层次需要，丰富了休闲内容；另一方面又带动了体验经济的发展，促进了社会经济文化的进步。比如品味咖啡和阅读书刊是人们普遍的休闲方式,一些店家将两者结合起来,给人们提供温馨的场地,一杯咖啡一本书,咖啡的醇香和书本的墨香能伴着人们度过一下午的美好休闲时光。

休闲是人的理想生存状态。人们参与休闲活动既是放松身体,缓解疲劳,又是精神享受,心灵自由。休闲的最高境界和最高形式就是审美,审美是人类理想的体验方式,休闲与审美有着内在的必然联系。从本质上讲,人有追求自由、宁静、愉悦、审美、自在、创造和超越的心理需要,健康的休闲活动恰恰能给予满足。休闲在给人带来畅快、美好的感觉时,最终让人获得的是一种审美体验。

3.3　休闲结果,为什么是一种心灵之"畅"

休闲体验的结果是什么?哲学家、心理学家、美学家和社会学者、休闲学者都对之进行了专门的研究。其中美国著名心理学家米哈利·奇克森特米哈伊的研究最有影响。他首先提出了"畅爽"的概念,并且认为,休闲活动给人带来的最佳体验是畅爽感:当人们在全心投入一项活动时会产生一种精神振奋、充满自信的感觉,这种感觉让其沉浸其中而忘却了现实生活中的烦恼与痛苦,把生活提升到另一个不同的层面,使人不再寡居独处而是积极参与;不再迷失对物质生活的追求而是享受精神的富足与欢乐;不会被困在假设的未来目标中,而是更加珍惜生活中的每一天。

3.3.1　什么是"畅爽"

"畅爽"的英文为"Flow",中文的对应含义为畅、爽、沉浸,具有快感等。奇克森特米哈伊认为,人在工作或休闲中会获得快乐体验,最佳体验就是"Flow",即人在进入一种忘我或者说自我实现时出现的一种极度兴奋、喜悦和享受的感受。这种感受虽然不常出现,但大部分人都曾经历过,它不仅发生在科学创造和艺术创作中,也发生在我们日常的工作和生活中。奇克森特米哈伊曾这样描述自己的畅爽体验:它是"一种感觉,当一个人的技能能够在一个有预定目标、有规则约束并且能够让行为者清楚地知道自己做得如何之好的行为系统中,充分地应付随时到来的挑战时,就会产生这种感觉。这时,注意力高度集中,没有心思注意与此无关的事,也不考虑别的问题。自我意识消失,甚至意识不到时间的存在。能让人获得这种体验的活动实在是让人陶醉,人们总想做这件事,不需要别的原因,也根本不考虑这件事会产生什么后果，即使有困难、有危险，人们也不在乎"。① 奇克森特米哈伊认为，并不是所有人都能获得畅爽体验，或者说并非所有休闲活动都能给人带来畅爽感。畅爽体验的获得与参与休闲活动时的挑战性难度和自身能力的一致性相关，当休闲活动的难度超过了个人的能力范围，个体会因为担心完不成而产生焦虑，自然无法获得最佳体验；当难度低于自己的技能水平时，个体又会觉得无聊而产生厌倦感。

奇克森特米哈伊的"畅爽"理论类似于马斯洛的"高峰体验"，但两者又有差异。马斯洛提出人的心理需要发展的最高阶段——自我实现，即为一种"高峰体验"，"高峰体验"是人"短暂地离开真实的世界"，进入"最快乐、最心醉神迷的时刻"，也就是人在进入自我实现状态的时候，会感受到一种极度兴奋的愉悦心情，是"个人所能达到的，最令人兴奋的、丰富的、充实的体验"。马斯洛认为的"高峰体验"是"个人处于最佳时刻""生活中最幸福的时刻"，是一种"狂喜体验""极度喜悦""极度幸福"的状态。他曾这样描述："这种体验可能是瞬间产生的、压倒一切的敬畏情绪，也可能是转瞬即逝的极度强烈的幸福感，或甚至是欣喜若狂、如醉如痴、欢乐至极的感觉。"② 在这种时刻，高峰体验者沉浸在一片纯净而完美的幸福之中，摆脱了一切怀疑、恐惧、压抑、紧张和怯懦，甚至觉得自己已经与世界紧紧相连，融为一体，感到自己真正属于这个世界，而不是站在世界之外的一位旁观者、局外人。心理健康的、成就感强、更有追求、更自信的人，更容易获得这种高峰体验。

奇克森特米哈伊的"畅爽"理论与马斯洛的"高峰体验"都是指人的一种最佳体验，两者有共同之处，比如，都是指人在投入某种活动时将注意力集中于某一刺激、某一情境而忘记时间、浑然忘我等，但两者也有区别。马斯洛的高峰体验是仅处于最高层次——"自我实现"时才会出现，当人处于较低层次，如"生理满足""安全感""归属感和爱""自尊"层次时，个体就无从领略其中滋味。奇克森特米哈伊的"畅爽"论则强调这种感受生发于内在动机，不管人在休闲活动中，还是在日常生活及劳动中，当个体技能与环境挑战达到某种平衡，就会出现的畅爽的感受。另外，马斯洛的高峰体验是一种"目的的体验""终极的体验"或"存在的体验"。在主观认知上，人挣脱了功利取向的羁绊，进入存在性认知的新境界，领悟到了"存在性价值"。当事者既认同自我，又认同他人。认同自我，即自我肯定；认同他人，意味着自我超越，我与非我相忘于这种体验之中。实际上当事者已臻于"高大上"境界，因其此时已无欲无求，精神富足，体验到了人生最大的幸福，是个人生命中最心醉神迷的时刻。而奇克森特米哈伊的"畅爽"感只是一种此时此刻的酣畅淋漓的感觉，虽说也许会影响到其认知改善和行为改变，但总体来说是当事者投入其中后给其带来的生理和心理上的

---

① 戈比.你生命中的休闲[M].康筝，译.昆明：云南人民出版社，2000.
② 马斯洛.存在心理学探秘[M].李文湉，译.昆明：云南人民出版社，1987.

快感,即满足感。

3.3.2　"畅爽"的特点

奇克森特米哈伊历经十多年,通过对那些收入不高,但兴趣与工作结合的艺术家、作家、象棋大师、攀岩者等进行研究后发现,他们获得"畅爽"体验,有如下特点。

3.3.2.1　清晰的目标

休闲活动的最佳体验来自休闲活动的目标明确而直接。如果目标明确具体,参与者就会知道该做什么,怎么做,朝着哪个方向去努力。这样,在其目标实现的过程中就容易获得"畅爽"的最佳体验。比如有些游戏,目标十分明确,参与者目标的达成过程实际上也是获得"畅爽"体验的过程。

3.3.2.2　挑战与技能的匹配

休闲活动的内容和方式方法具有一定的挑战性,能引起参与者的兴趣和积极性,同时,当个人的能力能胜任时,"畅爽"的体验就有可能实现。如果休闲活动简单无趣或休闲活动的挑战性太强,让参与者没有参与的欲望或者望而却步,"畅爽"体验也就无从产生。

3.3.2.3　即时回馈

人们在日常活动中也许会不在意自己处于什么样的状态中,正在做什么或怎么做。但当人进入"畅爽"体验时,就会很清晰地知道自己处于什么状态,比如八百米比赛跑了几圈了,自己处于什么位置;游泳比赛还剩几个来回,该怎样分配自己的体力等。

3.3.2.4　行动与意识的融合

一般来说,人沉浸在休闲活动的畅爽体验中,全身所有的感官及其知觉全力投入活动中,那他就会做到身心合一、动作协调统一,他会忘记生活中的烦恼、工作中的压力、往日的忧愁等,他的整个身心状态都会集中在其所从事的休闲活动中。

3.3.2.5　集中注意力

要提高休闲质量,需要休闲主体全神贯注地投入休闲活动中,只有高度集中注意力,将不相关的事过滤掉,使整个身心都沉浸于休闲活动中,才能达到休闲体验的最高境界。

3.3.2.6 操控感

休闲主体在选择休闲项目时应考虑项目的难度与自己的休闲技能是否相适应，如果自己有能力完成该休闲项目，有安全感、掌控力，那他在休闲过程中就有可能产生"畅爽"的感受。缺乏掌控力的休闲不可能给人带来好的休闲体验。同时，美好的休闲感受会让人心情愉快，自信心增强，并能提升自我效能感，帮助其在日后的工作、生活中积极面对问题，这实际上是休闲的力量。

3.3.2.7 浑然忘我

全身心地投入休闲活动，沉浸在休闲体验中，自我意识消退。当休闲活动结束时才猛然醒悟原来自己又回到了现实活动中。可这时他多了经过历练的感觉，重新获得了生命体悟，感受到了自由自在的心理状态。

3.3.2.8 意识不到时间的存在

人在全力投入某种休闲活动时，注意力完全集中于休闲活动，时间一点点地过去，却全然不知，已然忘记了时间的流逝。当休闲活动结束时，人会有一种时间怎么过得这么快的感觉，还希望能再次回到那种休闲状态中。

3.3.3 "畅爽"的产生

"畅爽"是一种快乐的情绪体验，这种体验是怎么产生的呢？

我们都亲历过这样的事情：当你做了一件你认为很有意义的事情，比如为贫困家庭的孩子送去书包、书籍，或者听了一场梦寐以求的音乐会，观看了一场精彩的NBA篮球赛，你心里就会涌起一股热流，你会情不自禁地面带微笑，走路时步履轻盈，见到熟悉的人会主动打招呼，这种状态就是一种快乐的情绪体验。那这种美好的感受起源于何处呢？

我们的大脑有一个快感中心区域，它位于大脑深部多巴胺系统附近及眼球后方的"前额脑区底部"。研究发现，这一区域与我们的兴奋与忧伤、快乐与痛苦的精神状态有关。这一区域有一种大型的梭状细胞，这种大型的梭状细胞与大脑皮质的各个部分有着广泛的联系，能对大脑活动状态起到调节和改变作用。当人们在从事某种活动时解决了一个认知上的冲突或情感上的冲突，产生了一种顿悟，做出了某种决策，这些时候就会产生快感。因为人的选择主要基于这种行为是否能给人带来快感,人的决定总是趋向于与获得最大限度的快乐有关的行为。

奇克森特米哈伊通过对上万个音乐家、画家、医生、作家、运动员的调查研究后发现,当人在从事某种活动时,如果他的个人技能与绩效完美结合时,他就会进入一种"畅爽"的状态。经过多年研究,他得出结论:一个人参加某种活动,其要挑战的水准需与他的技能相匹配,如果一个人要面临的挑战水准高于其技能水平时,他就处于焦虑状态;如果挑战水准低于其技能水平时,他就处于无聊状态;只有挑战水准与人的技能水平相一致时,人才能处于"畅爽"的状态体验中。当然,这是一般的规律。如果一个人积极付出努力,掌握高技能,同时又愿意迎接高挑战,那他就会创造出异于平常的高体验。

从以上分析我们可以看出,休闲"畅爽"感实现的前提,需要两个条件:

一是休闲主体与休闲活动能产生交互作用。即休闲活动内容本身具有一定挑战性,且挑战难度与休闲主体的技能相匹配。休闲活动太复杂、难度太高,休闲主体会望而却步,缺乏参与的积极性;若休闲活动本身缺乏挑战性,也同样激发不出参与者的热情。所以,匹配性是休闲主体产生"畅爽"的关键要素。

二是休闲活动本身具有刺激性,能直接激发出休闲者的"畅爽"感。并非所有休闲活动都能产生"畅爽"感,比如自己在家独自看电视,与朋友聚餐、唱歌等,没有具体的目的,也不需要什么技能,这就很难让人进入"畅爽"状态。要产生"畅爽"感,不仅需要休闲活动本身具备清晰的目标、明确的活动内容,还需休闲活动自身具有知识性、趣味性、挑战性等,这样才能激发出参与者的好奇心、想象力并投入热情。

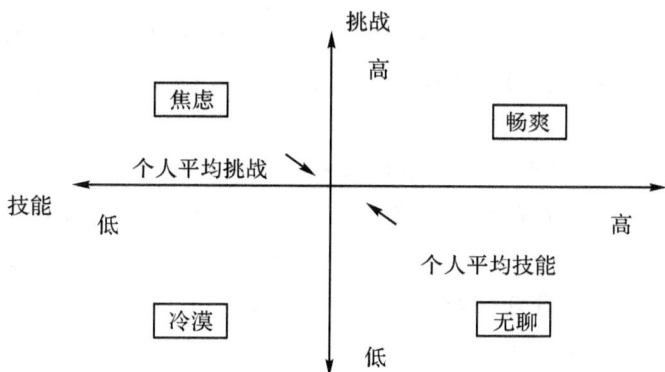

3.3.4 "畅爽"感:休闲满意度的衡量指标

3.3.4.1 休闲满意度的衡量指标

"畅爽"感是衡量休闲质量或者说休闲满意度的重要指标。休闲的目的是减轻压力,舒缓情绪,获得自在自由的心境,让人有成长的内在动机。这种心境状态的表现形式正是"畅爽"感,所以,"畅爽"感是休闲活动追求的主要指标。

3.3.4.2 "畅爽"的获得

如何使休闲体验达到"畅爽"状态?主要取决于休闲主体。

首先,休闲主体要有一个健康的休闲观。休闲是追求快乐的情绪体验,而快乐的情绪体验主要来自自己的主观感受,来自内心的体悟。因此,休闲主体日常要培养休闲情趣,积极寻找快乐的源泉。

其次,要善于学习休闲技巧,提高休闲能力。休闲活动的参与,需要一定的休闲技能,休闲技能与休闲活动的挑战水准完美结合,才能带来"畅爽"的体验。所以,休闲主体如果有休闲欲望,就要善于学习,提高休闲技能。比如喜欢养花,就要了解花卉知识、学习栽培技巧等。

最后,要明晰休闲目标,学会管理时间,提高对休闲活动的掌控能力。如果想要获得满意的休闲体验,那休闲主体就要在休闲活动中全力投入,不因任何事情分心,这样,良好的休闲目标才能达成。

小贴士

亚朵酒店: 体验经济下的新住宿时代

摘要:体验经济是继农业、工业、服务业之后的第四个经济增长点,如何围绕消费者营造出使其参与、引起其情感共鸣甚至回忆和思考的营销活动,已成为企业核心竞争力之所在。

当今社会,单靠产品和服务已不足以支持企业利润持续快速增长。苹果、星巴克等公司的巨大成功,从某些角度再次论证了创造价值的最大机会在于"营造体验"。

体验营销虽在酒店住宿行业或多或少都有体现,但大多只停留在满足消费者感觉、情感、行动的体验需求上,并未引发消费者对生活的思考,更未带给消费者所追求生活方式的归属感。此外,很多品牌酒店都忽略了一个问题,那就是消费者追求的更高层次是消费和体验的统一过程,而不是断点般的短暂满足。

亚朵的第一家酒店于2013年8月在西安开业,到2016年6月,约3年的时间完成开业55家,签约155家,在2016年1月统计的中国酒店集团规模50强中排名第31位(数据源自上市公司财报和盈蝶咨询数据)。亚朵近几年的快速发展和注册用户快速累积,与其体验营销的成功有着密切关系。

主题环境

亚朵主要客户群体的年龄集中在 35 岁左右,即有 5 到 10 年工作经验的中产阶层人士,他们为生活、事业忙忙碌碌,奋力打拼,经常出差,生活工作节奏快、压力负担重,内心向往和追求有品质的生活,也有较强的消费能力。

我国的中产阶层人数在 20 世纪 90 年代几乎为零,随着中国经济的飞速发展,中产阶层队伍也不断壮大,到 2020 年,将达到 7 亿(数据来源于欧睿信息咨询公司),中产阶层人士已成为一个庞大的群体。一般而言,人们尝试通过各种方式来彰显自己的与众不同。早期也许是炫耀式的奢侈品消费,从名贵首饰、箱包到豪车,到一定阶段,这些商品正在渐失标榜社会阶层的功能。今天能区分人们社会地位的变成了"谈资",也就是人们身上沉淀的文化资本。

基于此,亚朵着力打造属于这个群体的第四空间——"在路上",这也是继星巴克提出的家(第一空间)、办公室(第二空间)、星巴克(第三空间)的再次延伸,将亚朵打造成人们在外路途中与其陪伴的伙伴、第四空间。亚朵采用跨界思维,除将顾客的睡觉、洗澡、上网三大核心需求做到极致以外,融入了阅读和摄影两大文化主题,精心设计顾客的人文生活体验。

每个亚朵都有一个超大的 24 小时营业的阅读会友书吧,名为"竹居",提供 24 小时借阅服务。在亚朵的大堂中,客人也都能随手在一面书墙上或者书柜中拿起一本感兴趣的读物,可免押金借阅,为了让客人有完整的阅读体验,亚朵还提供异地还书服务。"书"式体验融入亚朵,让顾客的心多了几分宁静与思考。

摄影是亚朵的另一文化主题。具有"属地文化"的摄影作品展示在亚朵的每一个角落。顾客在每一个城市的亚朵,都能通过摄影作品开启一段不同的历史。

入住亚朵,你还能免费品尝到送至房间内的美食。随食物会一起附送一张小卡片,卡片上介绍了美食的制作方法和功效。一杯羹、一张卡片正是亚朵人追求生活品质,认真对待生活、认真体验生活的态度。这也正是吸引消费者,让消费者产生思考的一种生活方式。

亚朵提供的不仅是一个可休憩的场所,更是一个可学习、可社交、可放松心境的有温度、有颜色的空间。与大部分酒店不同的是,亚朵提供给消费者的不仅是外在的产品和服务,更重要的是内在的体验。所以当这样一个目标群体遇上亚朵时,就神奇地使消费者产生了情感的共鸣和归属感,并成功地引发了消费者对生活方式的思考。

无缝衔接

体验营销是思考模式的创新,只有以顾客为主体,从消费者的生活与情境出发,塑造消费者所追求的生活方式的感官体验环境,创造消费者情绪抒发方式,激发消费者创造灵感,鼓励其参与行动改变现状,且感受到这是一个连续的过程,而不是断点般短暂的满足,最终才能让消费者找到相同生活方式群体的归属感,才能使消费者的情感受到尊重,思想得到激发。消费者获得的不只是对产品或服务的满足,而是生活方式的解决方案,他们甚至愿意为感性需求的满足而付出更高的代价。亚朵在体验的连续性上做到了无缝衔接。

1. 明确消费者要什么。

体验式调查。模拟顾客体验过程并进行调查。

调查感觉:亚朵是否让我在感官上有特别的感受;

调查情感:走进亚朵,我是否有一种心情愉悦的感觉;

调查行动:亚朵是否有意在引导与我之间的互动交流;

调查思考:亚朵是否有意刺激我对人文生活的联想;

调查关联:购买亚朵的消费者是否和我属于同一类人。

通过体验式调查,快速掌握消费者对亚朵主题的喜爱程度以及消费者所追求生活方式的变化,从而激发更新更好的创意。

2. 接触点设计。

所谓接触点,即分别在售前、售中和售后分解消费者的体验过程,运用不同的工具,让消费者感受到一个连续的体验过程。

亚朵在售前利用网络让消费者感知到人文生活的主题。

走进亚朵,从灯光、气味、色彩、音乐、文字、摆件等逐步在消费者心目中构建起亚朵的主题氛围,譬如炎炎夏日,当你步入亚朵,首先映入眼帘的并不是多么奢华的金碧辉煌,而是简约却又非常艺术的设计和清新舒适的气质范儿。服务人员走出柜台,首先递上一杯清凉的酸梅饮,一杯饮料还未饮完,入住已办好,房卡已到手,这个过程,顾客是坐着的,服务人员是站着的。有的顾客甚至感觉屁股还没坐热,万事皆妥。不需要押金,不需要烦琐的手续。在文字体验上,"宿归(客房)、相招(餐厅)、共语(多功能会议室)、汗出(健身房)、出尘(免费洗熨烘干自助洗衣房)、竹居(超大 7×24 小时阅读会友书吧)"等充满文艺清新气息的区域命名仿佛能让心中的疲劳远去。客房中一把造型独特的茶壶和几个茶杯,让你看一眼都仿佛能嗅到心旷神怡的绿茶清香。

酒店的公共区域、客房的墙壁上、客房的床头均可以看到反映属地文化的摄影作品,傍晚,消夜是免费送到房间的一杯附加了制作方法和功效卡片的糖水等。顾客离店时服务人员会主动送上瓶装水。

每一个转身,每一次接触,都让消费者更好地体验着这种他们向往已久的感觉和生活方式。正如 B.约瑟夫·派恩在《体验经济》一书中所提到的,不管在什么情况下,要想强化一种服务的感官刺激,最简单的办法就是通过提供食品和饮料的方式增加味觉体验,一种体验对感觉的调动越有效,这种体验的感觉就会越难忘。当你走出亚朵,包里可能还装着免押金借阅且可异地归还的书籍,回味着与环境中其他消费者和服务人员沟通过程中所深刻体会到的源自社会文化意义的相互影响和对生活方式的思考,体味着想要成为这一群体或文化一部分的欲望。

亚朵以服务为舞台,产品为道具,工作人员作为演员,精心设计无缝衔接的人文体验。

自我实现

1.售卖解决方案。

自我实现是马斯洛需求的最高层次,也是体验营销策略中最关键的部分。目前大多数中端酒店都知道消费者想要什么,但遗憾的是,他们卖的却仍然是产品和服务。若把产品当产品卖,只能考虑到消费者理性的需求。体验营销中的"体验"是要消费者经过自我思考与尝试去获得的解决方案。这种方案是独特的,是一种生活方式与消费者个人喜好的结合。商家要做的,是帮助他们找到最适合自己的方案。

比宜家更胜一筹的是,亚朵不仅营造了一个让消费者体验生活、体验人文的"第四空间",更提供了一种新的生活方式。亚朵酒店的床垫、四件套等床上用品是与供应商合作定制的自有品牌"普兰特",客人用过后如喜欢,可直接扫码购买。酒店沐浴三件套是与阿芙精油合作,客人用茶是与乡里乡亲合作,客人使用后喜欢皆可扫码购买。

2.人员沟通促进消费者关联体验。

要满足顾客思考、行动、关联的需求,必须有销售解决方案,并通过与顾客的互动沟通彰显主题酒店所要表达的生活方式。

关联体验是体验的最高层次,让消费者找到群体归属感并实现自我价值,它是所有体验策略的结果。

在酒店住宿业中,人员沟通能够对关联体验起到很大的促进作用。体验沟通的内容不仅包括产品本身和解决方案,更重要的是要了解消费者的心情、交流生活的方式、促进消费者间的沟通。

亚朵的员工对待顾客像对待自己的朋友,他们不会主动跟你推销,但却在顾客需要咨询时,提供专业的解决方案。每个亚朵员工有 300 元的授权,用于即时解决客人的突发状况。

阅读会友书吧竹居的摆设、色彩,也非常便于消费者结交朋友,加之交流基于"阅读"主题,顾客与顾客间的沟通也变得很自然。

最重要的是,服务人员、管理人员的挑选,首先要符合亚朵的价值文化,员工培训时注重"目标群体生活方式"的内容,以保证能够理解顾客感受,并有沟通的话题。

亚朵酒店的创始人兼 CEO 王海军认为酒店住宿业有几个境界:最基本的是满意,再往上是惊喜,再往上是感动。感动是体验营销之追求目标。

（摘自《销售与市场》2017 年第 11 期,作者:施伟凤。）

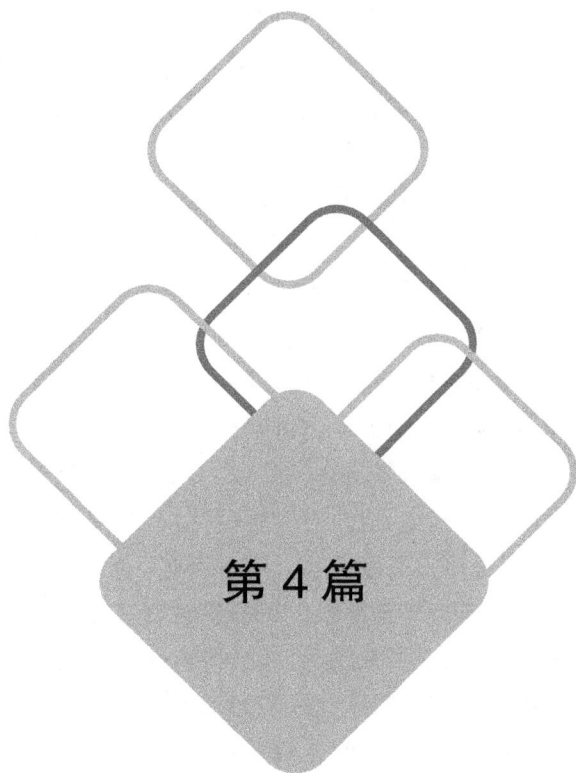

第 4 篇

趣　味　篇

4.1 休闲选择，为什么呈现出多样化特点

现代社会,伴随着生产效率的提高,物质财富的增长,教育水平与收入的提升,交通运输的便捷,闲暇的增多,生活观念的改变,以及城市人口的集中和农村社会相对而来的现代化,人们的休闲活动也日益丰富,休闲方式开始多样化起来。旅游度假、娱乐健身、环保公益等休闲活动已成为当今社会人们日常生活中不可或缺的内容。在人们越来越深刻地认识到,高质量的休闲生活是提高人的生命品质和生活质量的重要保障的时候,追求身体素质、心理素质、文化素质、专业技能素质和休闲素质提升的愿望也变得越来越生活化。那些能满足人的精神需求,提高人的生活质量,促进人的身心合一的休闲活动,已成为人们休闲选择的重要指标。当前人们选择的休闲活动有哪些呢? 按照不同标准和方法可将现代休闲活动划分为不同类型。

以休闲目的不同,休闲可分为个体化休闲和服务性休闲。

个体化休闲活动是指个体为了身心恢复、自我发展、自我完善而参与的休闲活动。包括个体劳作后的身心调整、自娱自乐活动,如运动健身、下棋打牌、唱歌跳舞、旅游度假等,目的是缓解身体上的疲劳感、恢复生理平衡,获得精神上的慰藉;也包括个体为了增长知识、完善自己、提高技能的教养性及鉴赏性活动,如阅读书报、欣赏音乐、观看赛事、参观考察、学习技能、参加培训等;还包括创造性活动,如作曲、写作、绘画、陶艺、书法、雕刻、布艺、插花、收藏、集邮和养殖等。这些休闲活动的特点是休闲者能亲身参与其中,满足自己的休闲需要,获得快乐感和幸福感。

服务性休闲活动是指以服务他人、服务社会为目的的休闲活动。如志愿者活动、社团工作、社区服务和非政府组织活动等。休闲主体通过参加公益性、社团性休闲活动,在为他人、为社会服务,实现个人价值与社会价值统一的过程中,陶冶性情、升华自我,增加高峰体验。

人在工作劳动后参与休闲活动,一方面能获得生理和心理的放松,如运动过后的大汗淋漓、作品完成后的成就感体验,都能让人感到畅快、充满乐趣,获得精神寄托;同时,远离压力繁杂,静心享受舒适安逸的休闲生活,尤其是那些可以发展自我、创造性和服务性的休闲活动,更能让人从中发现人生的价值和生命的意义,从而体验生活的美好。

以休闲的表现形式不同,休闲可以分为静态休闲和动态休闲。

静态休闲表现为一种相对静止的休闲。包括在思维活动中寻找人生的意义、生

命的价值,以及生理或心理的平和感、舒适感和安逸感。比如阅读、书法、篆刻、绘画、收藏、剪贴、写信、写日记、观看画展等。静态休闲通常让人感觉到心无羁绊、从容淡定、安逸宁静,有时忘记了时光流逝,沉醉在岁月静好的感觉中。亚里士多德说的"沉思"、笛卡尔说的"我思故我在",以及我国《论语·学而》所说的"吾日三省吾身,为人谋而不忠乎?与朋友交而不信乎?传不习乎?"表达的就是这种状态。在当今社会变迁快速、纷繁复杂的环境下,人是需要平和、沉静和思考的,获得内心宁静、温暖、满足,是创造一个更具理性自我的过程。

动态休闲是作为活动的休闲,指个体通过行动,获得动力感和自我创造能力的休闲方式。人是天生的社会动物,人的休闲活动可以独自进行,也可在一定的社会空间内以社交性活动进行,比如可在市内进行瑜伽、舞蹈、园艺、烹饪,也可到户外去旅行、郊游、快走、跑步、登山、野餐、露营、垂钓、打球、游泳、滑雪和蹦极等。动态休闲不仅能够创造出一个不同的自我,放飞身心,而且还可以将具有共同兴趣爱好的人集结在一起,扩大社交范围,使自己的生活更充实美好。

按照休闲的影响结果不同,休闲可以分为积极休闲和消极休闲。

积极休闲指休闲主体积极主动地自由选择有利于身心发展的休闲活动。其特点是在内心驱使下以自己喜爱的方式进行的休闲。包括休息、娱乐、休养等能使人消除疲劳,恢复身心的活动;也包括能满足自己精神需求,净化心灵、陶冶性情的一些活动,如写作、摄影、发微博,既是自己的所思所想,也是与他人的交流互动;听音乐会、观赏赛事,既是一种放松、消遣,同时又能修身养性,让自己从中学会成长。可以说,积极休闲是一种既能愉悦自己、开发潜能、促进自我发展,同时还能影响他人、带动他人的健康休闲活动。

消极休闲指不利于身心恢复和自我发展的休闲活动。其特点往往是在无所事事、放纵自己的状态下进行的闲玩和对自身有害的活动。如长时间地沉溺于网游、打牌、疯狂购物、赌博、酗酒、暴力、色情活动等。

以时间来划分,休闲可以分为片刻休闲、日常休闲、周末休闲和假日休闲。

片刻休闲指在短暂零碎时间进行的休闲活动。如在短暂休息时间进行的做操、散步、听音乐等活动。

日常休闲指一周中利用下班后的时间进行的休闲活动。如晚上去公园散步、逛街、看电视、看电影、与人聊天、每周固定一次的瑜伽时间等活动。

周末休闲指在周末进行的,离开日常生活进行的休闲。如到周边城市、乡村观光旅游,做公益活动、听讲座、参加培训等。

假日休闲指利用假期到远方观光旅游、度假,为提升自己的某方面能力或发展个人兴趣而参加的各种学习、培训等。

根据休闲活动的场所不同,休闲可以分为室内休闲和户外休闲。

室内休闲是指在室内进行的一些休闲活动,如休息、看电视、听音乐、唱歌、与朋友聊天、享受美食等,往往是一些静态的休闲活动。

户外休闲是指在户外进行的休闲活动,如散步、快走、旅游、野餐、登山、滑雪、潜水、冲浪等。户外休闲能让人亲近大自然,呼吸新鲜空气,感受阳光、空气、水,有益于身心健康。

按休闲主体的不同划分,休闲可分为儿童类休闲、青少年休闲、成年人休闲、老年人休闲,或者分为男性休闲、女性休闲等。

儿童类休闲,早期主要是游戏、折纸、放风筝、讲故事、唱歌、跳舞等娱乐性活动,现在开始多元化起来,出现了弹琴、游泳、跆拳道等,当然有些活动已脱离了休闲本质,更多的带有非自愿性。

青少年休闲主要是参加各种形式的夏令营、冬令营、素质拓展、科普活动、文体比赛、青少年志愿者活动等。

成年人休闲,除了大众化的日常休闲外,主要还有旅行、摄影、竞技比赛、登山、航海、热气球、种植、慈善活动、写作、体育运动等。

老年人休闲更多的是垂钓、门球、气功、太极拳、喝茶、棋牌、合唱、绘画、书法、广场舞、上老年大学等。

男性休闲主要是赛车、航海、跳伞、潜水、滑雪、探险、收藏、打高尔夫球、马拉松等。

女性休闲一般有美容、健身、购物、聊天、美食、旅游、公益活动等。

根据休闲是否商业化,休闲可分为商品型休闲和自足型休闲。

商品型休闲主要指市场提供的作为商品的休闲手段或休闲方式,如游玩生态农场、观光牧场、垂钓场、文化宫、健身房、高尔夫场等。其特点主要是依托于休闲产业而获得休闲,这种休闲在很大程度上受消费主义思潮影响,当然其中也有些休闲内容是根据人们的休闲需求设计的,但不排除有市场操纵、渲染诱导的成分。

自足型休闲指远离市场、远离商品的休闲类型,如农夫耕种、渔民捕鱼后的怡然自得,是一种不需要依靠外在力量和商业化机制,在原始的、自然状态下的休闲生活。目前有些城市市民,到乡村租住农舍或民宿,租种一块土地,利用周末和节假日去小住,短暂地享受一下田园生活。

上述休闲活动类型主要是依据不同标准,在学理上的划分。实践中,人们习惯于在通常意义上将休闲活动划分为消遣娱乐型、怡情养性型、健身运动型、旅游观光型、竞争活动型、教育发展型、社会公益型等。

消遣娱乐型休闲主要指影视观赏、收听广播、唱歌跳舞、上网浏览、玩游戏、喝茶聊天、散步逛街等日常休闲活动。这是一种较普遍的休闲类型,与闲暇分配有很大关系。

怡情养性型休闲主要指陶冶性情、休养身心的休闲活动,如看书看报、种植花草、饲养宠物、琴棋书画、美容美发等。

健身运动型在所有休闲类型中所占比例较高,主要目的是放松身心,减压强身等。现代社会,人们在温饱问题解决的前提下,更加注重精神的需求和身体的健康,各种运动健身项目都有拥趸,健身休闲活动已成为时尚。

旅游观光型休闲指旅游、旅行和度假等休闲活动。随着社会经济的发展,人们物质生活水平的提高,旅游观光、度假旅行已成为人们休闲的主要方式。

竞争活动型休闲主要指参加各种类型活动的比赛,如唱歌比赛、赛车赛马、体育比赛、插花比赛、知识竞赛和智力竞赛等。

教育发展型休闲主要指参观各种类型的博物馆、艺术馆、美术馆、收藏馆、宗教场所等,还有为提高学历、专业水平和职业能力而参加的各种教育培训,以及基于兴趣爱好对各种知识技艺的学习,如烹饪、书法、绘画等。

社会公益型休闲主要指参加社会公益、慈善活动、志愿者活动等。现代社会文明的一个重要标志是人们更注重精神满足和社会责任的履行。人们在节假日,将社会公益活动作为满足自身心理需求的一个重要载体,这既有利于自身的精神需要,又有益于社会的和谐。当前,参与公益性休闲活动已成为一种社会时尚。

4.2 休闲活动,为什么强调身心的和谐统一

休闲活动从横向空间上看,往往指的是某种具体的休闲方式。其实,我们也可将所有的休闲活动按照休闲方式的层级递进关系,从纵向上划分成不同的层次,不同的标准也有不同的划分方式。一般的划分方式主要从休闲的功能与价值角度出发。

4.2.1 促进身心恢复的消遣型休闲活动

休闲一直伴随着人类的生活,是人的基本生活需求之一。1948 年联合国大会通过的《世界人权宣言》,将休闲作为人类的基本人权之一,人人皆可享有。这里所说的休闲主要指的是能消除疲劳、补充体力、恢复精力的休闲活动。如果你漫步街头,能发现不少主题餐厅、创意料理、SPA(水疗美容与养生)、度假中心等各种放松

娱乐的休闲活动场所。这种以促进身心恢复为主的消遣性休闲一般被视为休闲活动的第一层次,即以娱乐性为主。

4.2.2　促进身心发展,陶冶性情的休闲活动

现代社会,伴随着科技的发展和社会分工的精细化,大部分人的工作局限在单一的狭窄范围内,长时间的单调又缺乏创意的工作容易让人产生疲劳感、乏味感,影响工作效率。因此,人们参与休闲活动,除了能调剂生活、舒缓压力、放松身心外,还希望通过一些能扩展知识才干、提高能力、增长智慧、陶冶性情、完善人格的休闲活动,来启迪智能、发展自我、激发创造力。当前,休闲经济提供的休闲产品往往以创造性、发展性和服务性为主要特征,如潜水、跳伞等,需要知识、技能、体力和勇气;篮球、网球运动等需要体能、智慧和协作精神;慈善公益活动能激发人的向上向善动力等。

这种以促进人的身心发展,陶冶性情的休闲被视为休闲活动的第二层次,以教养性为特征,目前已越来越成为休闲发展的主流趋势,这是需要我们社会提倡和鼓励的。因为第一种层次的恢复身心活动可以通过自我调整和休息、休养来实现;第二种层次的促进身心发展的活动,往往需要个人和社会的共同努力,才能实现。

小贴士

"绿色妈妈"易解放:植树解决生态问题

每棵树都是一根接力棒,彼此之间能传递水分,均衡湿度,改善土壤和气候条件,只有植树造林才是生态问题最根本的解决办法。——易解放

提起易解放,只要是热心公益的人士,没有不知晓的。近两年,她的大名频频见诸报端,从一位平凡的母亲,成功转型为领导一个绿色组织的社会活动家,她也实现了自身人生价值的升华。在植树节来临之际,笔者有幸采访到百忙之中的"绿色妈妈"易解放,品读她的人生经历与感悟,期冀对读者有所助益,也给在同一阵线上奋斗的生态人士以借鉴和参考。

坚韧不拔的内心品格

易解放从小在上海长大,受过良好的教育,骨子里不甘平凡的她,总能做出令旁人刮目相看的事情。38 岁时,她有到日本一流大学研修古典文学的机会,就放弃了温馨的家庭,只身到日本去闯荡。"当时孩子还只有 10 岁,离开他的确很揪心,每天捧起饭碗都偷偷流泪。"但是更苦的还在后头,"到了日本才感受到生存的压力,想专心读书深造根本不可能,每天要打三四份工,只能睡三四个小时。"这让原本在大学

教书的易解放深切感受到社会地位、生活水平和心理上的极度落差。

但是，易解放从来不服输，她相信任何选择她都能走得坦坦荡荡。她告诫自己，现在是从零开始创业，她深信，上帝只帮助自助者。"人一生劳累一点没关系，只要过得充实就好。"易解放秉承这一信念，一步步将事业做大，进入日本一家知名的旅游公司，并将丈夫和儿子接到身边，扶助丈夫开了一间私人中医诊所，日子蒸蒸日上。

从头到尾，易解放只相信靠打拼才能出成绩，在日本的留学经历，让她体会到生活的艰辛，而这些正为她日后经营植绿事业奠定了坚实的基础。

为爱子遗愿踏上植绿生涯

2000 年的一场突变打破了这个家庭的宁静，也在冥冥中开启了易解放注定不平凡的人生旅程。

或许是天妒英才，成绩优异的爱子在上学路上遭遇车祸，给整个家庭带来沉痛打击，易妈妈更是心如死灰。回忆母子相处的一幕幕，易妈妈猛然惊觉：儿子有长大后回到祖国治理荒漠的愿望，自己与其日日以泪洗面，不如去替他完成遗志。从此，易妈妈踏上了儿子的梦想之路，在荒漠化最严重的地方栽种成片的树林。

随后一年多，她在日本发起成立了"绿色生命组织"，拒绝了同事和朋友的挽留，毅然辞去每年约 500 万日元的高薪职位，变卖家当回到中国。从内蒙古通辽到鄂尔多斯，她考察了 8000 平方千米人迹罕至的荒漠化地区，然而老乡的一席话，让她选定最苦最艰难的塔敏查干沙漠作为植绿的起点。塔敏查干在蒙语里意为"地狱"和"魔鬼"，这里气候条件极其恶劣，没有植被来防风固沙，也无法蓄积地下水。老乡们常常抱怨，大风和干旱本已让他们的收成少得可怜，干瘪的庄稼还要被漫天黄沙所吞没。易解放相信，种树能帮助这里的环境大大改善，她必须帮助这里的人们。

2004 年，通过理事会的决议，易解放与通辽市库伦旗人民政府签订了援建 1 万亩生态林的协议：用 10 年时间种植 110 万棵树，20 年时间管护这些树，之后全部无偿捐献给当地的村民。如果砍伐 1 棵必须补种 5 棵，保证树木"滚雪球"般地增加。

去年，易解放提前完成了 110 万棵树的承诺，又开始往沙漠更深处探寻，下一步，她将踏上"中国最大沙尘暴源头地"内蒙古阿拉善，开始新一轮的植树造林活动。如今儿子离世已有 10 多个年头，她已将母爱幻化为对祖国山河的大爱。"以前最重要的是儿子，现在是我的公益事业。"正如易女士所说，"早日让荒漠变成绿洲，是我有生之年最重要的梦想。"

探索科学的运营模式

回国前，易解放和丈夫就已横下一条心，拿出半生的积蓄来投身公益，同时，他们还找亲友四处筹措，通过"绿色生命组织"的理事们寻找资金。然而，私人层面的募集对于三四天 1 万棵树苗的栽种量来说，依然是杯水车薪。易妈妈拿出了儿子的

"事故赔偿金",卖掉了上海的一处房产,先后投入了200多万元用于组织的经费运营,然而还是捉襟见肘。

易解放为我们算了一笔账,刨去每年植树造林的费用不算,单说组织的管理费、运作费、宣传资料的印制费,来来去去在资金动员、宣讲会和造林上的交通费就能堆成山了。"一年要10多万元的运作经费,都得自掏腰包",为此,她一改在国外时的优越生活,生怕浪费一分钱,"离开单位后,我一心都扑在了植绿事业上,才知道每月没有固定收入的滋味"。

"绿色生命组织"成立的前几年,名声还没有打出去,能募集到的资金有限,每年1万多元的善款,连植树款都不够,更别说组织的持续运作经费了。眼见着下一批树苗没有着落,老本也吃得差不多了,易解放常常心急如焚,筹集资金成了面前的最大难题。尽管前路渺茫,但她没有气馁,仍穿梭于中日两国之间,竭尽所能游说各界人士。

在易解放的感召下,越来越多的志愿者加入了绿化荒漠的行列,同时吸引来的还有媒体和政府部门的关注。包括央视在内的全国各地媒体纷纷对"易妈妈"的事迹进行报道。得益于此,"易解放"和"绿色生命组织"愈加为大众所熟知,近两三年每年募集善款都超过百万元,比以往五六年的总和还要多。中华环保基金会、民生银行和福特汽车,也向易妈妈抛出了橄榄枝,先后颁出了"中华宝钢环保奖"(奖金5万元),"2009非凡梦想家"(奖金50万元)和"2010年'福特汽车环保奖'一等奖"(奖金20万元)。丰厚的奖金为"绿色生命组织"解了燃眉之急,如同久旱逢甘霖般,110万棵树的栽种任务也因此提早4年完成。

然而,尽管组织的运营不比从前那么窘迫,易妈妈仍旧担心这些奖励和扶助都是暂时的:"每年一手来一手去,都要从零开始积累,除非找到长期的资助商,才能细水长流地平稳运营下去。"作为挂靠在公募基金上的弱势团体,没有明星的光环,没有可靠的资金保障,没有充足的社会资源,为了自身生存和今后的造林扩展,除了向好心人讨"仁慈"之外,还要学会如何以企业家的方式进行市场化运作,以林养林,科学管理,将有效的资金运用于刀刃上。

为此,易解放正带领着她的团队,学习借鉴国外先进的公益组织管理模式,帮助自身在探索可持续发展的道路上实现新的跨越。

鼓励志愿者薪火相传

绝大部分时间,易解放都不辞辛劳地带着志愿者们奔赴沙漠,以蚂蚁啃骨头的精神,坚持每年消灭一片沙地,让片片沙地恢复绿洲。几年间,志愿者换了一批又一批,有来自多个国家的爱心人士,也留下了许多长期跟着她的"铁杆粉丝"。

一位北京的席妈妈和易妈妈有着同样的遭遇,为了女儿生前的愿望,一定要到沙漠植绿,来延长女儿的生命轨迹,她捐出 10 万元栽种了一片生态林,并成为易妈妈坚定的组织成员。四川一位老教授背着子女,把自己积攒的 6 万元养老钱悉数捐了出来,由于存的是定期没有按时打款,老先生为此还打了好几次电话表示歉意。一位浙江的楼女士在听闻易妈妈的故事后多次捐款,并教授孩子改善生态环境的重要性。通过言传身教,孩子仿佛懂事多了,这位妈妈异常高兴,十分感谢易妈妈的公益善举。一位来自广州的小青年和易妈妈的儿子同岁,怀揣着实现自己学生时代改善环境的梦想,追随易妈妈的足迹,奔波于沙漠之间,出谋划策,建立论坛,搞图文宣传,编辑各种文字资料,成为组织忠诚的追随者。

"老百姓一旦觉悟高了,总能做出很感人的举动,其实他们真的很可爱。"易解放每次一聊起这些志愿者的故事,总是滔滔不绝,她们之间仿佛有一股暖流、一种精神在传递。就像易解放常常告诉志愿者的例子:每棵树都是一根接力棒,彼此之间能传递水分,均衡湿度,改善土壤和气候条件,只有植树造林才是生态问题最根本的解决办法。而正是有易妈妈和千千万万的志愿者,我们的植绿行动才能长盛不衰,我们的生态保护才有了植根的土壤。

目前,易解放正与中国妇女发展基金会合作,发起"百万母亲百万棵树"的活动,号召每位母亲捐出 10 元钱,多栽一棵树;每个家庭捐 5 棵树,就是一片森林。过几天,绿色生命第二期造林工程也即将启动,目的地是阿拉善沙尘暴源头的乌兰布和沙漠。易妈妈跟我们描述道:"那里的条件连塔敏查干的一半都不如,荒漠化问题更加严重,技术水平要求更高,为了提高树苗成活率,我们已经将成本提高了 10 多倍。"

现在,仍有一件令易妈妈忧心的事:自己和老伴都已到花甲古稀之年,随着日子一天天过去,百年之后,谁来继承自己的事业?谁又能像自己一样了无牵挂,轻装上阵,一心扑在路途坎坷的公益事业上,奉献自己的有生之年?我们盼望下一个时代的引航者浮出水面!

(摘自中国风景园林网,http://www.chla.com.cn。)

4.3 休闲方式，为什么与时尚要素紧密相连

4.3.1 休闲与时尚

休闲不是从来就有的，是随着社会的发展、人类文明的进步逐渐产生和变化的。不同的时代，人们的休闲观念不同、休闲方式不一，休闲体验也存在差异。休闲是一种文化，跟时尚紧密相连。

4.3.1.1 时尚与流行

时尚是一种文化，一种生活方式，它影响着人，同时也制约着人。什么是时尚呢？

"时尚"，顾名思义，是"时"与"尚"的结合体。所谓"时"，乃时间、时下，即在一个时间段内；"尚"，有崇尚、高尚、高品位、领先之含义。两者合在一起，为"时间"与"崇尚"，可理解为当时的风尚，即短时间内一些人所崇尚的生活。时尚是一种心理定势，表现为在短时间内，由少部分人率先尝试，进而相互感染与模仿，最后成为社会大众所崇尚和仿效的生活方式。这种时尚的生活涉及方方面面，如衣着打扮、饮食起居、娱乐休闲，还包括思想观念、情感表达、行为方式以及外化的物质形态等。

思想观念表现在认知方式、感受方法、学术观点、社会思潮以及与人类精神产品相关的时尚现象等元素中，如流行歌曲、流行用语和畅销书等；行为方式表现在健身、旅游、游戏、兴趣活动等方面，往往以群体行为的形式出现；外化的物质形态领域表现在电子产品、服饰、汽车、家居、建筑、礼品、饮食等方面的时尚。时尚产品的出现离不开销售及大众传媒的运用等商业手段。目前，手机、视听设备、电脑、汽车等更新换代的速度超乎了人们的想象。

时尚具有短暂性、新奇性、审美性和循环性等特点。

短暂性是时尚的最大特点，也就是说，时尚并非是长时间的产物。时尚产生之初，就已经预设为日后有可能会成为社会大众所崇尚和仿效的一种生活样式。所以，一种时尚仅仅停留一小段时间，在这一小段时间内，只有少数人拥有，还未被广泛人士所接受，因此称为时尚。一旦时尚停留的时间超过了这个时间段，被很多人接受了，那么，时尚就进化成流行了。因此，时尚与流行有密切关系。

所谓"流行",即广泛传播,盛行之意。流行表现的是文化与习惯的传播。某些新颖的东西在最初一定时间内兴起,后被多数人追逐模仿,再后来成为流行。那最初的东西,即时尚,日后的跟风为流行。时尚不等于流行,时尚是流行的前导,即时尚引领流行。

时尚起初并未被主流社会和大众普遍接受,经过某些特殊的途径,比如传媒的宣传影响、公众人物或权威人士的引领,才逐渐引起一部分人的注意,再被大多数人所关注、了解和接受,而后发展为一种流行趋势,进而改变人们的生活习惯。所以,时尚一直由少数人引领,具有小众化特点,时尚一旦被大多数人接受,那就是流行,成为大众化。人类社会的进步,或者说文明与文化的发展,就是这样一个"出现—流行—发展—普及"的过程。在这个过程中有两种人:一种是催生时尚,引领潮流,带动和改变流行的人;另一种是跟随者。

时尚的第二个特点是新奇性、创新性。时尚之所以兴起并引导潮流,主要在于其新颖性、独创性。当然,时尚的新颖与独特还体现在健康向上,能被大众广泛接受和认可上,如果只是猎奇、另类,那也称不上时尚。一旦新奇性消失,时尚就会发生变化,由此带来时尚具有前面所说的短暂性特点。

时尚的第三个特点是具有审美性。时尚之所以能引领潮流,在于时尚本身渗透着美,创造着美。时尚体现着优雅、纯粹、品位,带给人的是一种愉悦的心情和不凡的感受。人们追求时尚是因为时尚体现出来的精致、个性化和生活品位,能让人体会到不同的气质与韵味。人类追求时尚的行为,客观上促进了人类生活更加美好,无论是精神方面还是物质方面。

循环性是时尚的第四个特点。所谓时尚的循环性是指某一时期引领潮流的时尚,被更多人接受转为流行后,新元素逐渐沉寂。经过一段时间的累积,若干年后,原有时尚中一部分元素"卷土重来",被人们再次利用,又会成为新一轮的时尚,这就是大众意义上的"时尚循环性"。比如,服装的款式、颜色和装饰的变化会在若干时间段内反复循环,像裙子的下摆从长至短再回到长;装饰由华丽繁复到简洁质朴再到华美绚丽。一段时间内,品味和趋势的变化可以重复再生,表现为一个时尚周期。当然,时尚的循环性并非简单的周而复始,而是对原有时尚的再利用,并在此基础上注入新的元素。

4.3.1.2 时尚与生活方式

生活方式是指在一定社会环境影响下,不同阶层、职业、群体和不同年龄的人在其价值观指导下的、满足自身生存和发展需要的全部社会生活活动的较稳定的行为模式和生活习惯。包括衣食住行、工作态度、休息娱乐、社会交往、消费观念、审美能力和价值追求等。

时尚与生活方式紧密相连,它触及人类社会生活的方方面面,反映了人们在一定时间段内所崇尚和追求的一种高品质生活,包含穿衣打扮、饮食居住、行为方式、风尚习俗、宗教信仰以及情感表达与思维方式等。时尚生活是通过消费方式来体现的。随着社会经济发展水平的不断提高,城市化进程的加快,不同的社会群体因其职业角色、经济地位不同,文化影响、价值观念不一,其生活方式也发生着变化。所以说时尚生活具有广泛性、多样性、代表性、时代性、创新性、分享性、相对性和持续性等特点。这种特点反映在他们的消费观念和消费方式上。比如喝茶,有人喜欢坐在家里喝;有人愿意到茶室喝。一杯茶反映在价格上可能是 10 元钱,但如果坐在面对西湖的茶馆里,座位费也许就要 100 元,精美的骨瓷茶具 20 元,配上点心,这样一个下午茶或许人均消费 180 元。有人感到不值,有人则觉得在和煦的春风陪伴下,在湖光山色的西湖景致中,与友人喝茶聊天最是惬意!

当前,时尚的触角深入我们生活的方方面面。服装可以叫时装,最能体现时尚的演变;饮食是一种文化,也能反映时尚的特质;运动休闲,更能将时尚要素带入人们的日常生活中,如瑜伽、网球、冲浪、潜水、打高尔夫球等。时尚要素最能展现我们的生活方式和生活品质。

4.3.2　休闲的时尚要素

4.3.2.1　时尚饮食

饮食即饮品和食品,指的是满足人体机能正常需要,促进人体生长发育和健康生存,可以直接饮用或者食用的物品。饮食也是一种文化,孕育着时尚。

早期社会,经济不发达,物资短缺,人们辛苦劳作的目的是获取充饥果腹的食物,吃饱穿暖是人努力的目标。现代社会,随着经济发展水平的提高,社会物质财富的极大丰富,人们的生活方式有了巨大的改变,饮食不再是仅仅满足人的温饱,更多的是让人们更健康、更享受,饮食活动已成为人们休闲生活的主要内容。人们会在有事无事时,或在周末、节假日及某个特殊的日子去餐馆吃饭、聚餐,请客、会友、饭局、喝酒也成为现代社会人们交流感情、礼尚往来的主要休闲方式。

饮食涉及食材的选择与开发,餐具和厨具的利用与创新,食品的研制、生产与消费,餐饮机构的服务、管理与监督。饮食同时还体现出健康、文化、流行与时尚,甚至还与人生境界有关,与价值观、美学相关。饮食形态的变化,从没有选择,到太多的选择,到不知如何选择,反映的是时代特色、经济发展水平、消费观念与消费能力、民

族特色以及宗教信仰、风俗习惯等,最终形成的是不同的饮食文化。当前的时尚饮食要素主要表现在:

一是营养均衡,注意健康。时尚饮食的底线是均衡营养,保持健康。现在的食物种类繁多,花样百出,不断挑逗着人的味蕾,吃什么,怎么吃,对人是个挑战。人们已从原有的遵从内心,想吃什么就吃什么,开始了更科学更合理的选择。合理搭配饮食,使所摄入的营养素齐全,比例适当,以满足人体之需,成为人们首要的理性选择。目前,人们对时尚的饮食追求概括为吃杂、吃粗、吃野、吃素四大特点,即食物多样,粗细搭配、荤素搭配、酸碱搭配,这样,才能保证为人体健康所需。日本人的饮食结构中保持每天鱼类、豆类、稻谷类、蔬菜、牛奶及水果的合理配比,第二次世界大战后的几十年,日本儿童的平均身高明显增长,体重和心肺耐力、柔韧性及灵敏协调性等体能指标均得到了显著改善。

二是保持传统,追求创新。不同的国家和地区,不同的民族文化,都有自己独特的饮食特点。有些饮食已经渗透到人的骨子里,成为人的生命的一部分,无论走到哪里都会怀念"家乡的味道""妈妈的味道"。越是老味道,越是让人迷恋、让人追随。人们走到一个地方,都会去寻找老字号,去享用特色美食。中国传统饮食文化历史悠久,源远流长,主要表现在选材讲究,一般按季节选择食材来调味、配菜。春季是冬夏交替季节,冷暖气流交织,时寒时暖,乍阴乍晴,天气变化无常,因此饮食特别注重养生;夏天天气炎热湿闷,饮食偏重清淡凉爽、易于消化;秋季气候干燥,食材选择多以滋阴润肺为主;冬天为抵御严寒,提高热量,食物则多炖焖煨,味醇浓厚。中国传统饮食文化的另一特色是厨艺精湛,表现在刀工精巧、火候独到、五味调和。人们有时到饭店吃饭,除了品尝美味佳肴,还可欣赏厨艺,如拉面、片鸭、雕工等。再有,中国饮食还特别讲究食医结合,利用食材的药用价值,做成各种美味佳肴,达到防治某些疾病的目的。

饮食发展到现在,在保持传统美食特色的基础上,又增加了许多新的时尚要素。比如,为适应快节奏的现代生活,除了老牌的快餐食品肯德基、麦当劳、必胜客等进入市场,市面上还诞生了不少提供甜点、比萨饼、三明治和奶茶等的快餐店;速冻食品、半成品食物也进入百姓家庭;野餐、烧烤、品酒、咖啡、西餐等也开始被国人接受,成为人们休闲生活的内容。不少餐厅都注重新菜的开发,每周都会推出新研发的菜品,创意料理的招牌在街头随处可见。

三是讲求品质,保证安全。"民以食为天,食以安为先。"《中华人民共和国食品安全法》明确提出:"食品安全,指食品无毒、无害,符合应当有的营养要求,对人体健康不造成任何急性、亚急性或者慢性危害。"随着社会经济的发展,生活水平的提高,人们愈发关注自身的健康饮食,这样,天然、健康的有机食品开始受到青睐和追捧。

时尚饮食也就特别强调无致癌物、无添加剂、无重金属、无农药残留物、无兽药残留物等。1980年美国出现了第一个专门提供天然食品和有机食品的超市——Whole Foods,目前已有187家商店,分布在全美各地。Whole Foods被视为"新生活运动"的弄潮儿,它提倡的高质量生活、绿色健康食品和环境保护概念,引发了美国中产阶级的共鸣,他们成为Whole Foods的忠实客户。他们会去那里购买新鲜的鱼、肉、水果和蔬菜等有机、健康的食品。Whole Foods会在这些食品旁边附上标签,告诉顾客这些食品产自哪里,怎样生长,经过怎样的加工制造等。甚至对出售的海产品做出sustainable seafood(可持续海产品)标志,如果没有此标志,也许该鱼是用撒网捕捞方式获取的,表明对海洋生物的可持续发展有负面影响,有环保和生态意识的顾客就会慎买。Whole Foods把卖食品变成了卖生活方式。

四是讲究美感,注重情趣。现代饮食不仅为人们提供营养,还能带给人美的享受。各国食物都注意菜肴的色、香、味、形、器的协调一致。美感首先表现在选料的精致、优良;再有是制作的精湛、讲究;最后呈现出的是菜肴品质与格调。菜品用精致的餐具来装放,形状、排列、颜色搭配等也有细腻的考虑,给人以美食之外的又一种美好的享受;菜名或有历史掌故,或有名人食趣,或依形命名,如"东坡肉""叫花鸡""宋嫂鱼羹""过桥米线""珍珠圆子"等,朗朗上口、出神入化、雅俗共赏。

当今时尚饮食的理念已远远超越其果腹的初衷,代表的是健康、美丽、情调和品位。现在我们会经常发现,在城市的某个角落会飘来淡淡的咖啡香味。有人可能坐在自家的阳台上,或在某间两层楼的咖啡屋,伴着浪漫轻松的音乐,望着窗外繁忙喧闹的城市,正啜着香浓的咖啡。他或她也许是喜欢咖啡那淡淡的清香,也许是喜爱它深深的褐色,也许是喜爱它苦涩的味道,再或是喜爱用勺搅动出的圈圈漩涡。

【相关链接】

葱包桧入选"非遗"名录

——一种不起眼的地方小吃,为何竟成为非物质文化遗产?

葱包桧,这个杭州人熟悉得不能再熟悉、前几年还普通得不能再普通的街头寻常小吃,现在却赫然顶上了一个文雅而又时尚的光环——浙江省非物质文化遗产。一头雾水的普通市民,在兴奋之余,不禁要问:为什么?

葱包桧,按杭州方言的儿化音读来,应当说成"葱包桧儿"。虽然大众化、普通,其身世背景、人文底蕴,却极不寻常。

说起葱包桧儿,不能不提到其中的主料——油条,杭州方言叫"油炸桧儿"。这"油炸桧儿"即油条,也是现在全国各地最大众化的小吃,大江南北均可随时随地见到和买到。但油条起源于杭州,却是需要有一点人文知识才能了解到的。其中的奥妙,就与油炸桧儿的"桧"字有关。知道吗?这"桧"字与用于人名的"桧"字同字,其实就是暗指南宋大奸臣秦桧!

据《宋史》记载:秦桧以"莫须有"罪名谋害了岳飞父子之后,南宋民众义愤填膺。时在临安风波亭附近,两个卖早点的摊主各自抓起面团,分别搓捏了形如秦桧和老婆王氏的两个面人,然后绞在一起放入油锅滚炸,以解心中之恨,并根据其形其意而称之为"油炸桧儿"。顾客也心领神会,争相购买,"油炸桧儿"之名便一时盛传。这就是油炸桧儿即油条典故的由来。

作为油炸桧儿典故的民俗余绪,葱包桧儿的民间演义,又增添了一分黑色幽默。传说,在鼓楼附近的望仙桥畔,有一个王二油煎饼店,其油炸桧儿颇为出名,但有时炸多了卖不出去。油炸桧儿变冷后,软中带韧,口感极差,无人愿买。因这王二对秦桧夫妇恨得厉害,不愿放弃油炸桧儿生意,遂心生一计:将冷油炸桧儿用热锅一烤,烤热后拌上甜面酱,连同葱段卷入春卷皮里,再用铁板压烤,烤至表皮呈金黄色、油炸桧儿发出"吱吱"声时起锅。聪明的王二,借着油炸桧儿的广泛人气,将这葱香逼人、香脆可口的创新小吃,取了一个在日后名满江南、且流传至今的新奇的名儿——"葱包桧儿"。从此,一种既好看又好吃的艺术小吃,一种推陈出新的饮食文化,便随着王二的心头之恨落地而冉冉升起!

葱包桧儿之所以能够以浙江省非物质文化遗产的身份一举进入浙江省非遗目录,并有望在今后攀越更高级别的"非遗"阶梯,绝非仅仅在于好吃好看,而更多取决于其中丰厚的人文内涵:它一头连着西湖民间传说,一头连着杭州百姓的市井生活。穿插其中的,则是岳飞和秦桧、爱国和卖国那一段令国人扼腕、令杭人没齿难忘的临安南宋史。

当然,对于普通市民而言,葱包桧儿入选"非遗"目录,并不能给我们带来任何经济与生活上的实惠。不过,我们应当明白,这个飘散在市井之中、看似寻常的街头小吃,却因为承载了厚重的城市文脉,成了杭州历史与文化的"活化石",凝结了我们前世今生的乡土记忆。

最后,借着入选"非遗"的良好势头,由衷希望:现在街头已不多见的葱包桧儿,能够重新回归市井,满足寻常人家期盼已久的胃口。

小贴士

健康女性的饮食习惯

德国杂志列出苗条健美十大建议

苗条健美的身材,是许多女性不懈追求的目标。如何才能做到这一点呢?德国

《妇女》杂志最近提出的十条建议，不无科学道理。

1. 不拒绝脂肪。

许多女性都认为脂肪是导致肥胖的罪魁祸首，要保持苗条身材，就应当尽量少吃或不吃脂肪。她们在减肥期间往往不好好吃正餐，只吃一些含热量不到脂肪一半的减肥配方、饮料、饼干之类，以为这是减肥的正确之道，结果往往事与愿违。营养学家指出，"某些脂肪酸是人体新陈代谢不可缺少的，如果每100克含90卡热量的脂肪被热量大大减少的其他食物所取代，那么身体就会缺少通常所需的热量，于是大脑很快就会发出饥饿的信号，促使你去早些进食，而且这样还会使人产生一种错觉，即认为反正是含热量少的东西，多吃点儿没有关系，结果往往会吃得比平时多，反而增加了体重。"当然，"摄入脂肪过多也不好，每人每天有60克就够了"。

2. 不饿不吃。

人们的进食（特别是饮酒）有许多原因，除饥饿外，还有无聊、疲惫、失意和爱好等。苗条健美的人与众不同，她们的进食不受外界环境或情绪的影响，不拘泥于固定的进餐时间或者传统习俗。她们只听从自己身体发出的饥饿信号，只有感到饥饿，她们才会进食。

3. 量少无须忌口。

胖子与瘦子的食物大同小异，但是胖子总是吃得太多。苗条的人什么可口的饭菜都吃，但是吃得很少。她们重质不重量。这样她们不仅能够保持身体热量的收支平衡，而且还能品尝到各种美味佳肴。

4. 进食要全神贯注、细嚼慢咽。

吃饭时看书或者看电视，会使人觉察不到自己是否吃饱，是否吃得太快或太多。细嚼慢咽很重要，因为胃部向大脑传递"我已经饱了"的信息需要20分钟。事实证明，狼吞虎咽者往往会比细嚼慢咽的人吃得多。有讲究的人每顿饭都要营造一个惬意舒适的就餐气氛，如把餐桌收拾得很整洁，把灯光调得微弱柔和，据研究，人在霓虹灯下的饭量，可以比正常亮度灯光下的饭量高出一倍。

5. 避免陷入恶性循环。

有的女性对自己喜欢的食品总是百吃不厌，对不喜欢的食品则从不问津，由于营养摄入的失衡导致肥胖。还有女性在偶尔吃了些"禁吃的东西"（例如甜食）之后，往往会内疚、自责，其结果是以后常常自暴自弃，不加控制地随意享用甜食等高热量的食品。

6. 不必计算热量。

苗条健美的女性，几乎没有一位会去计算每顿饭菜所含的热量，但是她们对有利于保持苗条身材的食品有种良好的感觉，例如吃鱼时她们会自然而然地选择各种活鱼,而拒绝罐头中的油焖鱼,这种意识往往是肥胖者缺乏的。美国的一家研究机构指出,肥胖的人经常把食品中的热量低估一半。

7.有计划地采购食品。

购买食品要有"苗条意识",不要被货架上琳琅满目的食品所诱惑,而要根据自己为了保持身材而制定的清单来购买。为了照顾全家人的口味,有时也买一些含热量高的甜食之类,但最好是选择小包装的,摒弃供全家人用的巨型包装。

8.不必常称体重。

苗条健美的女性不常称体重,但是她们只给自己的体重一点点摆动的空间——不超过2至3千克。这可以简单地用衣服的松紧来控制。

9.要有苗条思维。

在餐厅里聚餐时,服务员常常习惯于先端上面包和黄油,但苗条女性对此总是置之不理,尽管肚子已饿。她们总是爱选用那些含热量少的清淡菜肴。营养学家指出:"苗条始于头脑,只要学会保持苗条的思维方式,即使有些人天生没有苗条的基因,也能保持苗条的身段。"

10.经常运动。

苗条女性天生爱运动。这并不是指一定要在运动场或健身房里锻炼,而是把运动的习惯贯穿于日常生活的方方面面。例如,她们常常不乘电梯而徒步上下楼,不在滚动式电梯上站着不动,外出时尽可能骑自行车而不是乘汽车,等等。这些活动不仅可以帮助她们消耗身上多余的脂肪,而且会给生活带来很大的乐趣。

(摘自健康网,http://health.msn.com.cn。)

4.3.2.2 时尚居所

居住是人类生存的基本需求,包括居住形式、居室格局、居住设施配置以及居住环境等。人类的居住形式演变经历了缓慢、长期的发展过程,形成了各国、各地区、各民族不同的居住形式。目前,"上栋下宇"式居室是人们的主要居住形式。这种居住方式主要是利用地面的空间环境,建造有天棚、地基和四壁的固定生活空间。居室分为室内室外,便于一家人的饮食起居、亲人朋友往来。当然,居所也反映了居住者的经济能力、社会地位和价值追求。

居住格局的历史演变,受诸如婚姻家庭、宗族制度、民族信仰、自然环境与风俗习惯等因素影响。比如,我国传统的居所特别强调朝向,人们习惯于选择朝阳避风方向的居所。坐北朝南、靠山面水是理想住所。居住设施配置则大多折射出的是人们的经济能力、价值观念与审美情趣,尤其体现的是一种文化传统、审美要求和时代风尚。

　　北方地区气候寒冷、土地宽松、地势平缓,民居一般都是平层院落,注重日照保暖。以北京四合院为例,房屋格局为一个院子,四面建有房屋,一般由正房、东西厢房和倒座房组成。居中的正房由主人居住,房屋中间的堂屋类似于现在的客厅,是家庭成员活动、接见宾客的地方;东西厢房由晚辈居住,以游廊连接彼此;倒座房一般堆放杂物。因四面房屋将庭院合围于中间,故名四合院。四合院宁静亲切,四面房屋各自独立,关起门来自成天地;开起门来,面向院落。院子大小合宜,栽花植树、饲鸟养鱼,是一家人休闲活动的场所。一到夏日晚间,一家人坐在院中纳凉、休息、聊天、饮茶,其乐融融。

　　一提起南方民居,我们马上能想起"小桥流水人家"。南方土地相对狭小,气候炎热,居所多楼房,轻巧灵秀,注重通风散热。以江南小镇为例,小镇大都水流纵横,桥梁密布,房屋一般依水而建,水从门前屋后流过。一进门,是个天井,旁边有一个石水槽,用于洗衣、洗菜;往前便是厨房、餐厅,一家人吃饭聊天之所;向左转,是一个木楼梯,走上楼去,是几间卧室。从楼上俯视楼下,可见天井,天井通天接地。上通天,可通风、换气、采光,目的是平衡屋内的热量循环,起到冬暖夏凉的作用;下接地,地面由青石板铺就,种植花草绿色植被,既可排水、除污,又能美化环境。青砖黛瓦、廊街岸柳、深巷老宅,营造了江南典型的纤巧、细腻、温情的建筑风格。

　　当前我们在居住时不仅需考虑居室房间的大小、朝向,更要关心居住地区的配套设施、社区文化以及周边的生态环境。人们选择最适宜居住地的主要依据有:所在地经济、政治、文化和社区配套设施等多个因素,以及其相互间协调、均衡和可持续发展的程度,能满足人的共性和个性需求。环境宜人、生活舒适、交通便利、经济繁荣、就业充分、教育发达、文化先进、社会和谐等是主要考量指标。

　　英国权威的经济机构经济学人智库每年发布两次全球宜居城市调查报告。该报告是"全球生活成本调查"的一个组成部分,通过对全球 140 个城市生活方式可能面临的挑战进行了量化打分,评分涵盖社会的稳定性、医疗卫生、文化和环境、教育状况及基础设施建设五大类指标,涉及 30 多个定量定性因子。2017 年 8 月 16 日该机构公布了 2017 年全球宜居城市排名,这项排名是按照每个城市的医疗、文化和环境、教育、稳定性及基础设施等五项指标来评分排出的。

【相关链接】

2017 年全球宜居城市前十名

　　第一名:澳大利亚墨尔本。从 2011—2017 年,墨尔本连续 7 年夺得世界宜居城市冠军头衔。墨尔本是澳大利亚第二大城市和素有"花园之州"之称的维多利亚州的首府,是澳洲文化、工业中心,是南半球最负盛名的文化名城。墨尔本全年气温变化较为和缓,气候舒适,整个城市坐拥宁静的亚拉河谷。城市绿化覆盖率高达 40%,环境优雅,连续多年被联合国人居署评为最适合人类居住的城市。

墨尔本工业体系完备,现代化程度高,商业、金融、交通、教育等均十分发达,失业率低于全国平均水平。蕴含城市古老历史发展的维多利亚式建筑与凝聚现代多元文化的新式建筑融为一体。有"旋舞的裙子"之称的世界知名建筑维多利亚艺术中心和维多利亚国立美术馆以及州立图书馆等建筑交相辉映。坐落在该市的墨尔本大学有 165 年历史,是澳洲排名第一的世界顶级研究型大学。墨尔本也是国际闻名的时尚之都,其时装、音乐、舞蹈、绘画、美食、购物、电影、电视制作及体育赛事等潮流文化均享誉全球。国际四大网球大满贯赛事之一的"澳网公开赛"已有 100 多年历史,世界一级方程式赛车第一站一直在墨尔本。

各式各样的教堂、100 多年历史的有轨电车、歌剧院、画廊、博物馆以及绿树成荫、鸟语花香的花园和街道构成了墨尔本绿色、典雅的城市风格。墨尔本成功地将历史人文与自然生态相融合,整个城市构成了人与自然和谐共处的悠闲画面,是人们最向往居住的绿色生态城市。

第二名:奥地利维也纳。维也纳是奥地利首都,是奥地利最大的城市和政治中心,同时是欧洲最古老和最重要的文化、艺术及旅游城市之一。有些机构的评选连续九年将其列入最适宜居住城市第一名,可想而知维也纳在人们心目中的地位。维也纳森林将城市环抱,多瑙河从市区静静地流过。水清林碧,百鸟啼鸣,空气芬芳,这是大自然赐给维也纳的绝佳礼物。森林、河流不仅洁净了城市空气,给这座古城增添了柔媚,使维也纳获得了"城市的肺"的美誉,还滋养了莫扎特、贝多芬、舒伯特、海顿等音乐大师,为我们留下了经久不衰的伟大音乐作品,使维也纳成为世界音乐之都。

维也纳核心区域老城,鹅卵石铺路,街道纵横交错,路边生长着各种树木,两旁多为巴洛克式、哥特式和罗马式建筑,有博物馆、市政厅、国会、大学和国家歌剧院等。在维也纳街头,到处都能找到浓重的欧洲古典音乐的影子,从建筑造型到街道装饰,再到欢乐的庆典,似乎整个城市都流淌着跃动的音符。每每漫步街头,优美的旋律都能萦绕脑海,让你感受这是来自天上的声音! 在一个满眼翠绿、满耳音乐的城市生活,是多么美好的享受! 有人因此说,无论是音乐、芭蕾、博物馆,还是阳光、森林、多瑙河;无论是历史、现代,还是居家、旅行,维也纳从未让人失望。

第三名:加拿大温哥华。温哥华位于加拿大西南部太平洋沿岸,是西部的政治、文化、旅游和交通中心,是加拿大第三大城市,也是加拿大主要港口城市和重要经济中心,连续多年被评为全球最宜居的城市前五名。

温哥华西临太平洋,东部连绵的落基山脉挡住了来自美洲大陆的寒流,形成了特殊的温带海洋性气候,比加拿大其他地区常年温暖许多,全年气候温和,四季宜人。冬季很少下雪,最低温度只有0℃,温暖而舒适;夏季海风吹拂,滋润而凉爽,最高温度只有26℃。北美最大的城市公园——斯坦利公园坐落于市中心,占地4平方千米,一面紧邻城区,三面环海,沿海有人行道和自行车道,是市民慢跑、骑车、滑旱冰或散步的绝佳地点。园内有浓密的红杉树森林,宽阔平静的湖泊,成群结队的鸟类。整个城市夏季绿草如茵,花团锦簇;秋季阳光普照,火红温暖。秀雅的山水美景,悠闲的城市节拍,干净环保的城市风貌,温和纯粹的市民气质,造就了温哥华绝佳的居住环境。难怪有人说:"既然我来到了温哥华,我当然舍不得离开!"

第四名:加拿大多伦多。多伦多坐落在加拿大南部,安大略湖的西北岸,是加拿大第一大城市和文化与经济的中心。其最大特质是文化的多元性,49%的居民是来自世界各地100多个民族的移民,有140多种语言汇集在这里。多种文化下的人们都能从容不迫地在这里生活,你甚至可以看到犹太教堂和清真寺共享一个停车场的现象,这大概在其他地方是难以看到的。因为低犯罪率、怡人的环境、高生活水准和覆盖全民的免费医疗系统、教育系统,以及对多样文化的包容性,多伦多被诸多评选机构连续多年评为全球宜居城市排行前十名。

多伦多是加拿大全国经济、金融、航运和旅游中心,也是世界著名的国际化大都市。大银行总部、著名金融机构、加拿大最大的汽车制造公司和60%的高科技公司都设在此地。多伦多经济稳定,全球几次重大金融危机时,这里都风平浪静。城市交通发达,街车、巴士和火车系统将整个城市及周边地区连接起来,且价格便宜;40多条航线与国内各地及美国等国各大城市相通。著名购物中心伊顿百货商场和辛普逊等大百货公司分布在城市中心,地下步行街将各大商场和人行道相连,一直延伸到加拿大航空中心,无论天气多么糟糕,都不影响人们出门。多伦多也是全国文化、教育和科技研究中心,其艺术、电影、电视制作、出版、软件、医药研究、教育、旅游和体育等产业具有国际领先地位。全国最大的有近200年历史的多伦多大学位于市中心,古老而又生机勃勃。图书馆、健身设施遍布城市社区,足球场、网球场、游泳池等免费开放给居民。每到秋季,枫树树叶开始变色,整个城市被红、橙、黄、绿的浓烈色彩笼罩。漫步街区,路边不仅有迷人的枫叶、蜿蜒的溪水,还有追逐嬉戏的松鼠,坐在长椅上看景、画景的人。

同时拥有传统的优雅与现代的繁华,现代气息与古典文化相撞相融,既有安详宁静的一面,又有激情豪迈的另一面,越是了解多伦多,越是喜欢在这里居住生活。

第五名:加拿大卡尔加里。卡尔加里是加拿大中西部地区阿尔伯塔省最大的城市,是该省政治、经济、文化中心。卡尔加里一词的意思是"清澈流动的水"。这里早期是个牧场,20世纪发现了石油和天然气,经济得到迅速发展,目前成为加拿大最大,北美第二大能源中心。世界著名的石油公司,包括中国的中石油、中石化、中海油,以及壳牌、英国石油、埃克森美孚等都在这里设有分公司,加拿大众多能源公司的总部和金融机构总部也设在此地,这里同时也是加拿大西部的重要金融中心,卡尔加里人均世界500强公司数、人均中小企业数、工程师密度均位居全加第一。这种经济的多元与活力使卡尔加里有极高的个人及家庭收入和较高的人均GDP,以及低失业率。

作为石油重工业基地,卡尔加里在垃圾处理、水污染治理以及清洁能源方面付出了极大的努力,整个城市充满着绿色生机和积极的清洁心态,多次被评为世界最干净的城市。卡尔加里四季分明、阳光充沛、气候温和,临近加拿大第一个国家公园和世界著名自然风景区班夫国家公园。总部设在卡尔加里的加拿大太平洋铁路,不仅横跨加拿大东西两岸,连接着西部的温哥华和东部的蒙特利尔,而且还可通往美国的芝加哥和纽约。另外,由其经营的连续多年获得世界旅游大奖颁发的"世界一流火车旅游体验"奖的落基山登山者号列车从卡尔加里的班夫小镇出发,途经落基山著名风景区贾斯珀国家公园、班夫国家公园、不列颠哥伦比亚省,到达沿海城市温哥华和终点站美国西雅图。乘客一路可以通过列车全景天窗欣赏超乎想象的美景。崎岖的峡谷、陡峭的悬崖、跌宕起伏的山脉、洁白的冰山、蜿蜒的海岸、宁静的湖水、千奇百怪的原始生态、巨大的印第安图腾,还有绿茵如画的田园、繁华的都市等。

卡尔加里举办过1988年冬季奥运会,为此兴建了奥林匹克公园,内有各种冬奥会体育项目设施,可供人们使用。节庆活动丰富多彩,最著名的是为期10天的牛仔节,每年能吸引来自世界各地的游客100万人,除了有牛仔比赛活动外,还有家庭日、儿童日、美食品尝和各种娱乐节目,如花车表演、演唱会等,整个城市沉浸在欢乐的气氛中。

第六名:澳大利亚阿德莱德。阿德莱德位于澳大利亚南部,是澳大利亚第五大城市、南澳大利亚州首府,也是南澳州的工商业中心,以制造业、军工业和相关研究为主。阿德莱德还是澳洲的小麦、大麦和葡萄种植区,奶牛养殖业也非常发达。因为自然环境优美、区域规划合理,城市交通便捷、气候温和宜人,教育发达,治安秩序良好,文化体育生活丰富,阿德莱德连续多年被评为全世界最宜居的城市。

阿德莱德位居海岸平原,整座城市坐落于托罗斯河岸上,面朝大海,背靠风景秀丽的诺夫第山岭。气候属地中海式气候,冬天温暖,气温约15℃,夏天凉爽,平均温度最高约为28℃,春天和秋天日夜天气都相当暖和。充沛的阳光,湿润的土壤,适宜葡萄生长,绵延无际的葡萄园纵横四野,包裹着阿德莱德。环绕城市周边的是无数个著名的葡萄庄园,出产澳大利亚最著名的葡萄酒。200年前首任总督莱特上校精心规划的城市,既精致美丽又兼具商业功能,还绿色环保。阿德莱德市区不大,街道如棋盘格子般条理分明,你若走在街区,不会有迷路的担忧,因为阿德莱德有"20分钟城市"的称号,无论你是去博物馆、艺术画廊,还是去繁华的购物街区,只需步行便可到达。

保存完好的百年历史建筑与现代建筑融合在一起,塑造了阿德莱德优雅又有内涵的都市氛围,柔软的沙滩、静谧的山脉、游荡的羊群、漫山遍野的繁花、连绵起伏的葡萄田,呈现出了阿德莱德的悠闲与美丽,天然有机的美食美酒与丰富多彩的节日庆典活动和体育赛事,让人彻底忘掉了日常工作生活的繁重和疲劳。人们感叹,生活在阿德莱德真好!

第七名:澳大利亚珀斯。珀斯坐落在澳大利亚西南角的天鹅河畔,是澳大利亚第四大城市,西澳大利亚州的首府。珀斯属地中海气候,四季分明,全年阳光充足,冬季温和舒适,平均气温 17.40℃,拥有适宜居民户外活动的优良环境。

珀斯最大的特色是清澈湛蓝的天鹅河蜿蜒曲折,流经珀斯城时戛然缩窄,将城市一分为二,继而豁然开阔,形成两大湖泊,再与凯宁河交汇,西行汇入浩瀚的印度洋。珀斯成为世界上最漂亮的首府之一,得益于天鹅河这张流淌的城市名片。波光粼粼的深蓝色河水在阳光的照耀下,闪烁着水晶般的五彩霞光,吸引着成群的海鸥在这里驻足,尤其是高贵美丽的黑天鹅在这里惬意游弋,与天鹅河共融。天鹅河为珀斯注入了灵动的元素,河岸两边景色别致。极具现代特质的天鹅造型标志性建筑——钟楼坐落在岸边,河水时而平静温婉,时而激荡起伏,人们在这里野餐、漫步。城市中心,图书馆、博物馆、美术馆、当代艺术中心围聚成一个宽阔、开放的大广场,每天都有人在那里演奏、演唱、聆听、观看。浓浓的文化、艺术气息与悠然漫步的鸽子和自然流动的人群,构成了一幅现代人理想的慢生活画面。

珀斯宽阔舒适的居住空间、花园般的居住环境、洁净的空气质量、质朴热情的民风、高水平的生活素质和高社会福利,得到世界性的赞赏及认同,连续多年被评为全球最适宜居住城市前十名。

第八名:新西兰的奥克兰。奥克兰位于新西兰北岛的奥克兰区,虽不是首都,但依然是新西兰第一大城市,全国经济、文化、政治、贸易、航运和旅游中心,同时也是全世界最发达的城市之一。全球最重要的跨国公司都在此设有办事处,旅客出入境大多选择在奥克兰。由于其发达的经济、怡人的环境、高水准的生活、和谐的环境和迷人的自然风光,奥克兰连续多年被评为全球最宜居的城市前十名。

奥克兰依海而建,两面临海,周边有 56 个小岛,一半是内陆城镇,一半为海边城镇,景色优美而清新。优良的海上帆船运动条件,吸引了世界各国的帆船爱好者,这里是世界帆船数量最多的城市,因而被称为"风帆之都"。奥克兰气候温和,冬季平均气温在十几摄氏度,舒适宜人,空气质量是世界发达城市中最好的。奥克兰街道整洁、宁静,时尚的现代化建筑与古老历史的维多利亚式建筑沿着海湾相间分布,构成了繁华与古朴的城市风貌。整个城市像个"大花园",除了全市拥有 300 多个大花园外,每个家庭都有个小花园,养花种树,一年四季充满不同的颜色。

这座城市,没有人去刻意追求美,但城市和谐而温馨。人与建筑、动物、环境、气候自然地交织在一起,透露出的和谐美,让每一个人都无法抗拒。有时小鸟飞到餐桌上抢食,人们会微笑地欣赏着它们;汽车行驶在乡镇公路上,不经意被绵羊包围,或者碰到鸭妈妈带着一群小鸭子穿行,人们会停下来,为它们让路。工作之外,钓鱼、冲浪、帆船、游泳、晒太阳、徒步、登山、烧烤、聚会等成为人们日常主要休闲的方式。这是一个快乐和谐的城市,优厚的社会福利,健全的基础设施建设,极小的贫富差异,平等的人际关系,发达的教育环境,人们的幸福指数相当高。无论你是喜欢冒险挑战,还是渴望平静安逸;无论你是喜欢都市的繁华,还是喜欢乡村的质朴,奥克兰都能让你找到适合自己的生活方式。

第九名:芬兰的赫尔辛基。赫尔辛基位于芬兰南部,是芬兰的首都和第一大城市,也是芬兰最大的港口和经济、政治、文化、旅游及交通中心,同时也是世界著名的国际大都市。赫尔辛基将古典美与现代文明融为一体,既有欧洲古典城市的浪漫情调,又充满现代大都市的时尚韵味,环境优雅,社会稳定,医疗保障到位,市民受教育程度高,赫尔辛基连续多年被评为全世界最宜居的城市前十名。

赫尔辛基三面环海,整个城市被湛蓝的波罗的海海水及附近岛屿环绕,在蓝天、白云、碧波的映衬下,赫尔辛基显得圣洁而美丽,被誉为"波罗的海的女儿"。虽然地处北欧,但赫尔辛基气候并不寒冷。独具北欧和波罗的海特色的自然风光与浅色花岗岩构成的建筑巧妙地融合在一起,使赫尔辛基获得了"北方洁白城市"的称号。赫尔辛基既保持了传统文化的辉煌,又追求现代生活品质。整个城市新旧混搭自然,相得益彰,处处展现着现代大都市的魅力与北欧式的优雅。赫尔辛基也是一座充满文化气息的都市,博物馆、美术馆林立,最典型的是具有新古典主义风格的宏伟建筑——阿黛浓美术馆,收藏了凡·高、塞尚、高更等人的杰作。漫步街头,人们会发现,这座城市被设计和艺术包围着,曼妙的音乐、时尚的设计,简约主义风格与活泼独到的创意融合在一起,体现在城市生活的每一个细节,建筑、街区、门廊、窗台、家具、时装、居家用品、玻璃制品、陶瓷器具等,设计已然是一种生活方式。在这里,人们从自然中汲取灵感,从传统文化中吸取养分,让设计和艺术成为城市生活的一部分。

第十名:德国的汉堡。汉堡是德国第二大城市,位于德国北部,易北河、阿尔斯特河与比勒河的入海口处,是世界大港、交通枢纽。世界各地的远洋轮船来德国时,都会在汉堡港停泊,因此汉堡被誉为"德国通往世界的大门"。汉堡也是德国最大的工业制造业、外贸、金融与新闻传媒中心,同时也是欧洲最富裕的城市之一。

汉堡是一座风景秀丽、古韵犹存的港口城市。市内有众多的名胜古迹,巴洛克式建筑风格的圣米歇尔教堂,精致华美,高耸的钟塔尖端直插入云;具有文艺复兴建筑风格的市政大厅,外部雕刻富丽堂皇,内部装饰华贵高雅;汉堡美术馆,收藏了自14世纪以来德国和荷兰著名画家的艺术珍品;汉堡歌剧院,闻名遐迩,首演了亨德尔的第一部歌剧《阿尔米拉与内拉》。汉堡还被称为"欧洲绿色城市之最",有近一半的城区被绿地和公园覆盖,是一个树木比人口还多的城市,芳草遍地,绿树成荫;120多个大大小小的公园,花香四溢,姹紫嫣红。镶嵌在市中央的阿尔斯特湖,风景如画,恬静闲适。湖面如镜,轻舟白帆飘忽在绿水蓝天之间;天鹅等水鸟优雅地在波光粼粼之上穿梭,整个湖面被点缀得明快鲜丽。湖的四周是咖啡馆、餐饮店、购物中心,人们在这里休闲、漫步、娱乐。这就是汉堡,一个温情和美丽的都市。

中国最适宜居住城市的评选有多个评选机构曾评选过,评选指标也不同,这里采用中国科学院 2016 年 6 月 14 日发布的《中国宜居城市研究报告》。报告发布了2017 年中国最适宜居住的城市排名。评价指标包括城市安全性、公共服务设施方便性、自然环境宜人性、社会人文环境舒适性、交通便捷性和环境健康性等六大维度和 29 个具体评价指标。

2017 年中国最适宜居住城市前十名

第一名:青岛。青岛位于山东半岛东南部沿海,胶东半岛东部,是国家中心城市、计划单列市、国家沿海开放城市、国际性港口城市。青岛多次获评全国文明城市、国家卫生、园林、森林城市,有着"国家历史文化名城""世界啤酒之城""帆船之都"的美誉。

青岛依山傍海,风光秀丽,环境优美。青岛的气候特点是"空气湿润、雨量充沛、温度适中、四季分明",四季特征可概括为"春迟、夏凉、秋爽、冬暖",生活舒适度高。青岛的森林覆盖率 39.4%,城区绿化覆盖率 44.7%,空气质量优良。蜿蜒的海岸线、细软的沙滩、和煦的阳光、蔚蓝的天空、成群的海鸥、娇媚的樱花、茂盛的梧桐、红瓦顶的老建筑、"长虹远引"的栈桥、秀丽的崂山、优雅的八大关、淳朴的民风、爽口的青啤、肥美的蛤蜊,不仅让生活在此的青岛人感到自豪、幸福,每年也吸引着无数的海内外来宾驻足青岛。

第二名:昆明。昆明是云南省省会城市,地处西南、云贵高原中部,是西部重要的中心城市之一,也是中国面向东南亚、南亚开放的门户城市和经济贸易往来及政治联系的陆路枢纽。

昆明三面环山,南濒滇池,湖光山色,秀美迷人。地处低纬高原而形成了北亚热带低纬高原山地季风气候,年均气温 16.5 摄氏度,特别是高原湖泊滇池自然调节着温湿度,使昆明四季如春,气候宜人。冬无严寒,夏无酷暑。市中心的翠湖,像一颗绿色宝石,镶嵌在城中,水光潋滟,绿树成荫,环境优美,每年吸引着成群海鸥从西伯利亚飞来越冬。空气清新、天高云淡、阳光明媚、鲜花簇拥的城市风貌,加之具有民族特色的文化符号,敦厚、包容的文化气质,较低物价维持的较高生活水准,闻名国内外的石林、九乡溶洞风景区等,使昆明成为中国优秀的旅游城市和最适宜居住城市。

第三名:三亚。三亚别称鹿城,地处海南岛最南端,是海南省南部的中心城市和交通通信枢纽、中国东南沿海对外开放黄金海岸线、最南端的对外贸易重要口岸之一,是中国最南部的热带滨海旅游城市。

三亚环境极为独特,集山、海、河三种自然美景于一地。三面环山,一面临海,两条河流穿越市区,交叉汇于南海。市区被群山环抱,山岭叠翠、绵延起伏、层次分明的山脉将市区分割成若干青山绿谷、各具特色的城市空间;海上回望,群山嵯峨黛绿,在湛蓝辽阔的天空映衬下,三亚显得格外妖媚多姿;河道弯弯,曲折多变,两岸自然生长的红树林枝繁叶茂,将城市衬托得生机盎然;两百多千米的海岸线,密布着众多海湾,每个海湾都有佳景,鹿回头、天涯海角、大小洞天等构成了全国数一数二的最美丽的海滨城市风光。阳光、海水、沙滩、绿色植被、洁净空气、鲜美的海产品和悠闲安逸的生活状态,让三亚连续多年被评为最适宜居住的城市。

第四名:大连。大连是辽宁省第二大城市,位于辽东半岛南端,东濒黄海,西临渤海,北依辽阔的东北平原,南与山东半岛隔海相望,是中国 15 个副省级城市之一,5 个计划单列市之一,中国 14 个沿海开放城市之一,是中国东部沿海重要的经济、贸易、工业、旅游城市,也是东北对外开放的窗口和最大的港口城市,素有"东北之窗""北方明珠""浪漫之都"之称。

大连一面依山,三面傍海,地处北半球的暖温带地区,属暖温带半湿润的季风气候,兼有海洋性气候特点,年均气温 10 摄氏度,气候温和,四季分明。冬天无严寒,夏天无酷暑,春天气温适中,秋天气候凉爽。大连交通便捷,海陆空立体交通网络发达,经济基础雄厚,科技教育领先。最具城市品牌特色的是国际服装节、广场文化、足球城、会展业和旅游度假产业。开放、大气、文明的大连不仅让大连市民自豪,也被海内外人士广为称赞。大连多次获得"国际花园城市""中国最佳旅游城市""国家环保模范城市"等荣誉,在城市安全性和自然环境宜人性上表现突出,连续多年被评为中国最适宜居住城市前十名。

第五名:威海。威海位于山东半岛东部,北东南三面濒临黄海,西接烟台。威海是第一批中国沿海开放城市,第一个被评为"中国国家卫生城市",先后获得"国家园林城市""中国优秀旅游城市""中国最具幸福感城市""中国社会信用体系建设示范城市"称号,2003年就获得联合国人居奖。

威海气候属于海洋性温带季风气候,气候温和,四季分明。春凉、夏爽、秋暖、冬温,自然环境舒适性和宜人性优势明显。威海三面环海,有30多处港湾,海岸线长约1000千米。作为中国最美的三条环海路之一的威海环海路依山势而修,是一条极具特色的亮丽风景线。全程沿着蜿蜒的海岸线,像一条墨绿色的飘带,连接着北、东、南三个方向的海。这条路依山傍海,一边是山峦叠翠、遍山野花;另一边是碧蓝的大海,一望无垠。这条路还将威海的渔村小岛、历史遗迹、沙滩港口相连,展示了自然之美、纯净之美、人文之美。有人说,走过这条路,就会爱上威海这座城市。

第六名:苏州。苏州古称吴,简称苏,又名姑苏。苏州位于江苏省东南部,东临上海,南接嘉兴,西连太湖,北依长江,是长三角城市群重要城市,也是中国历史文化名城、国家生态园林城市、全国文明城市。

苏州属亚热带季风海洋性气候,四季分明,气候温和,雨量充沛,空气湿润。"小桥流水、粉墙黛瓦、古迹名园"是苏州的城市特色。苏州园林是中国私家园林的代表,写意山水的高超艺术手法,通过凿池堆山、栽花种树,将建筑、山水、花木自然和谐地糅合在一起,"一勺代水,一拳代山",再配以匾额、楹联和诗文,创造出了充满诗情画意的城市景观,达到了"不出城廓而获山水之怡,身居闹市而得林泉之趣"的艺术境地。人们进入园林,徜徉其中,便可得到心灵的净化和美的享受。苏州园林因其精美卓绝的造园艺术和个性鲜明的艺术特点,被联合国教科文组织列为世界文化遗产。千年历史积淀孕育出的人文古迹密度,苏州位居全国排名第三。改革开放带来了发达的经济实力,2017年苏州人均GDP15.96万元,常住居民人均可支配收入58806元,远远高于全国平均水平。苏州教育、科技发达,城市生活安逸,多次被评为全国最适宜居住城市。

第七名:珠海。珠海位于广东珠江口西南部,东与香港隔海相望,南与澳门相连,是珠江三角洲中心城市之一,也是中国最早的改革开放特区,中国城市可持续发展指数报告综合排名全国第一。珠海还是我国著名的风景旅游城市,是全国唯一以整体城市景观入选全国旅游胜地的城市,有"新型花园城市""幸福之城""浪漫之城"的称号。

珠海地处珠江口,濒临广阔的南海,属典型的南亚热带季风海洋性气候,年均气温22.5℃,气候湿润,四季如春。周边有大小岛屿146个,被称为"百岛之市",海岛山峦叠翠,山川形胜,植被丰富,林木葱郁,海滩平缓,沙质细软,是珠海沙滩旅游、海岛休闲的重要资源。珠海蓝天碧海、空气清新、环境优雅、绿树成荫、花木繁盛,既有充满岭南风韵的古老街巷,又有开放大气的浪漫风情。两年一届的珠海航空展是吸引海内外来宾的重大休闲盛事。交通便捷、教育发达、生活富裕、文化丰富、环境舒适,珠海连年被评为最适宜居住城市前十名。

第八名:厦门。厦门别称鹭岛,位于福建省东南端,背靠漳州、泉州,濒临台湾海峡,与大小金门和大担岛隔海相望,是东南沿海的重要城市、港口和旅游城市,获得过国家森林城市、全国绿化模范城市、全国十佳优秀居住城市、中国休闲城市、最浪漫休闲城市、中国最具幸福感城市等称号。

厦门气候属于亚热带海洋性季风气候,温和多雨,年均气温在 21 摄氏度左右,冬无严寒,夏无酷暑,气候宜人,四季如春。厦门是一个被海水环绕的城市,城在海中,海在城中,沙滩辽阔,空气清新,花木茂盛,城市如画,好似一座风姿绰约的海上大花园,面朝大海,春暖花开。尤其是漫步在鼓浪屿的街巷深处,见到的是沙滩、礁石、峭壁、岩峰和碧海、白鹭、绿树、红瓦,听到的是拍打堤岸的浪花声和萦绕天空中的琴声。厦门适宜人居在于其环境优雅、城市温馨、底蕴深厚、生活舒适,既是文艺小清新的最爱,也是老人安享晚年的理想家园。

第九名:深圳。深圳别称鹏城,是中国四大一线城市之一、计划单列市、中国改革开放建立的第一个经济特区,是中国改革开放的窗口,是国家区域性中心城市、国家创新型城市、国际科技产业创新中心、中国三大全国性金融中心之一。同时享有"设计之都""时尚之城""创客之城""志愿者之城"等美誉。

深圳地处广东南部,珠江口东岸,东临大亚湾和大鹏湾,西濒珠江口和伶仃洋,南与香港一水之隔,北部接壤于东莞、惠州。深圳气候温和,雨量充沛,夏无酷暑,春秋温暖,冬无寒冷。深圳是中国经济中心城市,经济总量长期位列中国大陆城市第四位,科技教育发达,创业环境好;城市规划合理,交通便捷,基础设施建设齐全。深圳是移民城市,文化多元,包容性强,市民化程度高,休闲意识浓厚,生活品质领先。

第十名:重庆。重庆简称"渝",别称"雾都""山城",是中国四大直辖市之一,位于中国西南部、长江上游地区,是长江上游地区经济中心、国家中心城市、超大城市,也是中国著名历史文化名城,巴渝文化的发祥地。有"中国火锅之都""中国会展名城""世界温泉之都"之称。

重庆属亚热带季风性湿润气候,冬暖春早,夏热秋凉。重庆四面环山,两江交汇,长江横贯市区,与嘉陵江在朝天门交汇,朝天门成为长江三峡的起点,也是重庆标志性景点。重庆依山傍水,三面临江、一面靠山,建筑层叠而上,道路盘旋有致,构成独特的立体感。每当夜幕降临,华灯初上,万家灯火,流光溢彩,整个城市高低井然、起伏错落,灯光车流与之交相辉映,由此形成美丽的山城夜色。重庆既有现代大都市的时尚华丽,又有巴渝文化的市井风情,解放碑、朝天门、红岩、川剧、火锅、重庆小面是重庆的城市名片,重庆给人的总是那种既摩登又古老,既低调又奢华的文化韵味,重庆人走到哪里都觉得还是生活在重庆最好。

小贴士

中国古代民居

徽州民居

徽州民居在徽州文化中占有相当重要的地位,徽州古民居的一个最显著的特点,就是它分布广泛。在包括婺源、绩溪在内的徽州地界里的千数以上的大村小庄里,几乎每个村庄都有古民居。徽州古民居的数量之多,建筑风格之美,任何一个地区都无法相比。它将民居建筑推到了极致,在中国有史以来的民居建筑中,徽州民居是一座高峰。徽州民居建筑,无论是古民居还是近代的仿古式民居,都有一种强烈的、优美的韵律感。走进徽州,就走进了一座巨大的园林。这里的每一个村落都依山傍水,十里苍翠入眼,四周山色连天。但这村落里却大都极少有树,即便有,也是一些供观赏的灌木或花草,古木大树往往在村外较远的路口或山脚,并不影响村中的视线。从远处看,一堵堵翘角的白墙被灰色的小瓦勾勒出一幢幢民居的轮廓,像一幅幅酣畅淋漓的水墨画,又像一幅幅高调处理的艺术照片。人在山中走,如在画中行,随时随地都能领略迷人的画意,随时随地都能感到醉人的诗情。在二十世纪三十年代,风流才子郁达夫被徽州的风光感染,写了一首《屯溪夜泊》的诗。诗中写道:"新安江水碧悠悠,两岸人家散若舟。几夜屯溪桥下梦,断肠春色似扬州。"徽州民居的外貌是恬淡而清秀的,有着独特的审美趣味。如果你再带着闲淡的心境走进村里,踏着青青的石板小路,静静地穿过几条小巷,再走进几户人家看看,你会有由恬淡进入醇浓的感觉。浓重的文化气氛紧紧包围着你,时时催促你去不停地观看,还觉得眼睛不够用。只要你抬脚迈进一家大门,就会迎面看到厅堂中间挂着的巨幅中堂,接着便会看到中堂下面佛龛上的自鸣钟及其两边摆放着的各种瓷瓶、瓷筒,属于古董类的艺术品,抬眼可以看到,随手可以摸着。在徽州,木、石、砖三雕最为出名,人称"徽州三绝",这"三绝"几乎在每家每户都可能看到。那些门坊、门罩、漏窗上的雕刻,一户之内少有雷同,窗槛、裙板、窗扇、斜撑等处,雕刻更为精美。在西递村,有一户人家天井中的十二个门扇上雕刻着二十四孝图,非常精细,虽然封建伦理观念较为浓重,却极有文化研究价值。初到徽州的人看民居,满眼都是高大的马头墙、灰黑的鱼鳞瓦,以及露了本色的木窗门板等这些居住的地方的景物。其实,徽州民居远不是单纯住人的房子,它是包括祠堂、家庙等建筑在内的整体概念,没有了祠堂也就没有了民居。徽州从外地迁来的富家大户极多,为了巩固他们自己的地位,维护自己的利益,他们聚族而居,形成了极强的宗法观念和极严密的宗族组织。"社则有屋,宗则有祠"。宗祠是他们住宅不可或缺的配套工程,通过它来凝聚宗族里的人心。在明代以前,民间是不准祭祀始祖的,到了明代嘉靖年间,政府开始允许民间祭祀自己的始祖,从这时起,徽州宗祠才大量涌现。最有典型意义的是绩溪龙川胡氏宗祠。它后枕龙山,前伏狮山和象山,一条古道横陈前门,道外的龙川溪水环宗祠流过,注入新安江。站在小溪南岸往北看,宗祠中轴线上的影壁、平台、门厅、正厅、前后天井、寝厅和特祭祠等建筑物,均衡而对称地排列着,纵深84米。加上东、西、北三堵无一窗口的高墙,十多米的三重檐门楼以及从平台到寝厅逐步上升的地平、门楼、正厅屋脊和寝厅屋脊又在空中形成三个高峰,这种深邃、高大和宽阔的比例关系,造成了宗祠的雄伟气势,心中渐渐升起一种沉重的肃穆和浩渺的压抑。徽州宗祠,没有一句话,没有一处说教,无声无息地立在那里;但当你走近它,继而进入它的腹地,就会有一种强大的精神包围着你,激动着你,感染着你,使你不由自主地就接受了这种感染,接受了这种思想,哪怕是一种暂时的感觉,这种感觉也会永远地留在你的记忆里。这是古人的文明。现在再来看看徽州民居,与其说是一种文化,不如说是一种精神。

(摘自黄埔教育网,http://www.hpe.cn/。)

4.3.2.3 时尚娱乐

娱乐是休闲的一种主要活动方式。"娱乐"由"娱"和"乐"两字组成。古汉语中,"娱"又通"悟","娱"是一种领悟之后的情绪;而"乐",在甲骨文中是成熟的麦子的意思。所以娱乐,是领悟之后的感受和成熟之后的喜悦。意思是通过一些活动形式,将生活中的喜怒哀乐情绪充分地表达出来,化解掉消极的情绪,放松身心,获得愉悦感。

不同的历史阶段,人们的生产劳动方式不同,所感受到的疲劳和压力不同,采用的娱乐方式也会不同。农业社会,人类的传统娱乐方式是劳动中喊号子、唱歌,劳作后跳舞、喝酒、聊天等;工业社会,观看演出、赛事活动、看电影、听音乐、聚会等。现代社会,工作给人带来的最大疲劳是精神上的疲劳,人们的审美情趣和价值取向也发生了变化,人们喜欢的娱乐方式也日益多样化起来。一种好的、行之有效并且符合现代人情趣的娱乐方式会很快地被大众接受并传播,成为这一时期大多数人都喜欢的娱乐活动。因为生活在一个相同的社会环境中,有许多相同的感受、相同的困惑及相似的向往、相似的乐趣,合乎时代风气、符合大多数人心理需求的娱乐方式就会迅速流传开来,同样也会随着新时尚的到来而很快地过时,即所谓时尚轮回,此消彼长。这就是娱乐活动的潮流性。

现代人,工作压力大,工作节奏快,日常生活单调而紧张,人们可以通过参与娱乐活动获得心理满足与情绪调整。当前娱乐性节目充斥于荧屏,正是为了满足人的这种心理需要。虚构的故事,逗趣的环节,目的是激活观众的认同感,满足其享受性,同时,也能给产品提供者带来巨大的商业价值。当前,娱乐的形式与以往相比,已发生了重要变化,就是将生活中各种各样看似平常的事都变成了娱乐化活动。娱乐活动的范围越来越广,涉及歌舞、形体、美化、游戏、旅游、学习、劳作等各个方面。如观光农场既是旅游度假,又是农业劳动。人们长期在城市狭窄的空间中工作和生活,有可能感到无趣和烦躁,到乡村参加几天义务劳动,暂时忘记城市的喧嚣与烦恼,再精力充沛地返回到工作岗位上去,是一种时尚的娱乐休闲活动。

一个社会的工作条件越优越,报酬越高,工作时间越短,娱乐的需求性就越高,娱乐是休闲的重要构成要素。娱乐被认为是对"美好生活"追求的体现。无论任何人都对"美好生活"有无限的向往。人们的目标往往不止于物质生活的富裕,也都期望过上有闲阶层的休闲生活。因此,现代社会的娱乐休闲活动既是个体的事,也是社会的事。很难想象,如果没有大众娱乐,社会经济的发展走向将会是怎样?当前休闲娱乐化形式还呈现出一个新的特点,就是大众休闲娱乐成为文化产业的重要支撑力量。早在2005年,美国娱乐产业出口就成为其第一大出口行业。韩国的娱乐业夹裹着其工业产品、农业产品也疯狂地渗透到亚洲国家,给其带来了巨大的商机。娱乐已不仅仅只是提供享乐、休闲和逃避工作压力的机会了。

4.3.2.4　时尚运动

运动是一种主要休闲活动,但并非所有运动都是休闲。比如职业运动员从事的运动,是其工作,是一种职业活动或者说是一种事业。因为职业运动一般以获胜为主要目的,运动员平时还要进行大量的练习,这是其日常工作的一部分,他们有工资,还可获得外在的奖金、名誉等。我们这里所说的运动也不是指学校开办的各类体育课程,而是指一般人在闲暇参与的以休闲为目的的运动。运动可以强身健体,修身养性,塑造健全人格,对个人、家庭和社会都极为有利。因为健康的运动能让人投入热情、激情,可以宣泄情绪,舒缓压力,降低社会暴力等风险。健康的运动还能凝聚人心,整合团体动力,传递社会文化价值。比如升国旗、唱国歌体现的就是一种情感上的高度认同。每当有自己国家的运动员获得冠军,全民热血沸腾,爱国主义精神油然而生。而且,运动展示的高难度技巧和精彩纷呈的赛事活动都会吸引众多观众前去观看,给他们带来美好的休闲体验。同时,无论是职业运动还是人们的日常休闲运动都能给社会带来庞大的市场,促进社会经济发展和体育文化事业的繁荣,比如场馆建设、装备器材、服饰鞋帽、公关广告、纪念品等会引发大量的商业机会。在西方发达国家,运动具有神圣的地位,被视为人类生命的一部分,是人生重要的生活内容。很多只有五六万人的小城市,却拥有一座能容纳五万人的体育运动场,每当有重要赛事,整个城市像过年一样热闹,几乎全城人都去观看,这展现了城市文化风貌和社区的团结及向心力。大学尤其将运动视为重要的校园生活内容,著名学校都有自己的运动强项,并塑造品牌文化,有自己的颜色、校歌,代表其精神价值追求的 logo。比如美国俄亥俄州立大学运动场能容纳 10 万人,容纳人数为全球第五大。所有运动队都叫 Buckeyes,意为"七叶树",该校橄榄球实力强劲,主场作战时,整座城市都是其红色标识。雪城大学所有体育球队名字都叫 Orange,吉祥物是只可爱的橘子,主场球衣的颜色是橘黄色。篮球是其强项,该学校曾创下全美大学篮球观众人数 35446 人的最高纪录。

传统的运动休闲主要有篮球、足球、乒乓球、羽毛球、排球、游泳、田径、跳绳、踢毽、骑马等体育活动形式,新型的运动休闲形式主要有高尔夫、网球、体育舞蹈及户外运动和极限运动等。传统体育运动项目依然是现在人们选择的主要运动休闲形式,新型的时尚休闲运动也越来越受到人们的追捧。这里主要介绍体育舞蹈和户外休闲运动两种形式。

体育舞蹈,又称"国际标准舞",是由社交舞转化而成的一项体育运动,是体育与艺术高度结合的一项体育项目。原来主要是专业人士参加的,目前被社会大众所喜爱和接受,成为人们业余休闲生活的一项主要休闲活动。体育舞蹈分为摩登舞和拉丁舞两个项群,十个舞种。其中摩登舞又称标准舞,含有华尔兹、维也纳华尔兹、探戈、狐步和快步舞;拉丁舞包括伦巴、恰恰、桑巴、牛仔和斗牛舞。每个舞种均有各自的标准舞曲、舞步和表演风格。因为现代舞蹈的动作、步伐具有或端庄典雅、舞姿优美,或生动活泼,妩媚潇洒的特点,受到男女老少的喜爱,成为一种时尚的运动休闲方式。

广义的户外休闲运动包括极限运动,主要指人们利用闲暇,为了放松身心,基于兴趣、爱好、人际交往以及刺激和冒险等需要,在特定自然环境下进行的各种户外体验活动,包括远足、登山、攀岩、自行车越野、赛车、滑雪、冲浪、潜水、航海、舢板、划船、蹦极、热气球和野外探险等。现在人们越来越喜欢远足、登山、自行车越野等户外休闲活动了。年轻人也愿意尝试滑雪、潜水、蹦极、攀岩和野外探险等极限运动。当人们在紧张的快节奏的工作生活中,利用周末、节假日走出嘈杂的、充斥着尘埃和钢筋水泥的生存空间,来到空气清新、花开四季的户外,在山水间纵横,在原野中漫步,会有一种返璞归真、回归自然的生活乐趣。目前人们选择较多的时尚休闲运动有登山、潜水、滑雪、蹦极和跳伞等。

　　这里的登山不是指我们日常的爬山,主要指在特定要求下,徒手或使用专门装备,从低海拔地形向高海拔山峰进行攀登的一项户外休闲运动,包含登山探险、攀岩、攀冰、健身性登山等。目前除了专业登山运动员外,有很多社会人士选择攀登世界各地高峰,作为自己的休闲活动。登山运动需要体能、意志力、呼吸方法、步伐转换等能力,需要日常训练,是人类挑战自然、挑战自我的一项高难度休闲运动。

　　潜水是指借助一定的装备,潜入水下,以观光娱乐休闲和锻炼身体为主要目的的一种休闲活动。潜水包括浮潜和水肺潜水两种形式。当人潜入水下,在阳光折射下的清凉明澈的水中游动,五彩缤纷的鱼儿在身边穿梭,千姿百态的海底生物在眼前掠过,这是何等开心、美妙和浪漫!

　　滑雪原来只是少数地区或少数人拥有的一项体育活动项目,现在开始走向寻常百姓人家。即使不是生活在寒冬多雪的地区,人们依然可以借助旅游滑雪的方式投入这项娱乐健身休闲项目。滑雪目前已成为大众化的休闲运动项目。无论男女老幼,只要喜欢,都可以在洁白的雪场上轻松、愉快地滑行,享受滑雪运动带来的有惊无险,充满无穷乐趣的刺激。

　　蹦极成为近些年来勇于接受自我挑战的年轻人选择的一项休闲活动。跳跃者站在约40米以上高度的悬崖、高楼、塔顶、桥梁、吊车甚至热气球上,把一端固定的一根长长的橡皮条绑在自己的踝关节处,然后两臂伸开,双腿并拢,头朝下跳下去。当跳跃者落到离地面一定距离时,绑在其踝部的那条很长的橡皮条将其拉起,这样反复几次,让其在空中享受几秒钟的"自由落体"运动。这是一种让人感受刺激,恐惧夹杂着兴奋,事后能反复回味的一种极限休闲运动。

　　跳伞以自身的惊险和挑战性,被称为"勇敢者的运动",成为年轻人最喜爱的一项时髦极限运动。当人离开航空器或陡峭的山顶,从高空中纵身一跃时,大概那种挣开束缚,像鸟一样自由翱翔,俯瞰众山小的感觉,最让人有兴奋感,跳伞因而成为目前年轻人选择最多的极限休闲运动项目。

4.3.2.5　时尚旅游

　　旅游是休闲的主要方式。当前旅游出现的新趋势是体验式旅游。所谓体验式旅游,是指旅游产品提供者为游客提供的具有参与性和亲历性的活动,是使游客能从中感受快乐,体验成长的一种休闲旅游活动。

　　体验式旅游产生的背景是当今社会的体验经济。在体验经济时代,随着旅游者旅游经历的日益丰富,旅游消费观念的日益成熟,旅游者对体验的需求日益高涨,他们已不再满足于大众化的旅游产品,被动地接受旅游服务,而是渴望追求个性化、体验化、情感化、休闲化以及审美化的旅游经历。人们参与旅游活动的目的是放松身心,开阔视野,感受不同的生活,或者说是希望获取个人日常生活之外的信息。纯粹的观光旅游,只能带给人一种游览的满足感,获得的是即时享受。其实人们更希望能在直接获得一些探险性的感官刺激,如漂流、攀岩、登山、航海等的同时,日后还能反复品味。这样,体验式旅游开始进入人们日常的休闲生活。体验式旅游的重点是带给游客一种不同于日常生活的体验,比如城市人到乡村的生活体验,乡村人到城市的生活体验,他们能获得不同地域、不同年代生活、不同文化的体验。很多人将自己的旅游过程拍成视频,写成文章,并通过撰写微博、微信、攻略、游记等形式与他人分享。当前,体验式旅游形式主要有城市观光旅游、乡村观光旅游、度假式旅游等。

城市观光旅游:

城市是文明的标志。城市作为人们休闲生活空间的载体,不仅汇集了所有的经济要素,文化要素,通过各种要素之间的有序互动,形成了城市与人的休闲生活的主要内容,而且还推动并影响着社会未来经济结构与文化结构的发展走向及人类文明的进步。每个城市都有其独特的历史传统和现代文化特质,吸引人们来观光游览,城市观光旅游已成为当今的时尚旅游项目。吸引人们观光旅游的城市主要有首都、历史文化名城、特色城市等。城市观光旅游提供的休闲产品主要有:

一是历史文化旅游产品,包括博物馆、美术馆、艺术馆、历史建筑、教堂寺院、世界遗产、工业遗产等。工业遗产是指工业文明的遗存,具有历史的、科技的、社会的、建筑的或科学的价值,包括建筑、机械、车间、工厂、矿山、仓库、码头等。如何保护这些工业遗产?英国利物浦曾是著名的制造业中心、贸易中心,拥有世界最大、最完整的港口。20 世纪中叶后,随着制造业、运输业的衰退,港口经济凋零。为重新振兴港口城市,利物浦用十年时间,将已废弃的阿尔伯特码头进行了开发利用改造,赋予其旅游价值,兴建了购物中心、公寓、饭店、酒吧、宾馆、画廊和博物馆、艺术馆,尤其将诞生在利物浦的披头士乐队展览馆放在这里,每天吸引成千上万的乐迷前来朝圣。如今,阿尔伯特码头以新的姿态使利物浦重新焕发了往日港口城市的光彩,一举成为世界著名的多功能休闲城市。漫步在宽阔的滨水码头上,聆听着天空中弥漫的披头士那首著名歌曲《Hey Jude》,心中无限感慨涌上心头。

二是城市自然风光、娱乐、美食、购物等。城市旅游的核心内容包括自然风光、人造景观、购物中心、餐厅酒店等。人们外出旅游除了欣赏自然景观、文化景观外,还需要娱乐活动、享受美食、购物体验等。所以,城市经营者还要为观光游客提供优质的服务,包括环境卫生、交通、停车、信息和指示牌等配套设施,加强日常的监督管理。同时,城市市民释放的友好善意也会增加游客的满意度,让人们对城市品质有愉快的体验。比如,杭州市民就响应政府的号召,节假日期间最好不要外出,将西湖留给外地游客。

三是体育赛事、文艺演出、会议展览、节庆活动等。观赏型体育比赛、文艺演出、艺术展览等也成为当前人们城市休闲的时尚要素。不少城市热心申办运动会、举办体育比赛、演唱会、工业展、美术展,举办各类艺术节等,一方面是满足人们的休闲生活,提升城市知名度、美誉度,另一方面也能带动经济发展,增加城市活力,扩大就业。

乡村观光旅游:

城市化进程的加快,人们聚集在城市,人口集中,空间相对狭窄,加之工作压力大,空气质量不好,人们很怀念乡村的自然风光、田间地头、农家饭菜,于是乡村游、农家乐成为时尚的休闲旅游项目。乡村旅游主要是在具有乡村田园景观、自然生态、村落文化、历史遗迹等基础上,根据人的心理需要开拓出的生态旅游、观光农场、观光牧场、观光茶园、农业体验、渔村体验等新兴旅游方式。主要有步行、登山、骑马、钓鱼、挤牛奶、采摘水果、蔬菜种植、动物观赏、生态教育、手工制作、吃农家饭、农村习俗体验等休闲活动。

乡村旅游除了让人们到大自然的环境中呼吸新鲜空气、放松身心,感受农业、农村,体验乡村生活,还能充分利用农村旅游资源,调整和优化农村产业结构,拓宽农业功能,提升农民主动学习的能力,促进农民转移就业,增加农民收入。

度假式旅游:

度假式旅游提供的是一种休闲氛围,往往是家人、朋友一同出游,带来的是轻松愉快、亲密融洽的和谐关系。目前度假式旅游是一种较有前景的体验式旅游方式。

长期的城市居住,喧嚣嘈杂,人们渴望短暂离开世俗,摆脱工作压力和日常公私事缠绕,抽出一段时间去大自然的环境中,与亲人、朋友相拥,与山水河流亲近,与鸟语花香相伴,找回人原本的真实感。这样,度假式旅游成为越来越多的人向往的休闲方式。

小贴士

旅游体验师

走近90后"旅游体验师":边玩边赚钱 痛并快乐着

有一种职业,可以免费去全国各地旅游,还有不菲的收入,每天的朋友圈晒的都是在各地游玩的美图,这个职业就是旅游体验师。

"90后"吴秋煌就是一名旅游体验师,在各大旅游平台都有大量粉丝的他,经常接到旅游公司或者地方旅游部门的邀请,让他针对某个新开发的旅游线路或者景点进行宣传。

2017 年五一期间,吴秋煌接受云南一家旅游公司的邀请,参加金三角地区旅游线路的宣传工作。除了日常食宿和通行便利,旅游公司还支付了一定的报酬,而他要做的就是在旅行线路沿途拍照片,写攻略,并发在各大旅游平台上,六天五晚的旅行结束后,提交五十张精修的照片给旅游公司。

"我喜欢拍照片,喜欢去陌生的地方,现在的职业很适合自己。本来就喜欢旅行,何况还能靠旅行养活自己,对现状非常满意。"吴秋煌说。

实际上,吴秋煌毕业后,最开始是在一家公司做后期处理,每个月有 10 天的假期,吴秋煌都会去一个地方旅游,也认识了一批志同道合的"驴友"。"先是边工作边玩,发现一个月假期根本不够玩,并且旅行的过程中,发现自己拍的照片、写的文字很受欢迎,可以通过旅行赚钱的时候我就辞职了。"

2016 年 4 月份,吴秋煌决定辞职,一开始家人并不支持,认为旅游体验师是歪门邪道。随着吴秋煌慢慢证明自己可以用旅行养活自己后,他们也释然了。"最多的时候,三天挣了一万元。一般每次邀请报酬都能达到四位数,多的也能上万,够自己生活,先玩着再说。"

云南一家旅游企业负责人刘先生之前就和旅游体验师合作过,也有不满意的地方,"有位女生比较随性,不符合我们的要求,后续就没有合作。"刘先生表示,旅游公司针对产品做宣传时,既需要官方媒体的权威报道,也需要旅游体验师接地气的文字,"吴秋煌的照片和文字都很符合我们的预期,此次再次向他发出了邀请,很期待最终成果。"

目前,吴秋煌已经走过中国的 26 个省份,在携程旅游、同程旅游、搜狐、今日头条等各大旅游平台都有自己的账号,账号上的旅行攻略和感悟都有可观的点击量。"旅行是一件充满智慧的事情,我不算网红,虽然有几十万粉丝量,但影响只限于国内,我的目标是环球旅行,虽然旅游体验师只是一个新兴的网络新奇职业,但是在全世界范围内都有着很大的缺口。"吴秋煌说。

"国内有名的旅游体验师大多是年轻人,女生居多,有名的大都成立了自己团队,这个职业并不像人们想得那么轻松惬意。"吴秋煌表示,每次接受一个邀请都会拍上千张照片,从中选出拍得好的,修图要好几天,很多时候还要做视频,"旅行很愉快的事情,虽然很累,但是乐此不疲。写东西要花尽心思,旅行之后的事情并不轻松,一半时间在路上,一半时间在修图。"

据了解,目前携程等各大旅行平台有专门的旅行文章推送,以各地区分类,质量越好的文章平台会越靠前推荐,甚至加标签推送,点击量也越高,商业效果也会更好,因此旅游体验师都会很花心思经营。吴秋煌很得意的作品是给呼伦贝尔一家旅游公司写的一篇文章,在网上非常火,"现在呼伦贝尔那边的旅行公司都会经常给自已发来邀请,未来有机会会考虑和他们合作,推出自己定制的旅行线路。"

　　随着旅游体验师的身份越来越被大众所接受,吴秋煌的知名度也越来越高,接受的邀请也越来越多,吴秋煌的选择余地也多了起来。"福建省旅游局是我成为旅行体验师以来的第一个客户,最近福建的几家旅行公司邀请了几次,因为费用太低,我都没接受,还不如在家睡觉。"吴秋煌笑着说,那时心里想的是能免费出去玩就很满足了。

　　在吴秋煌的选择中,是否好玩是一个很重要的指标,"起码没去过,我对吃住要求不高,行程不要太赶,景点要有特色,这次泰国清莱的蓝庙和白庙就很有特色,国内找不到这样的地方。"

　　吴秋煌也有自己的"中国梦","我要走遍全中国,我的理想是环游世界。2017年的小目标是去十个国家,如今已经完成了三个,下一站是峨眉山。"吴秋煌看着手机中的日期,行程已经排到了六月中旬。"好想休息。"叹了口气,吴秋煌继续埋头修图。

（摘自新蓝网,http://n.cztv.com/。）

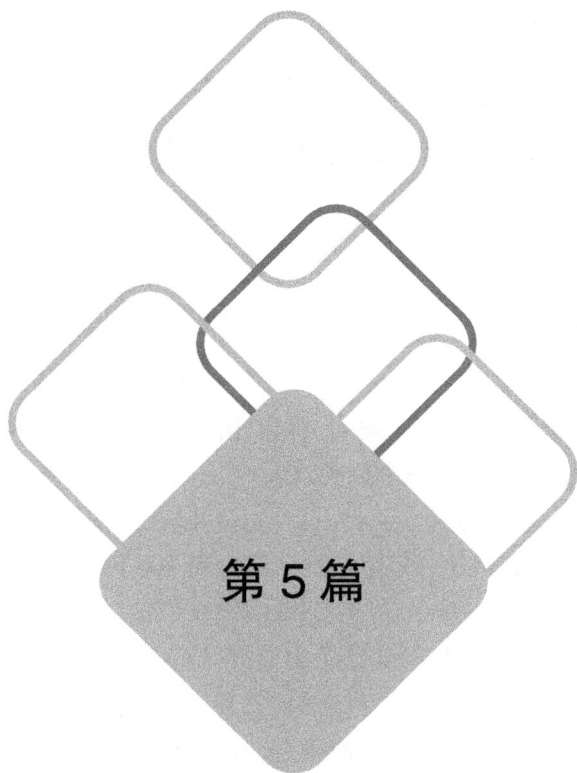

第 5 篇

异 化 篇

社会物质财富的极大增长,丰富了人们的休闲生活。当前,休闲已成为人们日常生活的重要内容。但大量休闲活动的参与,并不意味着人们养成了良好的休闲素养,更不能因此证明人们有满意的休闲生活。休闲本是人们在可以自由支配的时间内自主地,以自己所喜爱的、有价值的方式,从事自己感兴趣的活动,并从中获得日常生活所不能给予的身心愉悦、精神满足感。然而,市场经济条件下,商业大潮的侵袭,消费主义观念的影响,人的休闲行为出现了某些异化现象。

5.1 休闲发展,为什么出现了休闲异化现象

5.1.1 何谓异化

异化一词来源于拉丁文,表示脱离、转让、出卖、受异己力量统治、让别人支配等含义。"异化"本是西方哲学的一个重要范畴,意思是说,主体在一定的发展阶段,由于自己的活动产生出自己的对立面,而这个对立面变成外在的异己的力量,并反过来与主体对抗。霍布斯、卢梭、黑格尔、费尔巴哈和马克思等都曾从不同的角度探讨过异化问题。

英国思想家霍布斯在其社会契约论中这样认为,人类曾经有过一个所谓的"自然状态",在"自然状态"下,人人享有绝对的自由,但后来发现这种"绝对"的自由反而会带来他人的不自由,于是人们协商确定,每人让渡出一部分自己的权力,集中交给一个凌驾于个人之上的"国家权力",通过人们对国家权力的服从,来实现社会的安定。这种将原本属于自己的自由权力,让渡给"国家权力",并服从之,就是权力的"异化"。法国哲学家卢梭对异化进行了进一步的研究,他指出,人原本在原始状态下是和平而美好的,人与人之间在淳朴、平等的关系中生存。可是当人创造了文明后,文明却导致了人的自由的丧失和人性的堕落,人类反而受困于文明。这种异化是人类利己主义的结果,因此,重建平等和自由,需要通过契约来对异化进行扬弃。

黑格尔充分发展了异化的概念。他提出的异化,指的是精神的异化,即异化的主体是绝对精神。他认为这种绝对精神发展到一定阶段,由于自身不可避免的内在矛盾而异化了自己,变成了自然界和人类社会,自然界和人类社会不过是绝对精神的一种表现形式,一切的变化都是精神自身的变化。费尔巴哈则站在唯物主义立场,批判了黑格尔唯心主义异化观,剔除了其"异化"概念中的神秘色彩和思辨性,从

宗教现象入手,建立了自己的人本主义异化观。费尔巴哈认为宗教的本质是人的本质的自我异化,不是上帝创造了自然界,而是人的本质异化为上帝,也即人们赋予了上帝以人的力量,人的认知、情感和意志都集中于上帝一身,形成了上帝的全知、全能和博爱,而后人却反受上帝的统治和压迫,这就形成了异化。既然上帝并不是最高本质,人本身才是人的最高本质,那么人就要从宗教中解放出来,把人的本质归还给人。当然,费尔巴哈所说的"人"是感性的人,其人本主义异化观仍然是建立在历史唯心主义的基础上的。

马克思扬弃了黑格尔的思辨异化观和费尔巴哈的人本主义异化观,将异化理论运用到经济生活和劳动的分析中,创立了劳动异化的理论。马克思认为人的异化归根到底是劳动的异化,这是人的一切异化的基础。马克思曾在《1844 年经济学哲学手稿》中,阐述了异化的两重含义:"异化既表现为我的生活资料属于别人,我所希望的东西是我不能得到的、别人的占有物;也表现为每个事物本身都是不同于它本身的另一个东西,我的活动是另一个东西,而最后,则表现为一种非人的力量统治一切。"[①]马克思的异化概念基于工人阶级的被剥削和被支配现状,是他在批判资本主义社会的劳动制度时使用的。马克思认为,主体绝不是任何一种形式的"精神",而是现实地创造着历史并改造着自然的人。人之所以能成为主体,在于其具有区别于客体的有意识的生命活动——劳动。劳动是一种自由自觉的活动,是人区别于其他生物的本质属性,也是人类社会存在和发展的基础。可以说,劳动创造了人本身。工人原本的劳动是自由自觉的,既可以从其创造的劳动产品中获得某种物质上的满足,同时,劳动还可以为其休闲生活创造休闲能力与休闲素养,并在劳动工作之余享受休闲生活。然而,在私有制条件下,劳动仅仅为了满足自己肉体的需要,劳动成果被资本家剥夺,作为人之本质活动的劳动不但没有使自己的本质力量得到体现,反而成为一种与人相异化的力量而存在,使自己的精神和肉体都感到痛苦。这就是异化,即劳动异化。工人的这种劳动实际上已退化为动物的劳动,因而异化劳动是违反人性的。"工人生产的财富越多,他的产品的力量和数量越大,他就越贫穷。工人创造的商品越多,他就越变成廉价的商品。物的世界的增值同人的世界的贬值呈正比。劳动不仅生产商品,它还生产作为商品的劳动自身和工人,而且是按它一般生产商品的比例生产的"。[②]也就是说,在私有制的特定条件下,当劳动不再是自觉自愿的活动,而变成了被迫的、奴役式的劳动时,劳动也随即丧失了自由自觉的性质,劳动者就会"在自己的劳动中不是肯定自己,而是否定自己,不是感到幸福,而是感到不幸,不是自由地发挥自己的体力和智力,而是使自己的肉体受折磨、精神遭摧残。

①② 马克思恩格斯全集:第 42 卷[M].北京:人民出版社,1979.

因此,工人只有在劳动之外才感到自在,而在劳动中则感到不自在,他在不劳动时感到舒畅,而在劳动时感到不舒畅……劳动的外在表现在:这种劳动不是他自己的,而是别人的;劳动不属于他;他在劳动中也不属于他自己,而是属于别人"。[①] 马克思劳动异化理论的创立,不仅回答了异化产生的根源,同时也指出了消灭异化的现实途径。

5.1.2　休闲异化的含义

休闲是与劳动(工作)相对立的概念。如果说,马克思论述了在资本主义社会的背景下,自工业化以来,劳动异化是一种突出的社会现象,那么当代休闲学研究发现,人类进入物质文明高度发达,人们有大量闲暇的今天,休闲带给人们美好生活的同时,休闲异化依然是不可小觑的时代产物。尽管休闲异化现象早已有之,但它从未像现在这个时代这样表现得如此严重。

所谓休闲异化,是指人们在日常休闲活动中,并未从休闲中获得身心的自由和愉悦,而是出现了与休闲本质和目的相背离的外化和物化,即休闲活动呈现出了与休闲追求相反的现象与结果。从本质上说,休闲异化是人类的本质异化在休闲领域的具体表现,是人自身异化的一种表现形式。"一个人如果没有一分钟自由的时间,他的一生如果除睡眠饮食等生理上的需要所引起的间断以外,都是替资本家服务,那么,他就连一个载重的牲口还不如。他身体疲惫,精神麻木,不过是一架为别人生产财富的机器。"[②]在马克思看来,休闲一是指"用于娱乐和休息的余暇时间";二是指"发展智力,在精神上掌握自由的时间",是"非劳动时间"和"不被生产劳动所吸收的时间",它包括"个人受教育的时间、发展智力的时间、履行社会职能的时间、进行社交活动的时间、自由运用体力和智力的时间"。[③] 从人的生理需求和发展需要来说,一个人不仅要劳动、工作,还要有一定的休闲,即要有闲暇用于修身养性、娱乐放松、社会交往、接受教育,享受自己的劳动成果等,这样的人生才是人的正常生命状态、生活方式。然而现实社会生活中,人们的休闲生活则出现了休闲偏差。既有休闲认知误区,又有休闲行为的背离,休闲活动一定程度上有过度消费休闲、娱乐休闲、奢侈休闲等异化现象。

① 马克思恩格斯选集:第 1 卷[M].2 版.北京:人民出版社,1995.
② 马克思恩格斯全集:第 6 卷[M].北京:人民出版社,1964.
③ 马克思恩格斯全集:第 26 卷[M].北京:人民出版社,1975.

5.2　市场冲动，为什么扭曲了休闲本质

　　市场经济的发展充分调动了人们改造客观世界的积极性和主动性，在为社会创造了巨大财富，满足了人们日益增长的对美好生活向往的同时，也给社会的发展及人类的生活带来了诸多消极影响。主要表现在市场的冲动性特点，极大地刺激了人的物欲使之陷入了物化泥潭的同时，也膨胀了人的极端利己主义和功利主义。市场经济发展要求人类应有的诚实守信、平等尊重、互助互利的关系，完全地被异化为物与物的关系、相互利用的关系。异化造成的恶果已不是物质上的损害、生理上的痛苦，而是心理上的困惑、精神层面的折磨。

　　人类在享受着现代社会经济发展、科技进步带来的物质丰润的休闲生活时，并未完全意识到休闲异化带给人与社会的长远性消极影响。休闲异化主要表现在：休闲不再是人追求自在生命，获得自由的一种状态，而是让人感到与劳动异化几乎相同束缚的，一种外在于人的物化状态了；休闲不再是人自由自在地享受生活和发展自我的一种方法和途径，而成了人仅仅获得纯粹感官刺激和享受的一种工具了；休闲不再是人为了愉悦身心和追求快乐幸福的内在需求，而是成为炫耀性的，甚至功利性的目的与手段了；休闲不再是个体融入社会的一种生活方式，而成为个人与社会相疏离的一种表现形式。休闲异化表现的形式主要体现在休闲泛娱乐化、休闲消费化、休闲两极化和休闲模式化。

5.2.1　休闲异化的表现

5.2.1.1　休闲泛娱乐化

　　休闲，是一种生命哲学、生活哲学，涉及人为何而活的生命意义，是衡量一个人的生命质量和生活品质的重要指标。休闲的原本意义是人们摆脱外在束缚，利用闲暇，追求身心愉悦、满足自我发展，体验幸福生活的一种自由自在的生命状态。"休闲"强调的是思想的纯粹、心境的安宁和自我的提升，休闲的本质特性是自由性、个体性、创造性和审美性等，具有一定的精神文化内涵和美学意蕴。人的休闲方式多种多样，一般有消遣娱乐型、怡情养性型、运动健身型、观赏型、竞争型、社会公益型、教育发展型等。不同的休闲活动能满足不同的休闲需要。然而，随着休闲生活的普

及化、大众化，人们的休闲方式出现了泛娱乐化倾向。

娱乐是人的重要休闲生活方式。它是基于人的自然属性需要和社会发展要求产生并发展起来的。人在紧张繁忙的劳动工作之余，需要生理上的休息和精神上的放松，娱乐休闲活动恰恰能满足人们的这种生理上和心理上的需求。通过看电视、唱歌、跳舞、下棋、打牌、网游、运动、喝茶、会餐、旅游等娱乐性消遣活动，人们可以从中获得畅快感、轻松感，得到精神上的自我满足。娱乐休闲既能消除身体上的疲劳感，恢复精神和体力，又能使人以更饱满的精力，投入新一轮的工作、学习和生活当中。可以说，娱乐休闲活动调节着人们的生理、心理，是人生命和生活中不可或缺的部分。如果没有休闲娱乐活动，人生将是单调乏味和不完整的。作为休闲生活的一种重要方式，娱乐能让生命更有价值，生活更加美好。随着社会经济文化的发展，大众文化的普及，娱乐休闲正逐渐成为社会文化的重要组成部分。在不同的社会文化形态下，娱乐呈现出不同的特点，并担负着一定的社会功能。然而，在当今大众文化时代下，人们的休闲生活出现了泛娱乐化倾向。

所谓休闲"泛娱乐化"现象，是指人们参与的休闲活动以消费主义、享受主义为核心，以广播、影视、网络、广告、音乐、戏剧等现代传媒为载体，以浅薄空洞甚至荒诞的内容，以粗鄙搞怪、戏谑的方式及戏剧化滥情表演等，试图让人们达到放松身心、获得快感的休闲目的。虽然娱乐化的休闲方式有一定的积极意义，能给人们带来欢声笑语，能让人们摆脱孤独寂寞，放飞自我。但泛娱乐化休闲带来的是消极后果。当前一些报刊和娱乐节目为吸引观众眼球，博观众一笑，不惜谋传奇、制粗俗、造噱头。畸形变态的情感故事，血腥暴力的凶杀描写，不合逻辑的穿越故事，铺天盖地的选秀造星节目，此消彼长的网络红人，恶搞的网络视频短片，等，充斥媒体，让人目不暇接。人们不禁感叹，这是个"娱乐至死"的年代。媒体"什么都可以开涮""什么都可以恶搞""什么都可以拿来娱乐"。尤其是有些影视、游戏作品的戏说、调侃、恶搞等，不仅冲淡了人们的历史记忆，模糊了人们的民族情感，还消解了社会主义核心价值观，弱化了人们对真善美的追求。休闲泛娱乐化现象在有些地区和行业还带来了恶性竞争，如赌球等现象。如果人们长期在这种"娱乐至死"的环境中，参与休闲活动，必将瓦解斗志，迷失自我，降低文化品位，甚至损害基本的价值判断。

休闲泛娱乐化现象的出现，一方面来自社会大众生存状态和心理需求的改变。随着社会的快速发展，现代传媒的广泛运用，人们开始重视物质生活的享受和感官刺激带来的快乐，重新确立了感性价值在日常休闲生活中的地位和功能。为舒缓快节奏的工作生活中的压力，缓解生理心理上的疲劳，人们越来越趋向于选择那些轻松好玩、不费脑筋，获得即时快感的娱乐休闲方式。但不能不说，这一现象的出现更来自资本市场对利润的追逐和媒体对格调不高受众的刻意迎合，以及文化市场监管的缺失。休闲泛娱乐化现象与现代文明社会对真善美的价值追求,与我们秉承的科学精神、职业态度和我们的学校教育目标是完全背离的。

5.2.1.2　休闲消费过度化

休闲与社会的经济发展水平、消费水平紧密相连。科学技术的广泛运用,极大地提高了劳动生产率。在社会物质财富急速增长的同时,社会发展的主要问题已不再是考虑如何扩大投资规模,刺激生产,而是考虑如何增强消费对经济发展的基础性作用,也就是如何刺激消费,把已生产创造出来的巨大财富消费出去。只有把过剩的物质产品消费出去,才能使下一次生产顺利地进行下去。亚当·斯密说:"消费是一切生产者的唯一目的,而生产者的利益,只能在促进消费者的利益时,才应当加以注意。这原则是完全自明的,简直用不着证明。"[①]这样一来,传统文化中鼓励勤俭节约、朴素节制等的道德要求,似乎已不再适应这个着力促进消费转型和消费升级的社会了。满足人民对美好生活的向往正成为我们党和国家努力发展经济社会的主要动能。消费已成为我国今后经济增长的主要驱动力。

休闲是消费的一种重要途径或者说是主要方式,也是一种扩大内需、促进经济增长的主要工具和重要手段。除了传统的餐饮、购物、娱乐、运动、教育、文化、交通、通信、旅游等方面,还出现了新型的休闲消费形式,主要表现在度假、户外运动、野外探险、水疗、美容、网游、网购等方面。年轻人有休闲消费意识和一定的休闲能力,他们追求时尚的休闲方式,是休闲消费的主要参与者。当前,社会上还出现了一部分高端休闲消费人群,他们休闲消费的重点已不是购买物品,更多地偏重于服务性休闲消费,吃住行玩都转向高档的消费需求。他们不像上一辈老人,长期低工资,退休时没钱,一辈子养成的是勤俭节约的习惯,也不会开车,更没有周游世界或"候鸟式居住"的意识和习惯。这些人是改革开放经济增长后,挣了高工资,获得较高收入,又受到现代文明熏陶的人群。他们 60 岁左右退休,到 80 岁左右才真正开始养老,中间 20 年的时间,是"退休消费",享受生活的阶段。他们退休前有钱,但是可能没闲,现在是有钱有闲,又有意愿和能力开始享受休闲生活。他们冬去温暖之地取暖,夏去凉爽之地避暑,日常上老年大学、唱歌跳舞、旅行度假、周游世界等。这是一批有潜力的高端消费人群。当前,中国的休闲消费群体复杂多样,社会为他们提供适宜休闲产品的同时,也出现了休闲消费误导,导致休闲消费过度的现象。

美国著名休闲学者杰弗瑞·戈比曾这样写道:"商人们为了推销他们的商品和服务,人为地制造出了社会需求……更有甚者,穷人们也经常会接受这样的教导,以

---

① 斯密.国富论[M].郭大力,王亚南,译.北京:商务印书馆,1999.

至于相信,因为他们没有足够的钱,所以根本无法享受到满意的休闲生活。"①社会生产的高速发展,不仅为社会创造了巨大财富,也为人们提供了大量闲暇。人都有渴望过上潇洒、随意、舒适、安逸的休闲生活的本能,但在消费主义引导下,在休闲经济市场催生下,休闲出现了部分人群构建自我价值实现、获得社会性身份认可的虚假现象。有些人的休闲生活并非为了放松身心、追求生命的自由自在状态,而是以感官刺激、物质享受和炫耀身份为目的。休闲消费纯粹是为了"面子"和"显摆",似乎休闲就是消费,阅读、沉思、散步等,那都算不上休闲。休闲消费越高,越是彰显了财富和地位。这样,攀比、摆阔充斥着休闲消费市场。人们购买某种商品,接受某种服务,并非真正需要它,而是因为时尚,拥有时尚表明了一个人的社会地位和富裕程度。社会本身没有那么大的休闲消费需求,但休闲产品提供者制造了休闲市场的虚假繁荣,高级餐厅、茶馆、咖啡厅、游乐园等休闲娱乐场所比比皆是,旅游景点过度商业化开发。约翰·凯利把这种看不到自我真实的需要,把休闲视为商品的做法,称为休闲的异化。"如果休闲成了一种高度商品化的参与市场供应与资源分配的活动,那么它也就变成了被异化的活动。"②

休闲消费异化现象,造成了休闲消费的盲目攀比,使休闲变成了有钱人的专利,公共休闲空间被少数的高消费人群占据,低收入人群的休闲产品极为有限,放大了社会的贫富差距和不公平现象。比如一个中等高尔夫球场,占地近 700000 平方米,用水日均 5500 立方米,整理草坪需要喷洒农药和除杂草剂,对土地的养分和酸碱度有巨大的伤害。这种占据宝贵资源、破坏环境的高尔夫球场,坐落在某些城市的市区,而适宜大众体育活动的公共运动场所却少之又少。另外,休闲消费还促使了休闲产品的过度开发、包装,既破坏了原有产品的品质和环境的污染,也造成了社会财富和资源的巨大浪费。公民的休闲生活本身需要政府的投入和管理,比如国家公园、湿地、森林公园、重点风景区等,需要政府专门做出预算,聘请人员专门管理。但现在不少景区过度商业化开发,甚至授权或包给商业机构操作,出现了开发者、使用者和所有者之间的利益冲突,破坏了景区的原状及完整性。

现代人追求的休闲生活是简单、自然、安全、舒适、有品位的文明方式,并非花费越多越能被满足。虽说可以透过一定的消费来获得华丽感、舒适感、快乐感,但也要讲求伦理道德,尊重他人、尊重自然,追求美感。

5.2.1.3 休闲两极化

当前,我们社会的休闲状况呈现出两极化现象。一是休闲不足,体现在休闲意

---

① 戈比.你生命中的休闲[M].康筝,译.昆明:云南人民出版社,2000.
② 凯利.走向自由:休闲社会学新论[M].赵冉,译.昆明:云南人民出版社,2000:205.

识不强,休闲技能不足;二是休闲"过度",表现在休闲时间利用过度,休闲花费过度,以及休闲方式畸形化。

这里的休闲不足主要指社会人群中不少人的休闲意识尚未觉醒,休闲技能单一,休闲体验不足。多项调查数据显示,不同的社会阶层中都有一部分人更重视工作和学习,而忽略休闲。尤其是政府官员、白领阶层、农民和学生,以及部分特殊职业人群,如医生、教师、军人和警察等。在休闲的价值取向上,一些人休闲意识淡薄,对休闲的认识还停留在浅表层面,认为休闲就是休息,就是看书看报、上网、看电视、散步等,除此,他们没有什么休闲生活。有些人始终把工作和学习放在首位,舍不得把时间放在休闲上,甚至认为休闲是浪费时间,浪费生命。他们主动放弃休闲生活,追求工作事业方面的满足感。有些人沉浸在忘我的工作或学习状态中,甚至导致英年早逝、过劳死等。当然,有些人休闲不足有其客观原因,比如职位高、岗位重要、工作强度大等。但不能不说,也与其内心不重视休闲,没有养成良好的休闲习惯有关。休闲生活不足还有个关键因素是休闲消费观念不同。不少人休闲生活不够丰富的一个主要原因是不愿意在休闲消费中有过多支出,他们认为花几百元看一场球赛、听一场音乐会不值。另外,休闲技能缺乏也是影响人们休闲生活不足的重要因素。

当然,休闲不足的另一种情况是部分低收入者为了维持生计,不得不将个人的闲暇用于额外劳动。他们的休闲数量和质量都是比较低的。

休闲过度不是指相对于人的正常需求不足出现的休闲过剩,而是指消极的休闲方式。比如,一部分人侵占了他人的休闲时间而获得了更多的闲暇用于休闲;部分休闲者沉溺于休闲生活,而忽视了本职工作和必要的休息时间等;还有的人追求所谓的"刺激",如赌博、色情、吸毒、飙车等,影响了自己的生理健康、心理健康,以及与家人、朋友、同事等正常的社会交往,甚至有可能导致违法、犯罪。

还有一种休闲过度表现在当前社会过于物化,使一部分人以享有物质和地位为生活目标。日常休闲生活中,很多人没有选择参观美术馆、博物馆等精神生活的休闲习惯,甚至不觉得做志愿者、做慈善是休闲。另有部分人因为生活贫困,缺乏教育、收入和良好的工作机会而导致休闲资源不足,为了获取休闲生活,有可能会做出不符合社会规范的事情,如偷窃、赌博等;还有的人则可能放弃人生追求,借助酗酒、游戏等来麻醉自己。还有些人借助手中掌控的资源、权力,挪用公款,贿赂来享受休闲。

5.2.1.4　休闲模式化

休闲模式化,是指现代人在休闲观念、休闲行为及休闲内容上的单一化、趋同化、标准化倾向。休闲是一个极个人化的事,是一种追求内心平和、宁静、愉悦、满足及自我发展的体验过程,休闲体验具有主观性、个体性。一切能让休闲主体感到有意义的、有人性的、有创造性的体验,都能带来愉悦感、幸福感,有益于自我发展及身心健康,不违背社会善良风俗的内心体验与行为方式,都应该获得鼓励和提倡。从这个角度看,休闲的方式应该是丰富多彩和充满个性并富于创造力的。不同的人,由于条件不同、能力不同、兴趣不同,其休闲选择应有其独特性。

然而,当前社会的主流休闲方式日益呈现出趋同性、盲目性和单一性倾向。休闲方式缺乏个性、创造性,显现出表面化、模式化、标准化样态。社会各个阶层形成了各自的休闲模式,高层次人群打高尔夫、航海、出入高级会所、高调做慈善;中层泡吧、打网球、吃西餐、出国旅游度假;下层逛街、撸串、唱歌、打牌、看影视等。各个阶层成员之间相互模仿、攀比。中高层努力保持其独特的高消费,不断引领消费新潮流,下层则拼命努力效仿上中层,追逐时尚。这种休闲生活的模式化,无形中引发了奢侈消费、炫耀消费、享受消费等社会过度休闲现象。一方面,部分休闲主体表现出对消费至上、物欲满足、感观享受的推崇,致使娱乐消遣型休闲方式成为各层次休闲的主流,以至于有的人仅以打麻将、买彩票、赌博投机为主要休闲方式。一提到休闲,人们就以为,只有那些以感官享受、娱乐消遣为主的无事休息、闲看电视、吃喝玩乐、逛街购物、出入各种娱乐场所等才是休闲。人们似乎已忘记了诗歌、散文、辩论、朗诵、阅读、思考等也是休闲内容的一部分。"生活,除了眼前的苟且,还有诗和远方"。两千多年前的希腊,诗歌、辩论、沉思等都被视为休闲的精髓。美国休闲学家托马斯·古德尔曾说,人们越来越不愿意或者说没时间参与思考、诗歌创作和辩论活动了。人们不再把休闲想象为尽可能减少外界干扰的精神状态,而只是人们在"闲暇"里所从事的一系列活动,而且"这些活动越来越标准化了,对于有休闲体验的消费者来讲,这些活动渐渐成了一些标准的休闲单元。人们追求的似乎不是快乐、独处、美感、个性或乐趣,而是追求打网球、航模、舞会或集邮等具体的活动"。[①] "这些活动的标准化或形式化,否定了个人在任何一种休闲体验中所具有的唯一性"。"标准化不是休闲体验的特征"。[②]

尽管现在我们已进入了普遍有闲的社会,休闲也已成为我们生活的一种重要方式。但社会上还有不少人对休闲的本质内涵和休闲对个体及社会的意义不十分了解,甚至对休闲还有很多错误的认知。虽然人们总是说人生需要休闲,需要平衡工作与休闲的关系,但很多人并不会合理休闲,更谈不上智慧休闲。因为休闲呈现出来的跟风、盲目、追逐时尚的社会状态,是休闲娱乐化、消费化和过度化的表现形式,实质上是一种休闲异化。目前,人们的休闲方式基本上是标准化的大众休闲模式,日常看电视、刷手机、网购、逛街、会餐、唱歌、打牌,假日走亲访友、观光旅游。这些

---

① 古德尔,戈比.人类思想史中的休闲[M].成素梅,等,译.昆明:云南人民出版社,2000:229.
② 古德尔,戈比.人类思想史中的休闲[M].成素梅,等,译.昆明:云南人民出版社,2000:230-231.

休闲活动给人带来的似乎并不都是轻松和愉悦,有时甚至让人更疲惫。国家制定的小长假制度和节假日高速公路免费政策,常常造成交通大拥堵,原本 2 小时的行程走了 6 小时,5 小时的行程走了 12 小时。整个高速公路成了超大停车场。旅游景点节假日过度拥挤,平日却清淡少人,二者形成极大反差。每次大、小长假过后所谓的"节日综合征"或"休闲综合征",表明了我们的休闲质量不高,休闲环境不理想。所以,我们还需要在休闲文化建设,休闲能力培养和休闲管理及服务上多下功夫。

5.2.2 休闲异化之根源

休闲异化是市场经济催生的产物,既有娱乐性大众文化的浸染,又有享乐主义、消费主义的影响和大众传媒的推波助澜,以及休闲教育的缺失。

5.2.2.1 娱乐性大众文化的浸染

伴随着工业化大生产和市场经济的发展,现代传媒技术的广泛运用,以及人们对美好生活的向往和追求,大众文化应运而生。大众文化与主流文化、精英文化相对应,具有通俗性、娱乐性、亲和性及时尚性等特点,能给人带来感官上的刺激、精神上的慰藉和身心的放松,被社会大众所接受和喜爱。虽然大众文化不与高雅相对立,但并不追求沉重、深邃和情怀,具有单调、平淡、流行和媚俗的一面,而且其一经产生就以商品的形式出现,具有商品属性和市场经济的特点。

一是大众文化兴起于都市,与当代资本和大工业密切相关,带有浓厚的工业化大生产特点和市场经济的色彩。工业化生产的流程是根据市场需求,进行创意策划、资本筹措、生产制作和市场推广。当文化作为商品进行生产的时候,就要遵循市场经济规则,以追求商业利润为目标,同时把握市场脉搏,顺应社会大众的消费心理和消费口味,进行批量化生产。而这恰与文化产品应有的独特性、艺术性、教化性、引领性等相冲突。最早对大众文化进行深刻反思和批判的法兰克福学派就认为,当大众文化在技术世界中丧失了艺术品的创造性,呈现出商品化的趋势时,就具有了商品拜物教的特征。同时,这种以商业化、产业化、娱乐化、流行化、媚俗化、技术化为特征的,大规模地复制与传播文化的工业化方式,成为一种控制社会意识形态和思想的力量,给予工人阶级以虚幻的满足,削弱了他们的革命意志。

二是大众文化诞生于精神文化需求旺盛的大众化消费时代。现实工作中的烦恼、压力和生活中的繁杂、琐碎,容易让人通过休闲活动来放下面具,宣泄情绪,这样,大众文化应运而生。大众文化往往迎合大众口味,以大众的消费心理为基础,通过市场化运作手段,来包装和推广。比如,根据年轻人喜爱、赏识和崇拜偶像的心理,对一些明星进行设计包装,以他们作为某种文化符号,进行商业上的推广。再如,根据人性中具有追求时尚、喜爱享受和炫耀的心理,通过商业手段与策略,制造出虚假的市场需求,来实现"强迫性消费"。娱乐性成为大众文化消费的主要支撑。

三是大众文化以广播、影视、网络、报刊等大众传播媒介为技术手段和传播形式,将文化产品进行规模化、标准化的机械性复制及扩散性推广,来获取其商业利润。大众媒介的特点是信息量大、覆盖面广、传播速度快、受众人数多、影响力大。因此,大众文化往往利用现代传媒,进行批量化的复制、生产和传播。铺天盖地、洗脑式的冲击,容易诱使大众把现实生活看作是银幕、视频、游戏中虚拟世界的延伸,把虚拟出来的场景、人物幻想为永恒不变的社会现实,用取乐代替快乐,实际上,这种在宣泄之中获得的快感仅仅是虚假的满足。这也说明,大众并不需要艺术化生活,而是需要生活艺术化。

虽说娱乐是人的天性,休闲生活应该具有娱乐性。我们说,人类进行的一切休闲行为,最终都是以实现个体的自由、快乐和满足为目的,否则,休闲的起源途径之一就不会有"游戏"一说。但在大众文化时代下,休闲产业提供的产品和服务以商业利润为考量,以自身利益为出发点,放弃社会责任,热衷于煽情、刺激,一味媚俗,出现了泛娱乐化倾向。久而久之,将会导致人们放弃对现实问题的观察与思考,放弃对人生价值和人生目的的追问与探寻。休闲不再是人们追求自由,实现自我的理想途径,而是被物化、被娱乐化的某种工具。休闲生活失去了应有的文化品质和精神意蕴。

5.2.2.2 享乐主义价值观的影响

休闲异化现象的出现,与享乐主义和消费主义价值观影响有很大关系。

快乐是出自人最本能的追求,如果追求的是健康有益、快乐适度的物质生活和精神生活的享受,那是人的正当需要,也有利于促进经济社会和文化的发展。但如果把享乐作为人生目的,主张人生就在于满足自己的感官需求与快乐,把享乐,尤其是物质上的享乐,身体上的享乐,感官上的享乐变成人生的唯一目的,把享乐作为一种"主义"去诠释人生的根本意义,那这种对人之需要的理解,就有失偏颇了。人类早期生存的年代,常常遇到贫穷、战乱、瘟疫等,享乐是多数人可望而不可即的事情,很多人辛劳一生,仅获得存活而已,谈不上什么快乐。只有极少数权贵人士享有特权,他们拥有快乐。所以,长期以来,人们的观念中,似乎只有权贵阶层才能享受快乐,享乐也因此成了贬义词。现代社会,随着社会物质财富的极大提高,人们都有能力享受生活的快乐了,能享有快乐的生活似乎变成是一种能力、一种地位,于是,一些人一味追求物质生活的奢侈享受,极度拜金、纵情声色,这也不符合现代文明特质,还会受到人们的唾弃。虽说追求物质享受是人性的基本需要,像葛朗台那样的守财奴也会被世人所不齿。但快乐的源泉不仅是物质上的,更有精神上的,比如,对爱与美的追求,对人生的思索,对创造的追求等。陶渊明的"采菊东篱下,悠然见南山",王维的"独坐幽篁里,弹琴复长啸",苏轼的"回首向来萧瑟处,也无风雨也无晴",表达的是贤人君子对宁静自由的田园生活的热爱和悠闲自得情趣的享受,以及对超凡脱俗、旷达潇洒境界的追求。今天我们生活在一个社会飞速发展、喧嚣热闹的环境中,我们不可能像陶渊明时代那样隐居山林,独听风雨,但只要我们的心远离名利、远离物欲、远离世俗,我们的生活就会变得宁静平和,舒适安逸。科学研究、艺术创作的过程也都是极其艰辛复杂的,但科学家和艺术家们并未受苦受难,他们在创造过程中享受到的是无与伦比的精神满足感,而且其研究成果还能造福人类,其艺术作品能愉悦大众。

即使我们有能力享有丰富的物质生活,但社会资源是有限的,社会发展也是不平衡的,并非所有人都能随时随地获得物质上的快乐和满足。我们享有物质快乐的同时,也要考虑生态环境保护,顾及人类的可持续发展,惠及弱势群体。人类之所以创造出了迥异于动物的灿烂文明,就在于人类超越了动物只满足于感官享受的生物性本能,追求人生的自我实现和精神上的富有。马克思就曾特别强调,人类的健康休闲应该是"雅闲",是在自由活动时间里接受教育、学习、艺术欣赏、社交等这些有利于人的进步和社会发展的活动,也就是积极、主动地发挥人的本质力量的高级休闲活动。马克思批判和摈弃资本主义有闲阶层的"俗闲""恶闲"。"他们除了下流的娱乐外,不可能有任何体育、智育和精神方面的消遣;他们与一切生活的乐趣是无缘的。"[①]在马克思看来,"如果音乐很好,听者也懂音乐,那么消费音乐就比消费香槟酒高尚"。[②]

况且,从本质上讲,人也不可能做到永远快乐,人生必定蕴含着痛苦,成熟的人生,要学会让痛苦与快乐伴随。所以说,现代人的休闲生活,既要享有物质层面带来的快感,更要享有精神层面带来的愉悦。

5.2.2.3　消费主义生活观的盛行

有人说,我们这个时代是消费主义时代。所谓消费主义是指刺激人们的购买欲望,煽动人们消费激情的一种价值观念和生活方式。

消费主义的产生有这样几种因素。一是经济因素。随着经济的高速增长,社会物质财富的急剧增加,一些人便认为,社会财富是取之不尽,用之不竭的,生产出来

---

① 马克思恩格斯全集:第 46 卷[M].北京:人民出版社,1980:227.
② 马克思恩格斯全集:第 26 卷[M].北京:人民出版社,1972:312.

的产品就一定要消费出去,于是,占有、使用和消耗物质财富的观念应运而生并得到社会大众的认同。尤其是改革开放以来的直接受益者,是消费主义的主要拥趸。二是政策因素。通过鼓励和刺激消费来带动经济增长,成为不少国家的经济政策。我们国家目前也把中高端消费,作为促进经济增长的新动能。所谓中高端消费就是指那些更加追求品质、更加追求个性和更加追求全面发展的新型消费需求。鼓励和扩大国民的消费需求,也就被视为社会良性运行的条件之一。三是市场因素。商品的生产者和经销者借助市场的力量,积极推动消费,消费者的消费能力越强,他们的获益越高。美国销售分析家维克特·勒博就说:"我们庞大而多产的经济……要求我们使消费成为我们的生活方式,要求我们把购买和使用货物变成宗教仪式,要求我们从中寻找我们的精神满足和自我满足。我们需要消费东西,用前所未有的速度去烧掉、穿坏、更换或扔掉。"[①]四是消费者心态。在消费主义的鼓噪下,在媒体广告的狂轰滥炸下,先富起来的人跃跃欲试,希望通过消费来满足他们的物质欲望,同时也能彰显其经济实力和社会地位。当然还有改革开放后成长起来的一部分收入较高的年轻人,他们崇尚个性,追求时尚,有休闲的意识,他们自然成了消费大潮的主力军。

在消费主义思想中,消费已不再是人们生活的重要内容,而是被视为一种获得愉悦的活动形式,是人们精神追求、价值实现的主要方法。也就是说,人的价值实现、精神满足的方法就是进行物质消费,物质消费能力越强,越表明一个人的地位和价值,这样的人生才是有意义、有价值的。在消费主义的引导下,人们开始无止境地购买商品,而且追求奢侈品,购买得越多、越是时尚品牌,越是满足。有人评价,国人外出旅游,不喜欢看博物馆、艺术馆,即使是自然景观、文化景观,也只是走马观花,出国旅游的一大任务似乎就是购物。从韩国、日本、欧洲旅游归国的人,大多是满载而归,但事后很多人都感慨,购买的大多物品并不是日常所需,不少都是跟风买来的。"购买和消费行为已经变成了一种被迫的、非理性的目标,因为消费就是目标,而不是从这些物品中获得的使用价值和快乐"。[②]

休闲也属于消费,一般把其列为文化消费。"如果没有夜生活和周末,娱乐业将会崩溃,如果没有假期,旅游业将会衰落。实际上,是休闲而不是劳动使得工业资本主义走向成熟,在这里,休闲的新的合理性展现出来了。在这样的经济状态中,失业的麻烦不是由于失去了生产性的劳动,而是因为失业者没有更多的钱去消费,所以现代的经济问题不是没有生产能力,而是缺乏足以保持每个人进行生产的消费能

① 杜宁.多少算够:消费社会与地球的未来[M].毕聿,译.长春:吉林人民出版社,1997:171.
② 弗罗姆.健全的社会[M].王大庆,等,译.北京:国际文化出版公司,2007:118.

力。"[①]当消费主义变成一种生活态度和生活方式的时候,休闲消费的目的便不再是人在可自由支配的时间里,满足自身正常的物质生活需要而进行的健康有益的休闲活动,而是为了满足自身炫耀性的物质欲望,是为了显示身份、档次,就会表现出过分看重高档消费的符号意义,追求品牌,讲求价格等,就会引发休闲消费异化,出现过度休闲消费现象。如感性消费、奢侈浪费、享乐性消费、炫耀性消费,甚至出现一次性消费等,最终导致浪费资源、污染环境、进而导致人的物化,破坏人文生态。

马克思认为那种片面追求物质享受、寻求物质刺激的消费主义做法是"把人的本质力量的实现,仅仅看作自己放纵的欲望、古怪的癖好和离奇的念头的实现"[②]。生产和消费只是社会发展的一种手段,而不是人生的目的。休闲生活具有丰富的内容,物质休闲消费并非人生的唯一目的。如果说休闲是人的一种生命的存在状态,是人生的一种生活方式,那么感官性、享受性的物质休闲则牺牲了休闲应有的想象力、创造性、美感和内在智慧,具有明显的炫耀性意味,实质上是一种奢侈、浪费与物化。人的休闲生活一旦沦为享乐主义、消费主义,人类就被自己所创造的物质所困扰、所奴役,也就不可能达到马克思所说的人的充分的、自由的全面发展了。

5.2.2.4　大众传媒的推波助澜

大众传媒作为一种生活媒介,一方面,本身就承载着休闲功能,丰富和改变了人们的休闲生活方式。比如人们收看的各种新闻、信息、电视剧、娱乐节目、益智节目、知识介绍、教育类节目等,就是人们日常的休闲生活。大众传媒现有的内容和形式多方面、多层次地满足了受众的休闲需求。除了广播、电视、报纸杂志等传统媒体,利用互联网和计算机信息处理技术结合而成的新媒体,更成为当代人们休闲生活的主要载体。有调研显示,当前大多数人的日常休闲方式就是看电视、上网、玩游戏、看微博、聊微信等。电视、网络、新媒体已经控制了现代人的休闲生活,人们对之产生了深深的依赖,如果偶尔没带手机,或走到哪里没有网络,就会感到极度的不适、空虚,甚至焦虑、恐惧。另一方面,作为一种传播工具,大众传媒在为人们的休闲生活提供资讯服务的同时,也对休闲市场出现的"虚假的需求"起到了推波助澜的作用。

人区别于其他动物,就在于人能够摆脱物的束缚,不断追求原属于人类本质的,更美好、更纯洁和更高尚的东西,比如休闲活动。然而,当前人们的休闲生活并不那么美好,休闲主体的满意度不高,休闲异化现象出现。是什么因素导致人的休闲生活出现了偏离,而只是将人对物质的需求当作根本的需求呢?美籍犹太裔哲学家、社会学家马尔库塞对之做出了解答。他说,这是一些社会特殊利益集团借助某种力

---

①　古德尔,戈比.人类思想史中的休闲[M].成素梅,等,译.昆明:云南人民出版社,2000:118-119.
②　马克思恩格斯全集:第 46 卷[M].北京:人民出版社,1979:141.

量强加给人的一种"虚假的需求"。更确切地说,是休闲产品和服务的提供者借助大众传媒,为了他们自身的商业利益,合谋制造出的"虚假的需求",是对社会大众的休闲生活做出的错误导向。

马尔库塞提出的"虚假的需求"概念,是指那些为了某些特殊的社会利益,从外部强加于人的需求。这些需求并非人的真实需求,而是靠大众传媒的诱导、社会政治的控制强加于人,有可能让人感到痛苦、迷惘,被奴役,但又总是被视为合理的需求。这种需求本质上是一种同化和驯服,其结果是造成人的异化。马尔库塞认为,发达的工业社会是一个极权主义社会,这种极权主义是利用日益进步的技术来实现的。社会的技术系统"不仅决定着社会需要的职业、技能和态度,而且还决定着个人的需要和愿望"。"技术进步使发达工业社会对人的控制可以通过电视、电台、电影、收音机等传播媒介而无孔不入地侵入人们的闲暇,占领人们的私人空间,也使发达工业社会可以在富裕的生活水平上,让人们满足于眼前的物质需要而以需要付出不再追求自由、不再想要另一生活方式的代价"。① 在马尔库塞看来,现代科学技术的进步,在给人们提供越来越多的自由条件,带来生活便捷的同时,也给人们带来了越来越多的强制和困惑。人们日益失去了对真实的需要的追求,失去了对社会的批判能力,主体性荡然无存,一味认同现实,仅仅满足于现存的物质生活,不敢想象会有另一种更美好的精神生活,喜欢从众,追逐潮流,思想固化,变成没有创造性的麻木不仁的人。

"为了特定的社会利益"而制造出的"虚假的需求"已充斥人们生活的方方面面,尤其在人们的休闲生活领域。休闲产品和服务的提供者为了让消费者接受他们的产品和服务,动用一切促销手段,比如广告、电视、广播、报纸 杂志、互联网等现代大众传媒手段,以及时尚系统、设计与包装等,将他们的产品和服务描绘成一个代表时尚、能力、荣耀、地位和财富等梦幻般的美好事物,以此刺激休闲消费者的购买欲望,并通过各种策略进行诱惑,培养人们对其产品的黏性,不断地让他们掏出口袋里的钱。比如,通过办卡充值的方式,让人们一而再,再而三地接受其产品和服务。这种方式不一定是消费者的实际休闲需求,而是被制造出来的欲望,创造出来的某种需求,让消费者误以为若不购买和接受,似乎是吃亏了,或者是赶不上潮流。各种视频媒体更是大显身手,不断播放各种有关"吃喝玩乐"的休闲消费讯息,企图用充满美好画面的图像和生动诱人的言语来吸引人们参与其中。大众传媒具有信息量大、传播速度快、影响面广等特点,在为人们提供休闲信息,介绍休闲内容方面有一定的积极作用。但眼下各种信息灌输,反而让消费者将信将疑,真假难辨,出现选择困难。

---

① 马尔库塞. 单向度的人:发达工业社会意识形态研究[M]. 刘继,译. 上海:上海译文出版社,2008.

有时弄不清自己是否需要,就被不绝于耳的广告所包围,甚至逐渐被灌输得出现了扭曲的价值观,以为只要不断地休闲消费,就会获得快乐,就能显现自己的成功和地位,就会收获爱情、友情和美好的家庭。在大众传媒与商业资本的合力下,休闲主体的行为已不受内心驱使,心理受外界操控,完全做不到理性消费,只是感觉消费,被市场制造出来的那个需求牵着走。此时的休闲活动已经不是休闲者真实需要的满足,而是一种虚假的内心满足。

5.2.2.5 休闲教育的缺失

人的休闲心态与休闲能力并不是与生俱来的,是需要自我学习、学校教育和社会培养的。然而,长期以来,人们并不知道休闲在人的生命中扮演何种角色,不了解休闲在人的生活中居于什么地位,更不理解休闲能力需要教育和培养。因此现实生活中,有人没有休闲意识,不愿参与休闲,认为休闲是浪费时间,浪费生命。尤其是中小学生以"应试"为指挥棒,从小少有游戏,更是远离现代意义上的休闲,当他们离开父母、学校的监管后,有些人就放飞自己,或沉溺于网络,过度休闲,或根本就不会休闲。即使成年人,因为从小没有接受过休闲教育,没有健康的休闲意识和休闲能力,也常无法感受到休闲活动的价值和意义;有人不知怎么休闲,整日看电视、上网、睡觉;有的人则滥用休闲,比如长时间打麻将,沉溺于赌博等不健康的休闲方式中;更有人缺乏判断和选择能力,容易被他人和媒体左右,跟风休闲。整体上说,虽然我们已进入休闲社会,但我们的休闲生活并不成熟,其中一个重要原因在于我们休闲教育的缺失。

西方国家和我国港澳台地区的休闲学研究和休闲教育起步较早。大约70％的发达国家都开展学校休闲教育。早在1918年,美国教育部门就明确规定了中小学、高等学校都要有专门的休闲教育。小学生需要学习和了解如何合理利用闲暇,通过设置专门的休闲实践课程,进行培养和教育;中学教材中包含了丰富的休闲学知识,并设有专门的休闲学课内课程和课外社会实践;高校更是将休闲教育纳入高等教育的重要内容,很多学校设置了休闲学相关院系,既对全体学生进行普及性的休闲学教育,提高学生的休闲认知,培养他们的休闲技能,又对休闲专业管理人才进行专业和职业教育。美国高校普及性休闲教育主要有篮球、橄榄球、冰球、足球、网球、击剑等体育休闲课程以及户外运动等。户外运动最受学生喜爱,其中以野营、徒步走、峭壁攀岩、高崖跳水、负重前行、森林探险和野外求生等为内容的野生教育课程最为盛行,开展这些休闲教育活动的目的在于帮助大学生在体力、智力和精神状态良好发展的基础上,培养意志力、韧性、社会情怀和责任感。

休闲教育是一项针对全体人类的终身教育,是一项价值观教育、生活教育、能力教育。休闲教育在培养人的兴趣爱好、鉴赏能力、感受美和发现美及创造美的能力的过程中,潜移默化地影响着人的一生发展和全面发展。

5.3 虚拟空间,为什么对未来休闲生活走向产生重要影响

所谓虚拟空间,广义上是指网络世界、网络社会、网络环境,以及人们利用虚拟技术创造出来的一切虚拟现实的存在形式。

随着计算机、互联网技术、大数据和智能手机等高科技在社会生活中的广泛应用,网络作为一个全新媒体的虚拟空间存在方式登上历史舞台,似乎一夜之间,它畅通无阻地进入我们生活的每一个角落,快速地影响和改变着我们的工作、我们的生活和我们的休闲方式,让我们的工作变得更有效、更便捷,生活变得更轻松、更丰富,休闲方式更多元、更快乐。如今,中国网民 7.3 亿,其中,移动网民 7 亿。每天几亿人在网络世界构建的虚拟空间漫游,他们可以自由自在地搜索资讯、查找资料、收看新闻、收发邮件、阅读书籍、撰写文章、收听音乐、观看影视、线上聊天、网上游戏、网上交友、网上购物等。尤其是人们通过 QQ、微博、微信、视频、音频等信息平台上的交流互动,各种信息以前所未有的速度瞬间在全世界范围内广泛地传播,地球变得越来越小,人与人之间的联系越来越紧密。尤其是即时通信软件的运用,更是拉近了人与人之间的距离,仿佛对方就在眼前。人们可以快速、方便地穿梭于不同国家、不同地区和不同人之间,网络成为我们日常工作和生活的重要工具。

网络在促进经济发展、社会进步和丰富民众文化生活方面的作用日益广泛。

网络带动的经济发展,如电商平台、网络广告、网络游戏等,已成为国家经济、文化产业的重要组成部分,为经济增长、财政收入以及就业机会的增加做出了巨大贡献。据艾瑞咨询发布的《2017 年中国网络经济年度报告》显示,2017 年 3 月,中国网络服务平台设备细分服务月度使用时长前五名分别是在线视频、电子商务、搜索服务、社区交友和游戏服务,占比分别为 37.4%、9.6%、8.5%、7.8% 和 5.5%。2016 年中国网络经济营业收入规模达到 14707 亿元,同比增长 28.5%。其中 PC 网络营业收入规模 6799.5 亿元;移动网络营业收入规模 7907.4 亿元。具体到服务平台,其中电商营业收入规模 8946.2 亿元,占比超过 60%,是推动网络经济的主要力量;网络广告排名第二,2902.8 亿元,占比接近 20%,是网络经济的重要组成部分;网络

游戏占比 12.2％；第三方支付占比 7.3％。① 网游，尤其是手机游戏的产业贡献率逐年增加。第三方游戏市场研究机构 Newzoo 发布的最新全球游戏市场研究报告称，预计 2018 年共有 2.3 亿玩家投入 1379 亿美元，同比增长超过 13％，其中手游占比 50％；2018 年数字游戏收入 1253 亿美元，占比整个游戏市场 91％，其中手游收入 703 亿美元，增长 25.5％，几乎是整个游戏市场收入增速的 2 倍。其中，中国在全球手游市场占比超过 60％，而到 2021 年将增长至 70％。

人们还通过网络进行网上学习、查找资料、异地办公、投资理财、求职交友、订票购物、缴纳费用等。网络给我们生活带来的最直接和最大的改变，是休闲方式。

5.3.1 网络休闲的主要类型和特点

随着互联网的普及，尤其是移动互联网的迅速发展，网络具有的方便、快捷、共享、私密、个性化，尤其超越时空和拥有大量丰富的信息流特点，越来越适宜现代社会人们对休闲生活的基本要求。如今，网络休闲已成为人们休闲生活的一种主要方式，并且影响着未来人们休闲生活的走向。

所谓网络休闲，是指通过互联网络和智能设备进行的一种新型休闲方式，即休闲主体借助互联网及智能设备，在网络虚拟空间上进行休闲活动。网络休闲具有开放性、丰富性、便捷性、大众性、新颖性和创造性等特点。

当前网络休闲类型主要有网上阅读、网上搜索、网上收听、网上观看、网上聊天、网上交友、网上下载、网上学习、网络游戏、网上购物等。阅读能带给人广博的知识和丰富的情感体验，是一种美好的休闲方式。互联网技术的迅猛发展，也创造了一种新的阅读方式，即网络阅读。网络阅读有在线阅读、手机阅读、电子阅读器阅读、光盘阅读、PAD/MP4/MP5 等各种数字化阅读方式。网络阅读虽代替不了散发着墨香味道、有真实感的纸质阅读，但其具有的携带方便、易于传播、信息量大和丰富生动等特点，已成为人们阅读工具的重要补充。网上收听音乐、观看影视剧、教育类节目、综艺节目和体育赛事等，也是人们的主要休闲方式。《2017 中国网络表演（直播）行业发展报告》称，2016 年度，中国在线视频市场规模为 622.4 亿元，同比增长 53.9％。近些年活跃的网上表演（直播）作为一种新的网络文化现象，也成为年轻人娱乐休闲方式的新宠。据《2017 中国网络表演（直播）发展报告》显示，2017 年我国

---

① 2017 年中国网络经济报告［EB/OL］.（2017-05-27）［2018-05-08］http：//www. sohu. com/a/143951381_116674.

网络表演(直播)市场营业收入304.5亿元,同比2016年的218.5亿元,增长39%。①网络表演(直播)作为一种新型的娱乐文化休闲方式,一方面能满足年轻人的好奇心、探究欲,丰富其精神文化生活;另一方面,表演(直播)的形式,能增加主播与观众,观众与观众之间基于共同兴趣爱好的互动,能产生情感共鸣,增加情感体验。网络休闲的另一种主要形式为即时通信聊天,人们通过QQ、微信、旺旺、MSN、Face-Time等即时通信工具,进行思想沟通和情感交流。

网络不仅是我们的信息媒体,也是我们的生存和发展空间。如今,网络已成为人们生活的主要方式,对我们的生存方式、交往方式、思维方式、组织方式和休闲方式产生着重要的影响,这种影响既有积极的一面,也有消极的一面。

5.3.2 网络休闲带给人的积极影响与消极影响

互联网时代下,网络为人们的休闲生活提供了广阔的虚拟空间,如网络联系、即时通信、网络影视、网络交友、网络娱乐、网络虚拟旅游等。人们在网络虚拟环境中,尽情地享受着休闲生活。

透过网络即时通信,人们可以联络远在千山万水之外的朋友,彼此倾听、相互交流,网络拓展了个体人际交往的空间。通过网络视频,人们可以观看影视、欣赏音乐、观赏体育赛事、学习新的知识,网络丰富了人们的休闲娱乐方式。利用网络技术和相关平台,人们可以将自己拍摄的照片、视频、撰写的文字,编辑成作品,既可留给自己做日后的美好回忆,也可以分享给认识和不认识的朋友,网络技术帮助人们满足了自我创造、自我欣赏、自我娱乐和自我满足的心理需求。休闲旅游是我们今天最时尚和最大众化的休闲方式,借助旅游网站,我们能寻找到旅游出行需要的各种信息和服务,如旅游景点介绍、旅游线路设计,旅游地的历史文化、风土人情、气候信息和美食特产等。我们还可通过网站,订购车票机票、门票和宾馆。网络还能为外出困难不便远行的人们提供二维、三维立体虚拟旅游,让人不出家门也能了解世界各地的名山大川、文化古迹、城市风貌、乡村变迁和市井风情,获得真实的旅游体验。网络构建的虚拟空间的休闲活动,还能帮助人们转移现实世界里遭遇的工作生活压力、心理困扰,化解内心冲突,宣泄不良情绪。

网络信息技术扑面而来,对人类社会的生产方式、生活方式和行为方式产生了巨大影响。人们每天在网上工作、学习、购物、休闲娱乐。但网络毕竟是虚拟空间,网络虚拟的生活世界毕竟不能取代现实世界,人总要回归到现实生活。网络能带给

---

① 2017中国网络表演(直播)行业发展报告[EB/OL].(2018-04-08)[2018-05-08].http://www.sohu.com/a/227598882_355061.

人们丰富的积极休闲活动,但如果网络利用不当,网络休闲也会对自己、他人和社会带来消极影响。当前,网络休闲出现的消极现象主要表现在人的主体性价值弱化、网络过度依赖、现实人际关系疏离及网络休闲伦理失范。

休闲本是人摆脱外界束缚追求身心自由、愉悦,获得幸福快乐的一种生命体验和生活方式。网络休闲正为人们的这种休闲需求创造了基本条件,即在虚拟境域下,为人们的休闲活动提供了更宽泛、更自由的活动空间。如果休闲主体有健康的休闲观念,有自己的价值判断和选择能力,那他就会在碎片化的海量资讯面前,头脑清晰,做出合理的休闲选择,从而在网络虚拟空间中,获得自由自在的休闲体验。然而,现实社会中,资本与技术合力打造的网络虚拟空间,信息混杂,良莠不齐,一些人并没有自己的独立判断能力,面对琳琅满目的网络休闲产品,辨别不清是自己的真实需求还是市场化的"虚假的需求",往往照单全收,成为被动的接受者,致使其网络休闲生活失去了休闲的原本意义,休闲主体自身也丧失了人的主体性价值。网络休闲带来的另一个直接影响是,网民参与网络休闲的热情极为高涨,网民"宅休闲"倾向明显。节假日期间,不少网民选择在家中或咖啡厅、茶室、图书馆等室内网上休闲,即使有时外出休闲,也做不到全心投入,因为网络休闲伴随始终,一旦没有网络,便陷入焦虑烦躁中。有人在国庆节、春节七天的放假时间,宅在家里看美剧、韩剧,一杯咖啡或一杯茶,一堆零食,觉得特别享受。还有人玩网络游戏,喜欢在网上寻找与自己志趣相同的人进行联网游戏,事后还可在贴吧、论坛上发表自己的见解与大家交流互动,很有成就感。网络休闲最大的特点在于超越时空,不受时间、空间、地域限制,容易在针对性强的"部落"里找到自己的认同感、归属感。网络虚拟空间在为人们带来便利休闲方式的同时,又会带来另一个问题便是人际关系疏离。沉迷于网上交往互动,或相亲交友,虽有线下人际交往不一的情感体验,比如,网上交往具有匿名性特点,可以让人摆脱现实中的束缚,在虚拟社区中自由自在地表达思想,交流感情,容易找到与自己价值观一致、兴趣相投,有"缘分"的人建立交往关系,能产生轻松、自如和愉快感。但我们说,网上交往毕竟有局限性。首先,网上交流替代不了现实中的人际交流,因为人的沟通更要借助面部表情、肢体动作和现实情境因素等,而且现实中的关系更真实、可靠、直接,认同性更高;其次,网络交往缺少关系识别、关系信任,有可能会出现虚假、不诚信现象,寻找到关系认同感的难度相对较大。因此,过度依赖网络休闲,沉溺于网上交往互动,容易让人混淆虚拟与现实、工作与休闲、生活与娱乐、人生与游戏的关系,人如果陷入虚幻的世界中,就会迷失自我,导致人的异化。

科学技术进步改变了我们的生活,也改变了我们的休闲方式。我们在享受高科技带来丰富、便捷、舒适的休闲生活的同时,也不能被之束缚。我们可以选择徜徉于网络,获取网上冲浪的快感;也可以选择在春光明媚的季节,秋高气爽的国庆长假,去爬山、旅行,在举国欢乐、家人团圆的春节,与家人朋友欢聚,共度假日美好时光。人的休闲方式多种多样,我们应该有能力建构网络休闲与传统休闲的平衡。

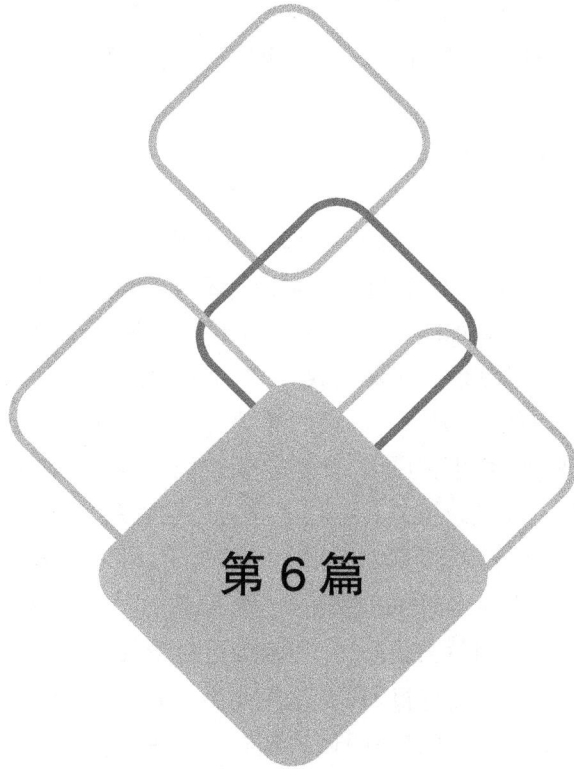

第 6 篇

文 化 篇

6.1 休闲与工作，为什么共同构成了人生两大生命历程

人的生命历程中有两部分内容，一是工作，一是休闲，工作与休闲共同构成了人生。工作与休闲是怎样的关系，两者是对立的还是相容的？

6.1.1 工作的意义

何谓工作？工作的原本意思是说人在长时间内做重复的动作，指长期干一件事，枯燥、无聊，永无止境，且有些痛苦和麻烦，这种认知有些消极和负面。现代社会，人们对工作的认知开始正面、积极起来。工作指人类进行的有目的的活动，工作可以维持生活，工作可以帮助人实现自我，工作是一个人对其自认为有价值或他人、社会期待的目标所进行的一项持之以恒的活动。工作可以出于自愿，也有可能是客观需要或受外界驱使，比如生存原因，你需要工作；他人要求，你需要做某项工作。

工作与劳动、职业等概念相关。它们之间有一定联系，但也有区别。

劳动是能量的一种支出，早期主要指体力的付出，即一种体力的消耗，实际上劳动的内涵较为宽泛，指各种各样的能量的付出，包括体力劳动和脑力劳动。人为了某种目的而从事劳动，付出体力或心力，如为维持自身及家人的生活，付出劳动获得报酬，也可能自己做家务，没有报酬，但这也是劳动（义务劳动、志愿者活动除外）。工作则是比较具体的为自己或某一团体从事的一项活动，一般情况是有报酬的。职业首先是一种工作，需要付出一定的脑力劳动和体力劳动，只是更强调在某一个岗位上或者说职位上，以一定的专业为基础，具体定义为人们从事的相对稳定的、有收入的、专门类别的社会劳动。职业是在原始社会后期，在社会分工逐步形成和发展的基础上产生的，并随着社会的进步不断发展，社会分工越细化，职业的种类也越多。职业的特征是专业性，同时跟产业性、行业性和层级性相关，一般来说，一种职业反映了一种经济状况、行为模式、社会地位、生活方式和情感态度等。当前，我国职业划分为十个阶层：国家与社会管理阶层、经理阶层、私营企业主阶层、专业技术人员阶层、办事人员阶层、个体工商业者阶层、商业服务人员阶层、产业工人阶层、农业劳动者阶层、城乡无业失业和半失业人员阶层等。

工作对人意味着什么呢？如今，我们都感觉工作压力大，有人觉得工作很乏味，又累又烦，甚至不想工作，但人一旦失去工作，又会感到痛苦、焦虑。工作对人意味

着什么呢？工作首先要满足人的生理需求,通过工作获得报酬,解决人的吃饭穿衣住所问题,而且工作本身不是目的,努力工作,辛勤付出,获得更高的收入,可以让人生活得更好。工作除了可以满足人的生存发展问题以外,还能满足人的精神需要。人的社会属性反映出,人有自我实现的需求,通过工作,人可以获得尊严感、满足感、成就感,社会文明程度越高,人的这种精神需求也越强烈。人在工作中发挥出自己的聪明才智,实现自己的价值,为他人、为社会创造出财富,能获得自豪感、成就感。同时,在工作中与人沟通、交流获得良好的人际关系,这也符合人性的特点。如果做的是自己感兴趣的、喜欢的工作,那更能给人带来愉悦感、幸福感。

人的一生不能仅有工作,人需要休息、娱乐、审美、享受。也就是说,人需要休闲。那工作与休闲是一种怎样的关系呢？

6.1.2　休闲与工作的关系

原始社会,生产力低下,人们整日采摘、狩猎,维持基本的生存所需,那时也有休息、娱乐,比如追逐、哼唱、游戏等,但基本上与劳动连在一起,没有专门的休闲活动。当然,那时也没有现在意义上的休闲。

农业社会,自然经济状态下,人与自然需要保持和谐,而且生产与生活都与自然的律动相一致,一家人一起劳作,共享劳动成果。当时的伦理价值是,一个人免于贫穷,就必须勤奋工作,创造财富。所以,对于大多数人而言,工作与休闲没有明显界限。人们一边耕种、收获、编织、养殖,一边说笑、唱歌、喊号子,农闲时也有赶集、宗教仪式、家庭聚会、手艺的传帮带活动等,其中都蕴含着娱乐休闲的因素,但基本上工作与休闲没有分离。当然,对于少数特权阶层、贵族而言,他们不用劳动,享有专门的休闲时间。

工业社会,初期阶段,普通劳动者根本没有休闲时间,他们的工作时间平均每天12 小时到 15 小时,每周工作时间平均 70 小时以上,而且工作条件恶劣,他们没有闲暇,也没有精力、金钱和技能休闲。工业革命带来的工业化大生产,不但使人类的经济活动产生了巨大的改变,而且也对人类的工作与休闲产生了影响。首先,打破了劳动与自然的和谐关系,人们不再觉得工作神圣,人被定格在流水线上,从事机械的、单一的生产活动,工作脱离了劳动者本身,使人变得物化而不再有生命力。人只是做着单调的、重复性的工作。工作对人唯一的意义就是谋生,长时间的、单调乏味的工作令人疲劳、窒息,让人失去了工作兴趣和生命活力;流水线上的细致分工,疏离了人际互动,让人产生了孤独感、不安感。于是,人们要求改善工作条件,缩短工时,增加可支配的自由时间,以恢复体力,这成为早期工人运动的直接诉求。社会上的有识之士也意识到,要提高生产效率,需要改善工作环境,让工人有必需的休息时间和娱乐生活。随着科学技术的进步,生产力的进一步发展,人们受教育程度的提高和民主思想的普及,让休闲成为一种权利有了可能。

现代社会,普遍实行每周工作时间 5 天,日工作 8 小时,人们的闲暇明显增多,加之社会财富增加,人们收入提高和休闲意识提升,这样,各个阶层都有机会、有时间、有能力休闲了,只是休闲时间、休闲体验的程度不同而已。不同的社会地位,不同的职业阶层,不同的价值观念,不同的休闲能力,对休闲的影响是不一样的。比如,收入较高、职业较"体面"的人,参与的休闲活动的范围有可能较广泛,但也许闲暇有限;收入不高、职级较低的人,也许参与休闲的活动范围狭窄,但因为工作时间固定,也许休闲活动的安排较为方便。

工作与休闲有联系,也有对立。如何分配休闲与工作的时间,协调好两者的关系,是一种能力,也是一门艺术。

6.1.2.1 平衡工作与休闲

工作与休闲的平衡问题已经越来越被重视,无论是国家社会还是个体,都开始注意协调两者的关系了。由于行业不同、职业不同、岗位不同,休闲与工作的平衡难以制定统一标准,比如,医生、警察和律师等职业是很难分清工作与休闲时间的;再有,不同的个体,其经济条件不同、休闲偏好不同、休闲技能不一,休闲选择也会有所不同。比如,有的人从事具有创造性、挑战性的工作,他能施展才能,获得工作上的成就感、满足感;或者客观上他的工作性质、工作岗位和职级特点使得他拥有决策权、有充分的社会资源、有和谐的人际关系和工作条件等,这些人会以工作为生活的重心,那休闲时间和休闲选择就会相对偏少。

因此,协调休闲与工作的关系,需要国家、社会和个体两个层面的努力。从国家和社会层面来讲,要有相应的法律法规、政策保障、休闲环境的营建和监督管理以及健康休闲的引导,如休假制度的保障、工作时间的明确,公共休闲设施建设等。对个体而言,平衡工作与休闲,首先,要做到提高工作效率,管理好自己的工作与生活,分配好自己拥有的闲暇;其次,根据自己的价值观和人生观,来判定自己对工作和生活重心的优先选择次序;最后,提高休闲意识和休闲技能。工作与休闲的平衡,休闲体验的效果,与个体的休闲选择和休闲能力有关,也与个体的生活态度和个人期望有关。每个人的休闲选择都有其合理性,但也要符合国家法律规范。

6.1.2.2 工作休闲化与休闲工作化

科学技术的进步,尤其是人工智能的发展,正在深刻地改变和影响着我们的工作和生活。人工智能已经从运算智能阶段、感知智能阶段,发展到了现在的认知智能阶段,机器不仅有巨大的人力不可达的运算能力,还具备了能听会说、能看会认的功能和像人一样理解思考与推理的能力。这意味着,机器不仅能代替人类做简单重复性的机械式体力劳动,还可以替代人类做众多的复杂的脑力劳动,比如下围棋、做医生、当老师,甚至还可做律师。随着人工智能在各行各业的广泛运用,人类可以从烦琐的或复杂的工作中解放出来,有了更多的闲暇。这样,人们就有可能参与自己喜欢的休闲活动。当然,也有种观点认为,如果人工智能代替了人力,会带来失业,失业人口所拥有的大量时间不能成为真正的休闲时间,因为这种时间并非自愿形成的自由时间,只是闲来无事的时间,当人没有足够的收入、没有闲情逸致时,自然也就不可能从事休闲活动。不过,随着人类社会的发展,社会文明程度的提高,社会已达成共识,人类不会再以经济的增长和物质财富的累积作为社会追求的唯一目标,满足精神需求,让人民过上更美好的生活不仅是人的追求,也是我们这个社会努力的方向。

现代社会,工作与休闲没有完全分离,两者有密切的联系。有些职业本身既是工作也是休闲,有些休闲活动也能转化为工作。而且人们对休闲的理解已经不是仅停留在概念上,即休闲只是在某段专门的闲暇内从事特定的休闲活动,而是将休闲理解为一种精神状态、生命体验。我们的工作也许有休闲的感觉;我们在休闲中也能达成工作的目标。工作与休闲关系的理想状态是工作休闲化与休闲工作化。

一是工作休闲化。作为个体,如果在确定自己的职业方向时,能将自己的兴趣爱好与工作结合起来,在工作过程中就有可能使工作与休闲有机地结合起来,两者会相互促进,这是人生一件幸事。比如很多艺术家、运动员就能将工作与休闲合二为一,虽说他们从小学音乐、运动训练很枯燥、很苦,但能力达到一定程度时,会从中感受到快乐,当这项爱好也同时是一项工作时,还会获得工资、奖金和荣誉,有人还会成为偶像、榜样,有很高的知名度,毫无疑问,这样的人是幸福的。很多实证研究表明,一个人若能将自己的兴趣爱好发展成为一种职业,他更能从中获得马斯洛所说的高峰体验。姚明就是一个典型。姚明从小受到篮球运动的熏陶,喜欢这项运动,又有身高、能力上的天赋和素养,最终将篮球运动作为职业,而后发展成为事业,取得了令人瞩目的成就。当然,姚明的成功,除了他能将自己的兴趣爱好和职业能力很好地对接之外,他个人上进、刻苦、爱心、坚韧、睿智、谦逊、大度的积极人格特质起到了更大的作用。他的教练,休斯敦火箭队前主教练斯坦·范甘迪曾说:"姚明是他所在的时代里最好的中锋,而他的优雅、谦逊、幽默、智慧和无私,引领他在背负巨大的压力下每一天都不断地前行。"

职业规划师曾有过这方面的理论论述,比如美国著名职业指导专家霍兰德曾指出,职业选择是一个人人格的延伸,一个人的人格与工作环境之间的适配和对应是人的职业满意度、职业忠诚度与职业成就的基础。霍兰德将人格大致区分为六种类型:现实型、研究型、艺术型、社会型、企业型和传统型。他认为,人的人格类型、兴趣与职业密切相关,兴趣是工作的巨大动力,人们对某种职业类型感兴趣,就会对这种职业活动表现出肯定的态度,会在工作中调动整个心理活动的积极性,愉快地努力工作,从而获得事业成功。可以说,兴趣是工作成功的助推器。当然,一旦选择了感兴趣的工作,还要确立工作目标,明确、具体的目标有助于人们克服外在环境的干扰,集中精力去努力工作。工作目标实现了,人会产生成就感、满足感,会更有信心地投入工作,感受工作的美好。

但是我们还要说,在当今这个竞争激烈、社会快速发展变化的环境下,我们每天面对诸多的既是压力又是挑战的工作,我们不能一味地总想着如何超越,而是要对自己有所觉知,你目前的心理状况怎样,生理状况如何,你是否可以慢下来。尤其对高职位、高学位、高收入、有特定岗位和职业的人来说,工作时间不仅没有缩短,反而有加长趋势,加之互联网工具已渗入我们工作和生活的各个方面,使得我们已没有属于自己完整的时间和空间。因此,我们要时刻提醒自己,工作是为了生活,还是生活为了工作。平衡工作与休闲,还要学会舍得和放弃。

作为社会组织,要考虑如何构建温馨环境、营造和谐的文化氛围,激发出员工的工作热情,让他们体验到工作的意义,尤其是让那些工作性质单一,做着重复性、没有创造性工作又没有升迁机会的人,从工作中感受到兴趣。比如,针对流水线上工人易产生自己就是个“零件”的感觉,可以将工作台由原来的背靠背改成面对面,让他们能够有目光对视或言语交流,这样不仅不会降低生产效率,反而能提高生产效率。再比如,成立社团,或职业团队,组织专业培训、沙龙、郊游、聚餐等,让员工们建立和谐的人际互动,增加团队凝聚力,提高其对自身职业的满意度。

二是休闲工作化。前面讲到,有些工作能让人从中获得巨大满足感、成就感,有高峰体验,这是将工作休闲化。还有一种情况,有人特别喜爱某项休闲活动,在从事这项休闲活动时,倾情投入,不仅产生了休闲体验,获得了精神满足,同时还将之转化成了工作,也有可能变成了一种职业,甚至事业,并从中得到收入,过上理想的生活。比如,喜欢写作,后成为职业作家;喜欢音乐,后作曲、演唱,成为音乐人;喜欢电游,有的成为职业玩家,有的开发游戏。有一些职业,如教师、画家、园艺师、建筑师、设计师等,他们的工作和休闲是没有严格界限的,他们的一些工作本身就是休闲,他们有些休闲生活也是工作。

6.2 休闲品质，为什么与人类的幸福追求息息相关

如果我们观察身边一些生理上、心理上，甚至行为上出现偏差的人，会发现，他们问题产生的原因中有些是由休闲误区及消极休闲方式引起的。缺乏休闲意识和休闲能力，以及不良的休闲方式会影响人的健康状况。

6.2.1 健康新观念

6.2.1.1 健康观的演变

健康是指一个人在生理上、心理上和社会适应等方面都处于良好的状态。

传统的健康观念主要指身体没有疾病即健康。十七世纪以来，人们一直以为导致人类死亡的最大威胁是疾病。疾病主要有两大类：一类是由营养不良引起的饮食性疾病；另一类是由细菌、病毒和有害物质引发的感染性疾病。像天花、白喉、麻疹、流感、疟疾、痢疾、肺病等都曾经是致人死亡的主要原因。为了预防疾病，促进健康，人类进行了不懈的探索。比如，贫穷会带来很多健康问题，穷人缺少食物、营养缺失，难以接受好的教育，缺乏预防疾病的知识，很少参与积极健康的休闲活动，相对而言，更容易犯罪等。于是，从国际组织到每个国家、地区，都致力于消除贫困。人们发现影响健康的疾病主要表现为人的生理过程的异常，造成生理异常的原因是损伤、生化失衡、细菌或病毒感染。比如有的地区居民长期饮用受污染的地下水，可能会引起白血病、淋巴瘤、皮肤癌等疾病。因为被污染的水中含有可能导致癌症的砷、铅、镉、锰等重金属，于是国家和社会致力于公共卫生环境的改善，如进行污水处理，提高水的纯净度，加强公共卫生宣传等。同时，通过科学研究，发明了疫苗、抗生素等对付疾病的有力武器。疫苗的广泛使用，减少了感染性疾病发生的可能；抗生素的运用，消除了细菌感染性疾病。到 19 世纪末 20 世纪初，随着公共卫生事业的改革、发展和人们营养结构的改善，感染性疾病的致死率明显减少，人的平均寿命开始延长，人们把这种对健康与疾病关系的思考模式称为生物医学模式。

到了 20 世纪，人们探讨疾病的方式有了变化。人们发现，影响人类健康的主要疾病是慢性疾病，如心脏病、恶性肿瘤、中风等。这些疾病的产生除了生理上的原因和外界病毒感染之外，还与我们每天的生活方式、生活习惯有关。不健康的行为、不

健康的生活方式会导致疾病的发生,如吸烟更容易引发肺癌、冠心病;大量食用油炸的高热量、高脂肪食物有可能造成高血脂、心脏病等;长期处于压力状态、情绪持续抑郁有可能造成消化性溃疡等;整日宅在房间里、沉溺于网络,不运动、不参加户外休闲活动,不参加团体活动,缺乏人际互动,有可能带来更多的身心疾病。不健康的行为方式与长期的生活习惯有关,与家庭、他人、社会文化的影响有关。比如家庭的饮食方式、父母的生活态度、朋友间的相互模仿、媒体的渗透等,都有可能对人的行为产生重要影响。于是人们意识到,预防疾病,改善健康状况,为什么不能从选择好的行为方式开始呢? 比如,吸烟是导致心脏病、恶性肿瘤、中风等疾病的重要因素,预防这些疾病的产生就要从预防吸烟开始。西方国家和我国港澳台地区很多学校的健康促进计划就有专门针对学生的"生活技能训练",既强化宣传,营造浓厚的氛围,更进行团体辅导活动,其中之一是进行"拒绝劝诱技能训练",让孩子们学习拒绝不良的生活方式,比如拒绝吸烟的方法,增强抵御烟、酒、毒品和不良休闲行为诱惑的能力。另外,帮助疾病患者改变不良的行为习惯,培养健康的休闲方式,如调整饮食结构、规律作息时间、适时运动、参加社会公益活动等。这种对疾病与健康关系的认知模式称为"社会学、文化学模式"。

人们在对疾病的研究中还发现,人的健康状况与人的心理、个性有很大关系。仔细观察一下,我们会发现周围人群中,那些患有消化性溃疡病的人往往具有的共性特征是追求完美、独立性强、精益求精,不许自己犯错,也不许他人犯错;具有焦虑、沮丧、易怒人格特质的人更容易患偏头痛。美国著名癌症治疗专家卡尔·西蒙顿经过多年的临床研究发现:"癌症与其说是外界对人体的一种袭击,不如说是内部系统的衰退,是由于人体的免疫系统不再像往常那样识别并消灭异常的或癌变的细胞。而能在某一特定时刻使得一个人的免疫系统不出现这一现象的因素既有生理上的,又有心理上的。精神压力既有可能抑制人体系统的活动,又有可能导致荷尔蒙的失衡,而这种失衡会加速异常细胞的产生。"[①]他认为,癌症的出现与生理、心理两方面因素相关。如果一个人对自己生活上、工作上的压力有所觉知,并对人体的自然抵抗能力抱有积极的态度,就有可能转变这种也许会致癌的身心状态。积极的情感可以激活免疫系统,更有力、更有效地抑制癌细胞。换句话说,如果个体关闭了积极健康解决问题的系统,有可能会以疾病的方式来呈现他们现实中难以解决的问题。还有一种观点认为,某些反社会的攻击性行为也是因其对面临的紧张工作生活状况没有积极应对而出现的一种消极反应方式。所以说,健康的生活与健全的人格特质有很大关系。再如,同是疾病患者,不同的个性特点对其康复治疗也会产生不

---

① 戈比.你生命中的休闲[M],康筝,译.昆明:云南人民出版社,2000:324.

同的影响。性格内向、不善沟通、爱生闷气的人,健康恢复较慢;性格开朗、积极乐观的人,其康复速度就快。有这样一位中学校长,患上了很难治愈而又痛苦不堪的疾病,他积极参与医生治疗方案的讨论和决定,较少使用镇痛剂,通过观看相声小品、幽默电影转移注意力的方式来降低疼痛,通过参与公益活动、运动来改善心境、增强体质。当症状有所改变的时候,他给自己鼓劲儿,相信自己能治愈。这种乐观的精神配合健康的活动,打破了医生说他只能活半年,最多活一年的纪录。积极调整心态,增加正性情绪,对疾病的治疗和身体健康的恢复是有效的,这种认知模式称为"心理学模式"。

随着科学技术的进步、社会经济的发展和人们物质生活的巨大改变,人类对疾病与健康的认识水平也有了进一步的提高。导致人类疾病的不只是生物因素,还有心理因素和社会因素。要消除疾病,维护和促进人类健康,提高人的生命质量和生活水平,除了注重传统的生物因素外,还应当充分考虑人的心理因素和社会因素,治疗方案要三者结合。在这种新的认知模式中,人们的健康概念发生了变化。

1948 年世界卫生组织在宪章中指出:"健康不仅是没有疾病,而且是一种躯体、心理和社会适应方面的完好状态。"

1978 年,世界卫生组织在世界初级卫生保健大会中重申:"健康不仅是疾病或体虚的匿迹,而是身心健康、社会幸福的总体状态,是基本人权,达到尽可能高的健康水平是世界范围的一项最重要的社会性目标。而其实现,则要求卫生部门及社会与经济各部门协调行动。"

1989 年联合国世界卫生组织(WHO)对健康做了新的定义,即"健康不仅是没有疾病,而且包括躯体健康、心理健康、社会适应良好和道德健康"。

6.2.1.2 现代健康新观念

现代健康的概念是多元的、广泛的,不仅包括身体健康,还包含精神、心理、生理、社会、环境、道德等多方面的健康。

按照世界卫生组织的解释,"健康不仅是没有疾病,而且是一种躯体、心理和社会适应方面的完好状态"。为此,世界卫生组织还提出了身心健康的标准及标志。

身心健康的标准体现在"五快""三良好"。

五快(身体健康)体现在:第一,吃得快。进食时,有良好的胃口,不挑食,能快速吃完一餐饭。第二,便得快。一旦有便意,能通畅地排泄,且感觉轻松自如。第三,睡得快。有睡意,上床后能很快入睡,且睡得好,醒后精神好,脑清醒。第四,说得快。思维敏捷,语言表达正确,说话流利。第五,走得快。行走自如,活动灵敏。

三良好(精神健康)体现在:第一,良好的个性。情绪稳定、性格温和、意志坚强、感情丰富、胸怀坦荡、豁达乐观。第二，良好的处世能力。观察问题客观、现实，具有较好的自控能力，能适应复杂的社会环境。第三，良好的人际关系。助人为乐、与人为善，对人际关系充满热情。

身心健康的标志体现在十个方面：第一，充沛的精力，能从容不迫地担负日常生活和繁重的工作而不感到过分紧张和疲劳。第二，处世乐观，态度积极，乐于承担责任，事无大小，不挑剔。第三，善于休息，睡眠良好。第四，应变能力强，适应外界环境中的各种变化。第五，能够抵御一般感冒和传染病。第六，体重适当，身体匀称，站立时头、肩臂位置协调。第七，眼睛明亮，反应敏捷，眼睑不发炎。第八，牙齿清洁，无龋齿，不疼痛，牙颜色正常，无出血现象。第九，头发有光泽，无头屑。第十，肌肉丰满，皮肤有弹性。其中前四条为心理健康的内容，后六条则为生物学方面的内容。

衡量一个人是否健康，必须从以下生理、心理和行为三因素来分析：

第一，有没有器质性或功能性异常。

第二，有没有主观不适感。

第三，有没有社会公认的不健康行为。

现代健康理念可以概括为生理健康、心理健康和社会适应良好三个方面，它们之间是相互联系的。生理健康是心理健康的基础和前提，心理健康是生理健康的保证和动力，社会适应良好是生理健康与心理健康的结果。一个人只有全面健康，才能维持身心的平衡，才能更好地适应社会生活，才能更有效地为社会和人类做出贡献，这样才能实现个人价值与社会价值的统一。

6.2.2 现代休闲与健康

前面讲到，衡量人的健康与否，主要从生理、心理和社会适应三因素考虑，而这三个方面都与人的休闲生活方式紧密相连。积极的休闲活动有益于人的身心健康。当前，休闲活动已广泛进入我们的日常生活中，成为我们生活的一部分。如何分配闲暇，如何选择休闲活动，如何让个体的成长与社会的发展朝着更健康、更科学、更文明的方向发展，取决于每个人。

由于人们所处的环境不同、需求不同、价值观不同、技能不一，加之，休闲活动本身也存在着巨大的差异性，对人的影响也是千差万别（比如，人们可以通过艺术欣赏获得精神享受，但人的喜好与感受是不一样的，选择也就有所不同，有人对京剧、越剧痴迷，有的人对民歌、乡村音乐情有独钟，有的人就欣赏摇滚）。因此，休闲方式的选择可以多层次、多样化，没有绝对的标准。以休闲价值观判断，能给休闲主体身心发展带来益处的休闲活动都是值得倡导和推广的。

科技的进步,经济的发展,在为人们创造了丰富的物质生活和广阔的行为空间的同时,也给人们带来了巨大的精神压力。尤其对年轻人而言,竞争激烈,就业艰难,需要不断地学习和进取。如果精神压力长时间积蓄且得不到缓解,大脑超负荷运转,就会妨碍大脑细胞对氧和营养的及时补充,使内分泌功能紊乱,交感神经系统兴奋过度,自主神经系统失调,导致脑疲劳,从而引起全身的亚健康状态甚至疾病。特别是在学习和工作中会感到疲劳、疲惫、身体酸痛、食欲不振、头痛失眠、注意力不集中、神经衰弱、记忆力下降、心慌、焦虑、易感冒等。因此,我们要适时进行身体、心理充电,选择合适的休闲放松方式,以缓解症状,保持身心健康。

第一,要树立积极休闲、智慧休闲的意识。根据自己的实际状况,主动选择自己喜欢的、适宜的休闲方式。比如,你可以根据自己的闲暇、经济能力和兴趣爱好选择到社区去跳广场舞,到健身俱乐部参加体能锻炼,到郊外周末游,或到国外休闲度假等。无论选择什么样的休闲方式,一定要基于自己的兴趣和能力。因为休闲的本质是自由,只有充分的身心自由,才能达到愉悦的休闲体验,否则不会获得享受。那些经常喊着要减重而跑步、节食的人,往往很难坚持下来,因为无论是跑步还是节食,都不是出于自愿,而是被迫的,凡是被迫做的事都很难坚持下来,因为那样带来不了快乐的体验。虽然有人减重后穿上漂亮的衣服,也有美好的感受,但这种感受很难一直持续下去。为什么戒烟、戒酒、戒毒困难重重,因为那往往不是当事人的自主选择,对其来说,那太痛苦了。相反,那些从烟、酒、毒中获得过快感的人,往往会持续下去。

第二,要以开放的态度,选择健康的休闲活动。很多人的休闲选择局限于传统的休闲活动,如下棋、打牌、聚餐、聊天等。实际上,现在有很多新兴的时尚休闲活动,我们也要敞开心胸,勇于尝试。比如,适度地参与户外活动、极限运动,对放松身心极为有益。因为人体内储存的能量是有限的,平日我们的工作、学习任务繁重,情绪紧张,需要适当的休息、活动,以补充能量。适量的运动,包括具有挑战性的活动,不仅有助于我们维护身体健康,降低患高血压、糖尿病、结肠癌、骨质疏松等慢性疾病的风险,还能调节心理平衡、消除压力和改善睡眠。因为运动过程中,人体毒素可以通过流汗排出体外。再如,休闲同伴选择不一定只是家人、朋友和熟人,可以更开放些,可以通过一些平台找到共同兴趣爱好的陌生人结伴进行。快节奏的工作与生活,淡化了人与人之间的关系。平日我们除了工作关系,缺少人与人之间,尤其是与陌生人的交往互动,我们可以通过一些共同的休闲活动来扩大交往范围,加强社会互动,增加友情。目前,很多年轻人就通过社交网络平台,结伴自驾旅游、户外运动等。外出旅游或户外运动,能使人暂时脱离造成心理压力的工作和生活环境,使人获得心理学上所说的"移情易性"效果。在旅游或户外运动中,人的注意力都集中在山川河流中、运动项目中、人际交往中,可以忘掉日常那些不愉快的事情,尽情地宣泄掉淤积心中的郁闷、烦恼,感受到身心的轻松愉悦,心理平衡能力得到提升。同时,心胸变得开阔起来,情感得到升华,获得较佳的休闲体验。

随着社会文明程度的提升,通过创造性的休闲方式来表达自己的信念与信仰,从人文精神和人文关怀的角度来丰富自己的休闲生活正在逐渐兴起,比如参加志愿者活动、捐助活动、慈善活动、扶贫济困、社会救助、乡村支教、环保活动、爱护动植物等。把发展自我和承担社会责任联系在一起的休闲活动已越来越受到人们的支持和喜爱。因为这样的休闲行为能营造出温馨、友善、关爱和互助的社会氛围,能增进社会的和谐与稳定。研究人员对参与公共事务、志愿者活动的人做了跟踪调研,结果发现,热衷于做有益于他人和社会事务的人比其他人更健康;生活在自然环境中的人比其他人更健康;积极乐观的人比消极悲观的人更健康;经常微笑或歌唱的人比其他人更健康;从事志愿服务的人比其他人更健康;积极享受生活的人比被动应付生活的人更健康;少看电视的人比常看电视的人更健康。原因是我们大脑中都有使人获得欣慰感的内啡肽,积极健康有益的活动能把产生欣慰感的内啡肽激发出来,给人带来愉悦和高峰体验。

第三,休闲选择也要科学合理,不能盲目跟风。比如,我们传统的观念是早晨要读书、锻炼,"一日之计在于晨。"早晨记忆力好,适宜读书;早晨锻炼,能振奋精神。然而,心理学研究表明,晚上临睡前记忆力最好;医学保健专家研究认为,傍晚锻炼大有裨益。因为人体的各种活动都受"生物钟"的控制,在一天24小时内,人的体力最高点和最低点都有一定的规律性,体力发挥到最高点的时间多数是在傍晚,这段时间里,人的肢体反应的灵敏度及适应能力都达到最高峰,心率及血压的上升率也最为平稳,在这段时间内锻炼,引起心跳加速及血压上升率较低,对健康有益。研究还认为,傍晚运动距睡眠时间较短,所产生的疲劳能促使人较快入睡。傍晚锻炼更适于脑力工作者。经过一天的脑力劳动,许多事情都存在于脑海之中,如在晚餐半小时后选择一幽静之处,舒筋展腰,松弛精神,既能使思维清新,又能改善睡眠状态,可谓一举两得。

聪明用闲,智慧休闲是获得健康的重要保障。如果我们学会了既能享受工作,又能选择有价值的休闲,就会感到工作与生活是一个整体,也就能深刻地体会到工作是美丽的,生活是美好的!

6.3　现代休闲，为什么需要学习与研究

6.3.1　休闲是一门学科

6.3.1.1　休闲研究缘起和发展

传统休闲思想与休闲文化对人们的休闲观念与休闲行为产生着重要影响。休闲思想最早可以追溯到古希腊时期的亚里士多德和中国的《诗经》及先秦文化。亚里士多德在其《尼各马可伦理学》和《政治学》中论述了休闲的政治意蕴与休闲的地位和功能。首先，亚里士多德认为，休闲本身就是一种人生目的，是一种能给人生带来快乐、幸福和享受的生活状态，而幸福的基础在于休闲。人们辛苦劳作是为了有暇休闲，这与战斗是为了争取和平是一样的道理。他还论述了幸福、快乐、休闲、美德与安宁生活等诸多休闲问题。他认为，人获得幸福的方法就是要培育美德或者说是优秀品质。美德就是善和高尚，是让人愉快的源泉。一个人终身奉行美德，他就会产生持续的幸福。亚里士多德还将休闲视为人生的至高境界，是一种不需要考虑生存问题的心无羁绊的状态，是人生的最终目标所在。他在《政治学》中这样写道："自然本身，诚如人经常说，要求我们不光能够胜任劳作，同样能够善于休闲。因为，我必须再次强调，人类所有活动的第一原理，就是休闲。劳作和休闲两者皆为必须，但是休闲要胜于劳作，而且是为劳作的目的所在。"[①]亚里士多德这里的意思显然是指休闲本身就是目的，劳作是休闲的基础。其次，亚里士多德还认为，休闲是一种自由选择，出于自愿的休闲活动才能给人带来美好的体验。同时，他还指出，休闲既是一种禀赋，也需要后天的培养和教育。"个人和城邦都应具备操持闲暇的品德。"[②]阅读、沉思、音乐、绘画、体操等是个人休闲的修养，是来自自身内在的需要与愉悦的体验，这些是需要通过教育课程来培育的。

中国休闲思想源远流长。中国早期的《诗经》和先秦文化蕴含的休闲思想对我们今天的休闲生活有不少启示。"朝吟风雅颂，暮唱赋比兴。秋看鱼虫乐，春观草木情"展现出了我国先人富有情趣的雅致生活方式。"民亦劳止，汔可小康。惠此中国，以绥四方……已定我王"，"民亦劳止，汔可小休"论述了休闲生活是治国安邦的重要谋略和施政准则。我们还可以从《楚辞》《汉赋》《唐诗》《宋词》《元曲》以及清代

---

①　亚里士多德.政治学[M].吴寿彭，译.北京：商务印书馆，1965：451.

②　亚里士多德.政治学[M].吴寿彭，译.北京：商务印书馆，1965：431.

及民国时期的作品中,看到中国文人雅士、王公贵族的衣食住行、诗词歌赋、琴棋书画、提笼鸟架、骑马射箭等休闲生活方式。

现代休闲学研究发轫于欧美国家已有百余年历史。1899 年美国学者凡勃伦发表的《有闲阶级论》被认为是休闲学诞生的标志。凡勃伦从经济学角度分析了休闲与消费的关系,他认为,人们在获得物质享受的同时,已开始追求精神生活的丰富和享乐,"闲暇时常采用'非物质的',是准学究或准艺术的以及讨论各种事变的知识"。① 他提出,休闲已成为一种社会建制,人的一种生活方式和行为方式。

继凡勃伦之后,随着经济的发展带来的社会生活水平的提高、人们自由支配时间的增加和休闲活动的增多,西方很多学者开始从不同领域研究休闲相关问题,休闲学研究得到发展。早期比较成熟的研究主要是城市休闲、休闲心理学等,有很多著作相继诞生,如 20 世纪 30 年代的《游戏中的美国人》《游戏的理论》,20 世纪 50 年代的《城市的休闲》《休闲文明即将来临了吗?》《孤独的人群》等。20 世纪 60 年代后,休闲学研究的重点开始专注于对休闲本质的探讨,对休闲学研究产生深远影响的莫过于瑞典哲学家皮普尔(Josef Pieper)1952 年出版的《休闲:文化的基础》。这本小册子虽然只有几万字,但被誉为西方休闲学研究的经典之作。皮普尔以深刻而精辟的语言阐释了休闲作为文化基础的价值意义。他认为,休闲不是外部因素作用的结果,也不是空闲时间所做的决定,更不是游手好闲的产物,而是人的一种思想和精神的态度。休闲是一种平和、宁静的精神态度;是一种为了使自己沉浸在"整个创造过程中"的机会和能力;是上帝给予人类的"赠品"。休闲给人带来的心态平和,因而会让人感到生命的快乐。1990 年美国心理学家奇克森特米哈伊(Csikszentimihalyi)发表了《畅:最佳体验的心理学》。这本书从心理学角度对休闲体验的性质做了深入的研究。作者提出了"畅"的概念,认为"畅"是一种"能让一个人深深沉浸于其中,以至忘记了时间的流逝,意识不到自己的存在的体验"。休闲的过程是一种体验过程,获得畅爽感,是休闲的最佳境界。这是一部对休闲心理学产生深远影响的专著。

20 世纪末,西方休闲学重点研究休闲经济学以及休闲文化学、休闲社会学和休闲经济与休闲产业未来的发展趋势等,如美国著名休闲学者约翰·凯利(John Kelly)1987 年出版了《走向自由——休闲社会学新论》,该书论述了休闲是一个人"成为人"的过程,是个人与社会完成发展任务的主要空间,也可以理解为是人生中持久的、发展的舞台。休闲的目标就是让人在摆脱"必需后"实现自由,获得自我成长。另一位国际著名休闲学研究专家杰弗瑞·戈比(Geoffrey Godbey)1994 年出版了《你生命中的休闲》,1998 年出版了《21 世纪的休闲与休闲服务》,2000 年又出版了

① 马惠娣,刘耳.西方休闲学研究述评[J].自然辩证法研究,2001,17(5):45-50.

《21 世纪的休闲——当前的问题》。他的著作主要从休闲的概念、本质、特征、意义和休闲政策、休闲产业与休闲市场等问题做了全面分析与研究。杰弗瑞·戈比指出,传统经济和产业的发展及百姓的就业空间越来越有限,休闲经济、休闲产业的发展会带来越来越多的就业机会,目前休闲消费已成为人们日常生活中最大的消费支出,这给休闲产品和休闲服务业的提供者带来了机遇和挑战。目前休闲学在西方已发展为高度细分的较成熟的学科。

我国休闲学起步于 20 世纪 90 年代初,在于光远、龚育之、成思危等知名人士的倡导下,由马惠娣等早期休闲学者推动发展起来。于光远先生在 20 世纪 70 年代末就提出要重视休闲问题的研究。他曾说:"玩是人类基本需要之一,要玩得有文化,要有玩的文化,要研究玩的学术,要掌握玩的技术,要发展玩的艺术。"[①]在他的倡导下,我国第一个专门研究休闲的民间学术机构——北京六合休闲文化研究策划中心于 1995 年成立。1996 年,于光远先生发表了《论普遍有闲的社会》,他认为,休闲是当今我们这个社会要面对的主要问题之一。我们搞社会主义的目的是让全体成员过得幸福快乐。他指出,生产力是人类社会发展的基础,"闲"是生产力发展的根本目的之一,生产力的发展意味着闲暇的生产与增长,闲暇的长短与人类文明的发展是同步的,闲暇促进了人类文明的进步。他还从理论和实践方面对休闲消费及休闲方式做了论述。

20 世纪 90 年代后,有不少学者开始进行休闲学研究。1992 年王雅林、董鸿扬主编的《闲暇社会学》出版发行。2000 年,由于光远、成思危、龚育之主编的《休闲研究译丛》出版发行,这是我国全面介绍北美休闲学研究的最新成果,对促进休闲学在中国的研究产生了积极的影响。2004 年,李仲广、卢昌崇撰写的《基础休闲学》出版。这本书较系统地介绍了休闲学的基本概念、基本理论,勾勒出了休闲学研究的基本框架,作为教科书,被不少人使用。

2005 年,"中国学人休闲研究丛书"出版发行,包括于光远的《论普遍有闲的社会》,陈鲁直的《民闲论》,马惠娣的《休闲:人类美丽的精神家园》和《走向人文关怀的休闲经济》,马惠娣与张景安的《中国公众休闲状况调查》。这五本著作展示了我国休闲学研究十年来的理论成果。丛书主要从哲学、社会学、文化学和经济学等多学科、多层面,分析、论证了什么是休闲,为什么要休闲,怎样休闲等理论与实践问题。将一般意义上的"休闲"概念上升到理论与学术层面,揭示了休闲的本质,休闲与工作的关系,休闲对个体、对社会和国家而言的意义。其中的《中国公众休闲状况调查》,是国内外数十位学者用近三年时间对我国公众休闲状况初步调查后撰写的研

---

① 马惠娣. 文化精神之域的休闲理论初探[J]. 齐鲁学刊,1998 (3):99.

究报告。报告深入分析了中国居民的闲暇、休闲观念、行为方式,实际生活状况,得出随着社会进步和人民生活质量的提高,公民拥有的闲暇日益增多,休闲活动开始进入日常生活,但休闲状况不太乐观。主要体现在,休闲活动单一,休闲趣味不高,休闲体验不满意,尤其是弱势群体的休闲状况令人担忧。《走向人文关怀的休闲经济》从人文学科视角论述了休闲经济、休闲产业和休闲消费的本质问题,以及与休闲相关的人文关怀、城市问题、环境问题、教养问题和可持续发展问题。该书指出我国目前正进入普遍有闲的社会,休闲创造了新的经济业态,但经济资本、文化资本、社会资本如何重组未来经济,如何建构"以人为本"低经济投入的,以文化消费为主的休闲经济,实现物质财富与精神财富相平衡,对我们今天的社会来说既是机遇又是挑战。政府应该建立相应的机构,通过相关政策和措施,引导和支持公民健康休闲,积极体验更富有意义的休闲生活,如志愿者、环保、慈善事业、社区服务、老人陪伴、扶危救助等,形成健康的生活方式。同时,政府还可通过开拓休闲产业市场,改善休闲服务质量,来增加就业机会。

随着城市化进程的加快,休闲研究已将休闲与城市的经济发展和城市的精神文明建设紧密地结合起来,产生了不少研究成果。如,2002 年杨国良对成都市民的休闲方式、休闲频率、所花费用、休闲目的和所持态度等做了详细的调查分析,总结出了城市居民的一般休闲行为特征以及歌舞、茶楼、电影、公园等休闲项目参与者各自的行为差异规律;2003 年,王雅林等出版的《城市休闲——上海、天津、哈尔滨城市居民时间分配的考察》,比较全面地分析和研究了三座城市居民休闲时间的分配和使用,以及休闲对生活质量的影响;2005 年王丽梅、楼嘉军的《沈阳市居民休闲方式选择倾向及其特征研究》和 2006 年金倩、楼嘉军的《武汉市居民休闲方式选择倾向及其特征研究》分别以沈阳市和武汉市为例,针对市民在休闲方式选择中体现出来的各种偏好进行了分析,并对由此形成的市民休闲方式特征进行了研究和探讨;2006 年郑怡清、朱立新对上海市民的休闲行为的休闲项目组合化,休闲场所多元化和休闲活动差异化等进行了分析研究;2006 年,张雅静等对宁波市居民的闲暇状况做了调查;2008 年产俊等的《南京市民休闲方式实证分析》,通过对南京市民的休闲认知、休闲现状分析,指出市民休闲普遍存在着休闲方式单一、休闲情趣不高、休闲意识缺乏等问题。2015 年以后城市居民休闲行为研究的重点开始偏向老年人等特殊群体休闲及公共休闲环境营建等问题。

近些年,休闲学的研究视角开始注意到休闲与人的幸福感相关问题。2015 年蒋艳的《城市居民休闲技能对幸福感的影响机制研究——以杭州市为例》指出,休闲技能高低影响人的幸福感指数,目前城市居民休闲技能普遍较低,导致幸福感不强,需要借助社区,利用发达的社交媒体网络,帮助城市居民提高休闲意识和休闲技能,进而提升居民的幸福感。2016 年徐延辉、史敏的《休闲方式、精神健康与幸福感》，通过大样本分析得出：不同休闲方式对精神健康及幸福感有重要影响，娱乐锻炼型、社交型休闲方式对精神健康和幸福感具有积极影响。2018 年李粉、廖红君的《休闲、收入与城镇居民幸福感 —— 来自中国家庭追踪调查的证据》表明，收入仍是影响当代中国居民幸福感的重要因素，同时相对收入对幸福感的影响明显大于绝对收入。休闲已成为影响居民幸福感的关键变量，且对城镇居民幸福感的增进效应高于收入因素。增加休闲活动，尤其是积极享乐型休闲的时间更能提升中国城镇居民的幸福感。

虽然我国休闲学研究仅 30 余年历史，理论体系也不够成熟，但随着市场经济的深入挺进、国民恩格尔系数的明显下降和精神文化生活需求的显著增长，尤其是伴随近些年休闲产业的快速扩张，休闲学研究已蔚然成风，呈现出良好的发展势头，休闲学及相关学科已经诞生，尤其休闲哲学、休闲社会学、休闲心理学、休闲经济学、运动休闲学和旅游休闲学等取得了一定的研究成果。不少大学开设了休闲学课程，浙江大学 2004 年还成立了"亚太休闲教育研究中心"，并于 2007 年设立了我国首个休闲学博士点，掀开了高校休闲教育的崭新一页，已培养了十几届硕博毕业生。

6.3.1.2 休闲学相关学科

休闲涉及文化、心理、经济、管理等多个层面，这样就产生了休闲哲学、休闲文化学、休闲心理学、休闲经济学、休闲管理学、休闲运动学等相关学科。

休闲哲学。休闲涉及对人的生命的探索，所以最早对休闲研究的是以亚里士多德为代表的哲学家。哲学家主要从休闲与人的关系来探讨休闲的内涵、本质及其功能。休闲哲学将休闲视为人的生命的一种心无羁绊的自由状态，是人的一种生活方式和生活态度，是一种"成为人"的过程。"是一个人完成个人与社会发展任务的主要存在空间。休闲不仅是寻找快乐，也是在寻找生命的意义。"因为"休闲研究的一个重要特征是基于人的精神、情感、体悟等方面来把握它的研究对象，加深对人的本质、世界的意义、生活的目的等的考察；注重对人的理想、情感、价值尺度做内心世界的主体建构；使用意义、价值、理想、人性、人格、真善美等概念，去理解和体验人类的精神生活，唤起人类的良知，净化人的心灵。"[①]可以说，休闲是人的一种生命体悟，是人的生命价值和生活意义的追求及享受过程。

马克思对休闲的概念、休闲本质及休闲与个人、社会的关系做了分析和阐述。马克思认为休闲即自由时间，"休闲"即"非劳动时间"，"不被生产劳动所吸收的时

---

① 马惠娣. 人类文化思想史中的休闲：历史·文化·哲学的视角[J]. 自然辩证法研究，2003，19(1)：59.

间",是"用于娱乐和休息的余暇时间";"休闲"还是"发展智力,在精神上掌握自由的时间"。① "人们有了充裕的休闲时间,就等于享有了充分发挥自己一切爱好、兴趣、才能、力量的广阔空间,有了为'思想'提供自由驰骋的天地。在这个自由的天地里,人们可以不再为谋取生活资料而奔波操劳,个人才能在艺术、科学等方面获得发展。"② 在马克思看来,休闲一方面是人的生命活动的一部分,是使每个人分享人类文化成果、发展自由个性的保证,是人类全面发展自我的必要条件,是人类生存状态的追求目标。"个性得到自由发展,因此,并不是为了获得剩余劳动而缩减必要劳动时间,而是直接把社会必要劳动缩减到最低限度,那时,与此相适应,由于给所有人腾出了时间、创造了手段,个人会在艺术、科学等等方面得到发展。"③ 另一方面,休闲是社会进步的象征,是社会文明的重要标志,是人类未来理想社会的基本特征和重要内容。恩格斯在 1887 年曾说过:"我们的目的是要建立社会主义制度,这种制度将给所有的人提供健康而有益的工作,给所有的人提供充裕的物质生活和闲暇,给所有的人提供真正的充分的自由"。④ 未来社会的理想状态就是个人全面而自由的发展,到那时每个人的自由发展是一切人的自由发展的前提条件,人可以随时自由地选择自己是猎人、渔夫、牧人或批判者。可以说,休闲是人的一种存在状态,是人的生命所在,是人的一种生活方式,是人类美好社会的基本目标。

近现代的许多哲学思想和理论建构,如政治哲学、科技哲学、管理哲学、教育哲学等都有对该学科与休闲关系问题的相关探讨。法国学者葛拉齐亚(de Grazia)在《论时间、工作和休闲》(1962 年出版)中,追溯了雅典人的休闲观及其消失的过程,探讨了西方社会中经济、社会和政治给休闲带来的障碍,指出休闲是一种感觉,是一种难得的使人崇高与成功的理想状态,人应该在休闲中实现工作的目的。美国休闲学家托马斯·古德尔(Thomas L. Goodale)和杰弗瑞·戈比(Geoffrey Godbey)在他们的《人类思想史中的休闲》(1988 年出版)中,细致考察了西方休闲从雅典城邦的出现直到现在的发展状况,深入探索了休闲在人类思想史中的演变发展及其价值问题,内容广博,涉及与休闲学相关的哲学、宗教、神学、文化、经济和社会等诸多学科领域,最后提出,休闲是衡量人类进步的标准和人类生存发展的最高目标。人类的真正需求不仅仅只有物质财富,还应该有休闲生活。休闲是衡量社会发展和人类进步的重要标志,因为它是人类最高层次的精神需求。随着社会物质财富的极大丰

---

① 马克思恩格斯全集:第 26 卷[M].北京:人民出版社,1975:287.

② 于光远,马惠娣.于光远马惠娣十年对话:关于休闲学研究的基本问题[M].重庆:重庆大学出版社,2008:43.

③ 马克思恩格斯全集:第 46 卷[M].北京:人民出版社,1975:218-219.

④ 马克思恩格斯全集:第 21 卷[M].北京:人民出版社,1975:570.

富,人的闲暇增多,休闲已成为一种普遍的社会经济现象和生活现象,但这同时也产生了很多休闲问题。如何审视休闲的价值与功能? 美国哲学家查里斯·波瑞特比尔(Charles Poratbil)在其《挑战休闲》(1960 年出版)和《以休闲为中心的教育》(1966年出版)两部著作中提出,随着人们闲暇的增多,社会不安定的因素也增加了,社会只关注工作伦理,不太重视研究休闲伦理。在当今这个休闲时代,应该更重视以休闲为中心的教育。休闲在人的知识结构中居于什么样的地位? 休闲教育概念的基础是什么? 休闲教育与人类的价值、情感具有怎样的关系? 这些都需要研究。社会关注休闲,就要重视休闲教育。

休闲文化学。休闲是一种文化,从文化角度论述休闲的力作当数瑞典天主教哲学家皮普尔(Josef Pieper)。他在《休闲:文化的基础》(1952 年出版)一书中阐释了休闲作为文化基础的价值意义。他认为,休闲是人的一种心理和精神的态度,休闲首先是一种心理倾向,是一种心灵状态。休闲有三个特征:第一,休闲是"一种理智的态度,休闲意味着一种静观的、内在平静的、安宁的状态";第二,休闲是一种敏锐的沉思状态,是为了使自己沉浸在"整个创造过程中"的机会和能力;第三,既然休闲是一种庆典,那么,"它就与努力直接相反,与作为社会职责的劳动的独特观念相对立"。皮普尔认为,人有了休闲并不是拥有了驾驭世界的力量,而是由于心态的平和,使自己感到生命的快乐。否则,人将毁灭自己。

休闲既是个体行为,也是社会行为。它不仅帮助个体消除体力疲劳,使个体获得精神满足,促进人的自由全面发展;同时它也满足了社会的政治、经济和文化需要,促进了社会的进步与发展。作为一种社会现象,休闲的价值更体现在文化层面。休闲本身就是一种文化或文化现象。马惠娣认为,休闲文化是指人在可以自由支配的时间内,"为不断满足自身需要而进行的一种文化创造、文化欣赏、文化建构的生命状态和行为方式。它通过人的个体或群体的行为、思维、感情、活动等方式,创造文化氛围、传递文化信息、构筑文化意境,从而达到个体身心全面、完整的发展。"[1]休闲作为人的生命的一种存在方式,其本质主要体现于人的精神文化属性上。人们通过休闲活动表达了自己的思想、情感、理想、信念、道德、境界;又通过休闲,增长了知识、提高了审美、陶冶了情操、完善了自我;休闲,还启发了人的灵感,许多思想、智慧得以产生,比如天人合一思想、可持续发展理论、相对论的诞生等。作为一种特殊的文化形态,休闲"以渗透、融合、感染、凝聚、熏陶、净化等多种形式"影响着人们的行为方式和生活方式,从而改善了人的生命质量,提高了人的生活品质,提升了人的文化品位。

---

① 马惠娣.休闲:人类美好的精神家园[M].北京:中国经济出版社,2004:102.

休闲心理学。休闲心理学主要从心理学角度来探讨休闲,着重研究休闲动机、休闲目的、休闲行为和休闲心理。休闲是人们获得一种愉悦感的心理体验。通过休闲,人们可以放松身心,产生愉快的感觉;同时,休闲中,通过人与人之间的交往互动,能让人彼此交流思想、沟通情感,产生和谐、愉快、美好的幸福感受;通过人与自然的亲密接触,可以净化心灵、陶冶情操,同时还能磨炼意志,培养豁达、开朗的个性品质。

美国芝加哥大学教授奇克森特米哈伊(Csikszentimihalyi)在其影响深远的《畅:最佳体验的心理学》(1990年出版)一书中,深入研究了休闲体验的性质,提出了"畅"的概念。"畅"是一种在工作或休闲时产生的最佳体验,类似于马斯洛说的高峰体验。当人投入某一种活动,尤其是感兴趣的活动时,如阅读、写作、绘画、观赏、烹饪、运动等,会进入一种忘我的境界,整个身心会沉浸其中,有一种欣喜感、愉快感。"畅"虽与中文"陶醉"相似,但两者也有差别,"陶醉"更强调客体的作用,"畅"则注重主体的主观感受,是人进入一种极度兴奋状态下获得的愉快体验。休闲过程实际上就是一种自我体验过程。积极的休闲活动能给人带来愉快感、审美感。

美国纽约城市大学城市学院心理学教授约翰·纽林格(John Neulinger)在其《休闲心理学》(1981年出版)中提出,人的休闲心理状态从两个维度来判断:一是感知自由;二是主观动机。当个体感知到他可以自由去选择某一行动,并出于自己的意愿(而不是为引发特定的结果)去做出这一行为时,他就处于在休闲状态中。"休闲就是做自己,显示你的天赋、才能和潜力。"判断休闲的标准主要是在心灵体验中是否有自由感,有自由感才会产生畅爽感。休闲就是一种自由的、无拘无束的、不受压抑的自我选择行为。

休闲社会学。休闲是一种行为,因此,休闲也成为社会学家研究的重要内容。社会学研究休闲主要从社会规范、社会结构、社会文化和社会环境等方面进行。社会学认为,个人的休闲偏好、休闲能力、休闲选择和休闲行为受家庭、社会环境的影响,比如家庭因素中,父母的喜好、家庭收入、父母受教育程度等都会对个人休闲产生一定影响。社会经济发展水平、休闲设施建设、交通便利与否、社会价值观导向和风俗习惯等也会影响到人的休闲。同时,个人的休闲行为,如休闲意识、休闲能力和休闲技巧等也会对社会经济、政治和文化产生影响。

对休闲社会学研究有较大贡献的是1974年出版了《走向休闲的社会》的法国社会学家杜马兹迪埃(Dumazedier)。这是一部专门研究休闲社会学的经典之作。杜马兹迪埃从批判现实主义出发,系统分析了休闲与家庭、工作、社会政策和共同体的关系及意义。他认为,休闲是一种新的,让个人感到自己是主人且让自己感到愉快的社会需要。休闲包括放松、娱乐和个性发展三个层次,其中个性发展尤为重要。

经济的飞速发展,生产效率的提升,使得人们有了更多的空余时间,人们有放松、娱乐、人际交往的心理需要,休闲可以满足人的这种需要。人们从工作岗位、家庭事务和社会义务中摆脱出来,参与休闲活动,不仅能够休息、消遣、放松,解除疲劳、缓解压力,还可以发挥出个人的创造力及智慧,休闲是有助于健全人格的一种能力。

另一位在休闲理论上卓有建树的美国伊利诺伊大学休闲研究系荣誉退休教授约翰·凯利(John Kelly),他撰写了多部有影响力的著作,主要有《休闲》《休闲认同和相互作用》《走向自由——休闲社会学新论》等。他多视角、多角度地探讨了休闲的内涵、本质,休闲与工作、家庭、年龄、阶层、性别以及社会因素之间的关系,休闲对个人成长的作用,等等。他认为休闲是一个人一生中重要的存在和发展空间,是人"成为人"的过程。"成为人"意味着,摆脱必需后的自由;超越意识,获得人性的本真;采取决定性的、有方向的行动以实现人性;探索和谐与美的原则,引导行动的能量;承认生活理性感性物质与精神层面的统一;与他人在一起行动,使生活内容充满朝气并促进自由与自我创造。休闲不仅是存在而且是成为,是一个动态的过程,既为了自我也为了社会。约翰·凯利的休闲思想开阔了人们的视野,让人们认识到,休闲不仅关乎个人,更关乎社会和未来,使人们对休闲的内涵与本质有了更深入、更全面的了解。

休闲经济学。休闲是一种消费行为,需要投入,需要休闲产品和服务。经济学家研究休闲,主要从休闲与经济的内在关系、休闲与社会经济政策制定、产业结构调整和经济发展战略等角度进行。自凡勃伦《有闲阶级》发表以来,休闲产业与休闲经济学研究一直是休闲学研究的重点领域,产生了一大批休闲经济学研究成果。如美国学者卡普兰(Kaplan)的《美国休闲——社会调查》(1960 年出版)把休闲作为一个普遍的经济现象,从工作、家庭、宗教、社会阶层和世俗的价值观等角度对休闲进行了整体考察。威克曼(Wickman)的《休闲和娱乐的经济学分析》(1975 年出版)主要对娱乐休闲进行了经济学分析。随着经济的快速增长,人们闲暇的增加和收入水平的普遍提高,旅游、度假、娱乐等休闲活动日益成为人们生活方式的主要内容。

休闲作为一种产业兴起后,相关研究也逐渐增多。研究者开始用经济学原理来解释和分析休闲产业的特点、休闲需求、休闲市场、休闲设施建设、休闲发展趋势和休闲政策制定等。曾任美国国家休闲研究院主席的杰弗瑞·戈比(Geoffrey God-bey)撰写的《21 世纪的休闲与休闲服务》(1998 年出版),主要从休闲角度分析了经济、环境、资源、技术、人口、教育、自由时间、价值观等方面的快速变化及其对休闲的潜在影响。杰弗瑞·戈比指出,休闲在未来社会经济发展中将占举足轻重的地位,休闲产品会更加丰富,休闲服务也会更多样化和个性化,人们将会更重视休闲与健康的关系。今后,人类将会从致力于对外界自然的改变,转为对人类自身的改变,因为人们更渴望过上轻松、自由、宁静、祥和的生活。

运动休闲学。运动休闲学又称体育休闲学。因为休闲的一个主要方式是运动，所以应用休闲学研究领域涉及较多的是运动休闲学。台湾地区高校开设休闲学学科和专业较多的，除了旅游观光、饭店管理外，就是运动休闲学。运动休闲学涉及项目、场所、资金、设施、政策、法规、管理以及运动与身心健康等关系问题。因此，运动休闲学应运而生。把运动作为一种休闲方式，既是个体的选择，也涉及全民健康问题，所以，一般国家都非常支持运动休闲，建立了全民健身休闲计划。运动休闲学致力于健康休闲教育、各种运动休闲技能辅导、运动休闲产品开发、运动休闲项目推介、运动休闲活动管理和服务、运动休闲文化普及等。主要研究休闲运动与国民素质关系、运动生理学、运动保健医学、运动管理学、休闲游憩学、户外体验、休闲运动项目策划、韵律活动、社区服务等。

6.3.2　休闲学研究对象及学科性质

休闲学是一门研究人类休闲行为和休闲现象，探讨人类休闲活动一般规律的学科。与哲学、历史、文学、宗教等学科相比，休闲学作为一门年轻的学科，虽然只有一百多年的历史，但伴随着休闲社会的产生和发展，休闲学已成为一门富有朝气和蓬勃生机的新型学科。

6.3.2.1　休闲学的研究对象

作为一门独立的学科，必须具备几个基本条件：一是有自己相对独立的研究对象；二是要取得一定的理论成果并形成较完善的理论体系；三是有较成熟的研究方法及较完整的学科体系构建；四是要有一支专业的研究队伍。休闲学经过一百多年的发展，目前已有自己独立的研究对象和较完善的学科体系，并有自己的专业学术组织和专门的研究队伍。

休闲学主要研究人们的休闲行为及与休闲行为相关的社会、政治、经济和文化生活中的休闲现象、休闲问题、休闲事业等领域问题。主要有休闲本质、休闲价值、休闲动机、休闲方式、休闲需求、休闲观念、休闲心理等，目的是探索休闲与人的生命意义和价值，以及休闲与社会进步、人类文明的相互关系。休闲学涉及的学科领域主要有休闲哲学、休闲社会学、休闲文化学、休闲行为学、休闲经济学、休闲心理学、休闲美学、休闲政治学、休闲运动学、休闲宗教学等。

6.3.2.2　休闲学的学科性质

休闲学是一门新型的正在发展中的独立学科。

第一,休闲学是一门综合性、跨学科,又具有一定独立性的交叉学科。休闲学是第二次世界大战以后,伴随着社会生产力的高速发展、人们生活水平提高、精神生活需要而产生的一门新型学科,有自己独立的研究对象,有专门的研究机构、学术组织、政府管理机构和政策法规以及专业的研究队伍。休闲学具有综合性、交叉性的特点。当前,休闲学已形成以休闲学为基础,包括休闲哲学、休闲文化学、休闲社会学、休闲心理学、休闲美学、休闲经济学、休闲行为学、休闲政治学、休闲运动学、休闲宗教学、休闲产业学、休闲技术学等较完善的学科体系,并有自己独有的特征与范式。

第二,休闲学是一门理论与实践相结合的应用性学科。休闲学是一门以行动为取向的学科,它是顺应现代人的生存需要、发展需要,尤其是精神需要而产生的,一定程度能帮助人们提高生命质量与生活品质的学科。休闲学以现实的社会政治经济文化生活中的休闲现象、休闲问题为研究对象,以实现"休闲"对个人和社会的最大价值为目标。因此,休闲学不是纯理论的科学研究,而是一门应用性学科,它以社会现实与发展为研究方向,以发现和解决休闲问题为宗旨,为休闲生活实践而服务,反过来休闲生活实践又为休闲学研究提出新的任务和目标,从而又丰富和发展了休闲学理论研究。因此,休闲学是一门理论与实践紧密结合的学科。

第三,休闲学是一门探讨人类休闲共性、休闲规律性,又探寻不同地域、文化背景下不同群体和个体的休闲特点的实证性研究科学。休闲学既对休闲现象的产生、发展规律和休闲现实问题进行观察、描述、解释和说明,又对休闲行为背后的动机、目的和价值进行分析与评价,从而探讨休闲行为的规律性特点。因此,休闲学理论、知识与技术不仅为全人类所共有、所认同,而且它又兼具民族性、区域性和地方特色。不同国家、地区、民族有自身的休闲特性,各休闲文化又相互渗透、影响,从而促进休闲学研究的深入发展。

第四,休闲学是一门基础性学科。休闲是一种文化,是需要教育和培养的。人一生都要休闲,都需要学习,活到老学到老。休闲学的基础性体现在休闲教育的各个层次中。从小学、中学到大学,再到国民素质教育,都需要休闲的教育与引导;从普及性教育到专业技能、技巧教育,到休闲意识的培养,休闲学习贯穿到人的一生中。

6.3.3　休闲与教育

6.3.3.1　为何要进行休闲教育

现代社会,虽然人们开始有了休闲意愿,参与休闲活动的机会也日益增多,但休闲时间未被有效利用,休闲品质没有相应提升,人们的休闲满意度整体不高。究其原因,主要有:一是对休闲的本质缺乏了解,未把休闲与工作放在同等重要的地位,依然觉得休闲可有可无,工作则是必需的。当休闲与工作或日常琐碎事物发生冲突时,人们还是愿意放弃休闲,最终还是工作挤压了休闲,尤其是高阶人士、科研工作者和关键岗位人员等。还有一个重要群体就是学生,学习占用大量时间,休闲时间较少。二是休闲能力和技巧偏低,难以获得相关休闲体验,没有快乐感、满足感;再有,休闲产品不丰富,不能满足各层次的休闲需求,且休闲服务不到位,功利化、商业化、世俗化严重。

如何有效地提高人们的休闲生活品质?那就需要学校、家庭和社会实施休闲教育。休闲教育的目的是帮助人们认识休闲的意义,善于利用休闲时间,学习休闲技能,培养人们选择休闲方式的能力,养成健康休闲的习惯。同时,政府应该制定相关政策,相关部门做好日常的监督管理,引导休闲服务提供者设计出符合国人需要的休闲产品,提供优质的休闲服务。

6.3.3.2 休闲与教育的关系

前面我们分析过休闲一词的词源、词义。休闲(leisure)的拉丁文词源为"licere",意指被允许的、合法的、自由的;希腊语词源为"Skole""Scola",意思是闲暇、休息、教育活动;后来的英文" school",意思是学校。这些词语的意思是劳动之余后的活动,泛指休闲与教育。

心理学家郝伯(Donald Hebb)通过大量的研究,注意到,人类的大脑具有可塑性,当大脑接收到外界刺激时,会改变大脑的物理结构,从而会塑造智力。当人选择了某种休闲行为时,沉浸其中,获得美好的体验,会潜移默化地改变人的大脑,提高人的智力水平。比如,经常参与挑战性游戏的儿童比那些很少玩游戏的孩子,智力水平会得到更高的发展。经常打桥牌和下围棋的老人,记忆力、推理能力,比同龄人会保持得较高。总之,有兴趣爱好,有生活目标,会休闲的人,往往比那些没有生活追求、浑浑噩噩过日子的人更快乐。健康的、有创造性的休闲活动能促进人的智力发展水平。研究还发现,聪明的、有智慧的人,受教育程度较高的人,休闲选择的能力更强,他们更倾向于选择那些具有挑战性的、创造性的,需要一定休闲能力和技巧的休闲活动,诸如户外活动、高层次文化交流、继续教育、音乐欣赏、运动、阅读、旅行、志愿工作等,这类休闲活动能让他们获得较高的休闲体验,更能促进大脑的活动。有些高校教师退休后的日常交流是写诗填词、猜字谜、灯谜,既能抒发情感、交流思想,还能促进大脑活动,预防阿尔兹海默症。美国娱乐休闲研究专家布赖特比尔(Charles K. Bright Bill)曾说,未来"不仅属于受过教育的人,更属于那些学过怎样聪明利用休闲的人"。①

6.3.3.3 休闲教育的意义

在这个文化多元,讯息发达的时代,大众传媒每天铺天盖地给我们带来各种各样的娱乐信息、消费刺激,这对我们的休闲选择也是一种考验。休闲选择和休闲技能并不是与生俱来的,是需要培养和教育的。

休闲教育是引导人们树立健康的休闲意识,学习如何利用闲暇,处理好工作与休闲的关系;学习并掌握一定的休闲方法和休闲技能,以获得最佳的休闲体验,进而优化自我,提高生活质量。休闲教育是一个学习过程,每个人在不同的生命周期,会有不同的休闲需求,因此,休闲教育会贯穿一个人的生命始终。休闲教育是一种态度和理念,有了合理的认知,才会做出适宜的休闲选择,才有能力运用休闲技巧和资源,实现休闲满意度。因此,休闲教育既涉及个体自身的生命质量和生活品质,也关系到社会的进步和文明程度的提升。

美国休闲教育专家曼迪和欧德姆(Jean Mundy & Linda Oude)主张,休闲教育并非是娱乐和娱乐服务的代名词,也不仅仅是一门课程或一系列课程。休闲教育包括以下内涵:②

第一,休闲教育是一场使人能够通过休闲来改善自己生活质量的全面运动。

第二,休闲教育是一个使人明确自己休闲价值观和休闲目的的过程。

第三,休闲教育是一种使人能够在休闲中提高自己生活质量的方法。

第四,休闲教育是为了帮助人们自主地确定休闲在生活中的位置。

第五,休闲教育是为了从休闲的角度认识自己。

第六,休闲教育是一种贯穿从入幼儿园以前到退休以后的终身教育。

第七,休闲教育是与人们休闲需求、休闲价值趋向和休闲能力有关的活动。

第八,休闲教育是一种通过扩大人们的选择范围、使他们获得令人满意的、高质量的休闲体验的活动。

第九,休闲教育是一个人们借此决定休闲行为的过程,根据其目标评判其行为的长期及短期结果的过程。

第十,休闲教育是一场需要多种管理机制和服务体系共同发挥作用承担责任的运动。

休闲教育是一种新型的、开放式的教育,是一种价值观教育、终身教育,是休闲者的自我教育,也是家庭教育、学校教育和社会教育。

---

① 戈比.你生命中的休闲[M].康筝,译.昆明:云南人民出版社,2000:297.
② 戈比.你生命中的休闲[M].康筝,译.昆明:云南人民出版社,2000:301.

休闲教育对个体而言,一是能帮助人们树立健康的休闲意识,了解自己的休闲需求,培养休闲兴趣和休闲选择能力。休闲生活的满意度首先来自休闲者的休闲意愿和合理的价值观,态度决定行为。二是通过传授各种休闲活动的知识和技能,让人们学会智慧休闲,充分享受休闲带来的自由和乐趣,达到身心和谐、自己与他人的和谐以及自己与社会的和谐,从而丰富休闲生活,提高生命质量。

休闲教育对社会而言,一是模塑出全社会积极、健康的休闲观,引导人们选择合理、有益的休闲方式,带动社会文明教养的形成。随着社会物质财富的增加,人们的收入提高,但人们的精神文明还没有相应提升。不良社会风气的侵蚀,使一些人沾染了赌博、吸毒、过度游戏等不健康的,甚至违法的休闲方式,给自己和他人、社会带来危害。良好的休闲教育可以引导人们树立健康的休闲观,减少社会不良休闲乱象。二是促进休闲产品的开发和休闲服务品质的提升,创造就业机会,带动休闲经济的到来。

6.3.3.4　休闲教育的实施

休闲是人类生命的一种存在方式,是人类生活的重要组成部分,休闲教育伴随着人的一生。因此,休闲教育是全民教育,终身教育。而且休闲教育要针对不同的个体、群体,不同的年龄、性别、教育程度、职业、能力等,采用不同的教育方式。总体而言,学校休闲教育、家庭休闲教育和社会休闲教育要合力实施。

学校休闲教育具体叙述如下。

学校是培养人的专门场所,是最具组织性的教育系统。学生休闲意识和休闲能力的培养符合学校的素质教育目标要求,因此,系统的休闲教育首先应由学校进行。学校休闲教育主要通过课内课程教育和课外实践活动及校园文化熏陶构成。

课程教育一般的做法是将休闲认知、休闲技能和休闲体验直接融入相关课程中,比如人文类、艺术类、体育类课程等,有些专业类课程,如建筑学、植物学、动物学等也可间接进行。

课外休闲教育实践和校园文化熏陶,主要是以休闲教育为目标,组织各类主题活动和社团活动,进行休闲生活体验。如举办文艺演出、体育竞赛、辩论赛、读书会等,支持学生组织的戏剧社、合唱团、吉他社、烘焙社、书法协会等社团,组织春游、秋游活动,志愿者活动、农村支教、社区参访等。让学生在丰富多彩的校园文化生活中,获得潜移默化的健康休闲熏陶。

高校休闲教育主要体现在两个方面:一是专业休闲教育。开设运动休闲学系、休闲事务管理系、旅游休闲系、餐饮管理系等,通过休闲哲学、休闲政治学、休闲宗教学、休闲心理学、休闲美学、休闲经济学、休闲消费学、休闲资源管理与运用、休闲服务等课程学习,培养学生的休闲意识、休闲能力和休闲管理专门人才。二是普及性的休闲教育。主要是针对全体学生进行的,以培养大学生休闲素质为基础的一种普及性教育活动。主要目的在于通过休闲课程体系或课程群的规划,引导大学生树立健康的休闲意识,形成并掌握一定的休闲方法和技能,从而在潜移默化地增进人文素养、提升人生境界的基础上,帮助大学生发展健全人格,缓解学习、就业压力,提高生活质量。

以下为高校普及性休闲教育课程教学计划:

高校休闲教育由课程教学和课外活动辅导及校园文化熏陶三部分构成。

第一,课程教学。

高校休闲教育课程是指为了实现休闲教育目标,教育者有计划、有组织地对受教育者进行休闲意识、休闲技能培养,以促进其适应社会生活,涵养性情、完善个性,达成自我身心和谐发展的教育活动。休闲教育课程属综合性、跨学科类课程,课程构建包括课程目标、课程内容、课程实施和课程评价四个方面。

第一方面,课程目标:课程目标是教学活动的指向和趋势,是教师选择教学内容、教学方法和手段及教学效果评价的依据。

休闲教育课程总的目标是,培养健康的休闲意识,传授休闲知识与技能,培养休闲价值选择能力。具体包括:健康的休闲观;合理利用闲暇的能力;休闲行为价值选择判断能力(能表达、积极的态度);休闲过程的情绪情感体验(愉悦感、审美的能力);个人参与休闲活动的技能(创造性的发挥、潜能的实现)。

第二方面,课程内容:休闲教育是终身的。高校实施休闲教育内容要根据教育目标和大学生心理行为特点和实际需要选择。休闲教育内容主要包括休闲意识、休闲价值判断、休闲行为选择、休闲体验和休闲资源利用等。借鉴美国休闲教育经验和我国高等教育实际,休闲教育主要内容如下:

休闲认知:什么是休闲、休闲的本质、特点,引导学生认识自己,了解自己的休闲价值,明确自己的休闲目的。

休闲选择:提高学生自我选择能力,让学生能根据自己的休闲兴趣和休闲能力,做出自己休闲行为的选择判断。

传授休闲知识和技巧,帮助学生提高休闲能力,发挥自己的才能,增强休闲体验。

辅导学生学会利用自身和外部的休闲资源,提高休闲质量。

第三方面,课程实施:原则是以人为本,平等尊重;自主自愿,自我体验;显性隐性,课内课外。途径有以下几条。途径一,独立式。即单一学科式,将休闲教育单独设立一门课程进行,有特定的教学对象、明确的教学目标和系统的教学内容。除了专门的休闲学相关专业开设课程外,开设通识教育或选修课程实施。途径二,渗透式。休闲学属交叉学科,涉及多个学科领域,如文学、史学、哲学、艺术、美学、心理学、社会学、思想政治教育学、体育等。在当前我国高校还没有条件针对全体学生独立开设休闲学课程状况下,可以在上述学科课程中渗透休闲学教育。例如:

哲学:哲学是研究人的本质的,休闲是人的本质内容一部分。休闲学思想源于哲学。中国古代哲学探讨和构建的超然宁静、天人合一思想与休闲学的最高境界相一致。可以在哲学课程中介绍休闲的本质、特征、功能,休闲与工作的关系等。

文学:中国文学史就是一部休闲文化史。诗经、楚辞、汉赋、唐诗、宋词、元曲、明清小说都是休闲文化的创造物。中国古代先哲都将休闲当作生活,更将其提高至人生的最高境界。

美学:美源于生活、源于休闲,休闲产生美,能愉悦身心。"闲"即娴,美也,是一种风度气质之美。休闲实际上也是一种审美活动。

艺术:音乐、美术、建筑等,能唤起人的美感。通过分析油画"父亲"、苏州园林、欧洲的教堂和建筑等,让学生理解和感受意境美。

心理学:休闲的过程是一种体验。心理学可帮助学生体会如何获得那种畅爽感,如何体验快乐和幸福感。

社会学:休闲是一种社会建制,关乎社会和谐。让学生理解,休闲涉及国家政策、法规,涉及伦理、道德,休闲受社会、经济、文化及大众传媒影响。不同阶级、阶层有不同的休闲观念和休闲方式。

体育:休闲最普遍的方式是运动、竞赛等。通过运动休闲技能的学习,学生应学会体验运动休闲带来的快乐、力量。

独立式和渗透式两种教学模式各有特点,独立式的教学,有较完整的课程结构,能将休闲学基础理论和实践技能介绍给学生。但在当前学分紧张、学生学业繁重情况下不可能以必修课方式实施,可尝试做选修课、通识课,由有需要的学生选择。渗透式教学可利用现有学科课程实施,既不增加学生负担和办学成本,又能达成一定教学目标,但难免零碎,不系统。各高校可以根据自己的特点进行选择。

第四方面,课程评价:

课程评价依据:以课程目标的实现为依据。

课程评价主体:管理部门与学生。

课程评价的原则:多元化模式。

课程评价内容:课程的完成情况、教学方法;受教育者的休闲认知、休闲知识、休闲技能和休闲态度的具体变化情况等。

评价方式:阶段性与总结性,或者长、短期相结合。短期:可通过考核、测验和自我观察等方式,如休闲知识掌握、休闲习惯是否养成、休闲活动参与度、休闲满意度等。中长期:可通过调查问卷等方式,对曾经接受过休闲学教育的学生进行,了解其休闲认知、休闲情感、休闲习惯、休闲能力是否有所改善。

第二,课外活动辅导。

课外活动辅导是课堂教学的延伸、拓展、深化,目的是增强休闲活动体验。它也是高校休闲教育的重要组成部分。主要方式是整合校内资源,开展如下活动课程:

培养创新意识、创造能力的科学研究、创业活动,如学科竞赛、兴趣研究等;

促进修身养性、愉悦身心的活动,如影视观赏、音乐欣赏、读书沙龙、瑜伽武术等;

发挥个人才能、培养意志力的活动,如体育比赛、歌唱比赛、演讲比赛、征文活动等;

培养人的闲情逸致,陶冶性情的活动,如社团活动、文体活动、人文旅游等;

增进人际交往互动、人文关怀的活动,如志愿者活动、慈善活动和环保活动等。

第三,休闲氛围营建,休闲文化引导。

大学生休闲活动主要在学校、社区、家庭进行,受一定的休闲文化影响。学校、社会、家庭要形成合力,为大学生休闲意识培养和休闲活动提供精神和物质上的支持。

政府,尤其高教园区(大学城)要致力于休闲软、硬件环境建设,软环境主要体现在积极、健康向上的社会舆论的引导和良好的社会风气的形成;硬环境主要表现在休闲场所、设施、资金的投入。

学校要努力营建全方位的休闲教育氛围,构建和谐的校园文化,引导大学生养成健康高尚的休闲心态,为学生健康休闲创造必要的条件。

家庭是塑造学生个性品质最基本的成长环境。家长要转变观念,学习是孩子的主业,良好的休闲状态同样必不可少。

总之,根据教育"旨在促进人的发展"的内在规定,瞩目于人文休闲素质的培养与提升,以必修课(含思想政治教育、心理健康教育、美学概论、文学鉴赏与评论等课程中渗透休闲学内容)为主干;以选修课、专题辅导课、实践课程为辅助;以课外休闲活动引导与休闲心理辅导为两翼延伸;以培育和推进校园休闲文化为支撑;以休闲设施建设为补充;以休闲教育的综合管理为保障。面向全体大学生,建立一个普及性的大学生休闲素质教育课程体系,并逐步科学化、系统化和规范化。

【相关链接】

《大学生休闲学》教学大纲和教学日历

1.课程的地位与任务。

本课程是以全体大学生为教学对象,以培养大学生休闲素质为基础开设的公共选修课。通过本课程教学,学生应了解什么是休闲、休闲的本质和休闲对人生的意义,帮助学生了解休闲的基本内容、休闲行为的选择和休闲对个体、对社会的影响,引导大学生树立健康的休闲意识,形成并掌握一定的休闲方法和技能,从而潜移默化地增进人文素养、提升人生境界的基础上,帮助大学生发展健全人格,缓解学习、就业压力,提高生活质量。

2. 课程主要内容与基本要求。

第一讲教学内容(导言:休闲——人类美丽的精神家园):(1)何谓休闲? 休闲相关概念;(2)休闲研究的缘起、发展;(3)休闲学的研究对象、研究内容和研究方法;(4)健康休闲对大学生性情的涵养。第一讲基本要求:(1)掌握休闲的基本概念、本质特征;(2)了解休闲研究的缘起、发展;(3)理解休闲学的研究对象、研究内容和研究方法

第二讲教学内容(闲暇——人类休闲的基本前提):(1)何谓闲暇? 闲暇的历史考察;(2)闲暇与休闲、游戏、游憩等相关概念比较;(3)马克思主义闲暇思想;(4)大学生闲暇管理。第二讲基本要求:(1)了解闲暇的概念、性质;(2)熟悉掌握闲暇与休闲的联系、区别;(3)掌握闲暇管理的方法。

第三讲教学内容(休闲动机——人类为什么需要休闲):(1)休闲动机、休闲意识与休闲目的;(2)休闲动机理论和休闲动机类型;(3)休闲障碍;(4)大学生休闲生活满意度。第三讲基本要求:(1)了解人类休闲是基于什么目的;(2)掌握有关休闲动机的理论、休闲动机类型;(3)理解休闲受阻的障碍。

第四讲教学内容(休闲活动——人类休闲的时尚要素):(1)休闲活动基本类型划分和休闲层次划分;(2)饮食、居住的时尚特色;(3)服饰、用品的时尚潮流;(4)娱乐、休憩的时尚元素;(5)旅游、运动的时尚引领;(6)大学生智慧休闲养成。第四讲基本要求:(1)了解休闲活动的类型和层次;(2)掌握休闲活动的文化学意义。

第五讲教学内容 (休闲体验——人类为什么追求心灵之"畅") :(1)何谓体验? 体验的本质和特点;(2)休闲体验的空间与氛围;(3)什么是"畅","畅爽感"的心理分析;(4)大学生性情休闲培育。第五讲基本要求:(1)了解什么是体验;(2)掌握体验的本质、特点;(3)熟悉掌握何谓"畅","畅"的心理特征;(4)理解休闲的美学意义与生命意义。

第六讲教学内容(休闲异化——人类休闲为什么容易导致偏执走向):(1)市场冲动——对休闲本质的扭曲;(2)人际差异——对休闲质量的影响;(3)虚拟空间——对休闲行为的导向;(4)休闲教育——一个常提常新的永恒话题。第六讲基本要求:(1)了解当前日趋严重的娱乐化、庸俗化、消极化休闲倾向及其影响因素;(2)理解自觉端正休闲动机,提高休闲能力对学生的意义。

第七讲教学内容(休闲品质——人类的幸福追求为什么总与之息息相关):(1)休闲改变人类生活(我们生活在休闲时代);(2)休闲与工作关联性的演变;(3)休闲经济在社会发展中的地位;(4)政府对休闲的介入和管理;(5)休闲文化与大学生全面发展。第七讲基本要求:(1)了解休闲与生活、休闲与工作、休闲与社会的关系;(2)熟练掌握如何在品味休闲中享受品质生活的方式方法。

3.课程教学学时安排(32学时,其中课内20学时,课外12学时)。

教学内容	教学时数
第一讲 导言:休闲——"人类美丽的精神家园"	2
第二讲 闲暇——人类休闲的基本前提	3
第三讲 休闲动机——人类为什么需要休闲	3
第四讲 休闲活动——人类休闲的时尚要素	3
第五讲 休闲体验——人类为什么追求心灵之"畅"	3
第六讲 休闲异化——人类休闲为什么容易导致偏执走向	3
第七讲 休闲品质——人类的幸福追求为什么与之息息相关	3

4.实践环节及基本要求。

序号	实验项目	学时	基本要求	实验性质	实验类别
1	志愿者活动项目	4	有爱心,尊重他人,为社会服务	综合	选作
2	审美活动体验	4	读书、音乐沙龙等	综合	选作
3	文化旅游	4	与春游、秋游结合	综合	选作

社会层面的休闲教育具体叙述如下。

成熟国家和地区的做法,一般是政府有专门的主管机构或代管部门,对国民的休闲教育进行指导和管理,行业机构、公益组织、民间团体等都有参与。

第一,国家层面休闲教育:

国家和政府有关部门设立或委托的专门社会教育机构,对国民的休闲生活进行指导和管理。

休闲权是一项公民权。休闲权的落实需要国家在法律、法规和政策上予以保障和落实。比如节假日、年休假、工作法定时间安排等。

休闲教育的发展目标和计划需要政府会同行业组织和社会团体等部门协调制定和组织实施。比如针对不同地区环境特点和文化特色构建的休闲产品和休闲服务,能够从行业规范角度,制定相关的培训和教育内容,让休闲产品提供者和休闲参与者学习。举例来说,乘船出海观看鲸鱼项目,首先要以保护海洋生物和自然生态环境为前提,不能只是考虑眼前商业利益。每天出海的船只要有限制,与鲸鱼出没地点保持的距离也要有所控制。如果出海船只太密集,离鲸鱼太近,会对鲸鱼的生存带来巨大的伤害。当然最理想的状态是人们能有意识觉醒,不再有近距离观看鲸鱼的欲望。希望那一天早点到来!

公共休闲场所和休闲设施,如公园、图书馆、博物馆、美术馆、文化馆、运动场、老年活动中心、青少年活动中心等,涉及国民素质教育,一般要由政府免费提供。同时,政府还应在交通、停车场所等方面提供优质服务;国家公园、湿地、公共绿地、环湖步道等大众休闲场所,政府也要有专门的经费预算,聘请相关人员进行管理;一些涉及文化遗产传承方面的休闲教育,比如京剧、越剧、川剧等传统戏曲,年轻人缺乏学习热情,交响乐、歌剧等高雅艺术的演出活动,缺少观众欣赏,政府可制定相关扶持政策,提供经费支持,鼓励年轻人学习传统戏曲,吸引人们走进音乐大厅。台湾的文化市场丰富多彩,各种演出活动的票价非常亲民,一般低收入阶层都容易接受,学生和残障人士还有很大的优惠。国家音乐厅、戏剧厅几乎每天都有文化活动,世界顶级大师常有演出,演出前后会有音乐普及教育和辅导。文化市场的繁荣意味着社会文明的发展、进步。

第二,行业组织、社会团体及商业机构的休闲教育:

当前,大众已经有了休闲意识和休闲热情,但休闲产业催生下的休闲市场并未提供令人满意的休闲产品和服务。比如,当休闲者选择某个休闲活动时,他是否获得了准确的资讯?相关休闲活动的知识、设施使用和休闲技巧,是否给予他正确的指导?休闲体验的满意度往往是通过休闲产品提供的服务达成的。遗憾的是,休闲者并未达到预期目标。

在眼花缭乱的海量资讯面前,休闲者往往不知如何选择。如果休闲产品提供者能将自己的产品特征做出实事求是的介绍,休闲者就不会出现选择障碍;如果休闲产品提供的设施安全可靠,内容设计新颖、独特,有吸引力,休闲过程中,能对休闲者提供适时的指导,那休闲者一定会从中获得愉快的体验。所以,休闲产品的提供者,承担的是教育者角色。

行业组织可通过行业规范和标准的方式,引导同业者在其提供休闲产品和服务的同时,能跟进休闲教育。透过休闲活动培养休闲者的休闲意识、休闲兴趣和休闲能力,并融入其今后的日常生活中,以提高其生活品质。在休闲活动的带领过程中,活动提供者可主动分享其休闲态度、兴趣和价值观,引导休闲者参与到休闲问题的思考与解惑中,从而增加休闲动机;通过对休闲产品设计主旨、休闲活动目标的介绍,以及休闲方法和休闲技能的指导,激发出休闲者的休闲热情,获得更满意的休闲体验。比如,美国通过立法方式,确定 59 个国家公园为美国最宝贵的历史遗产之一,作为美国全体人的公共财产进行管理和保护。美国国家公园的管理者将"保存风景、自然、历史遗迹和野生生命,并让它们不受损害地传给后代,供人欣赏"的使命感,体现在他们的日常服务工作中。笔者在阿拉斯加遇到一个导游,曾是大公司的高管,一次国家公园游历后,因为热爱和使命感,辞职来做导游。带团过程中,从语言到行为,传递的都是对自然风貌、动植物和历史文化的热爱以及对国家的认同和自豪。这份热情与激情也感染了每一个游客。

家庭休闲教育具体叙述如下。

家庭是人出生后生活的最亲密的场所,是人接受教育的第一个课堂。家庭教育在人的社会化过程中承担着重要责任。人的休闲生活大部分都是与家人一同进行的。家人共同参与休闲可以相互陪伴,相互交流,增加亲密关系。丰富的家庭休闲生活是衡量一个幸福家庭的重要标志。孩子休闲意识、休闲态度、休闲能力的培养,往往是通过家庭休闲生活的潜移默化来完成的。即使是成人的休闲活动,也受家庭休闲文化的影响,因此,提高家人的亲密度、和谐度,构建幸福家庭生活,需要重视家庭休闲教育。

家庭休闲教育的关键首先是父母要养成良好的休闲观念、休闲态度,这样才能对孩子的休闲生活产生重要的影响;其次,家庭要形成良好的休闲习惯,每年要有固定的休闲计划,尽可能落实;最后,家庭成员之间要注重沟通协调,相互尊重,既有考虑适宜老人的休闲活动,又要重视对孩子休闲兴趣和休闲能力的培养,让休闲成为凝聚家庭成员亲密关系的主要方式。

小贴士

一个老外眼中的工作与休闲:休闲中工作,工作中快乐

他先后六次到成都,全部时间加起来有一年零四个月。成都的休闲气质将他同化,使他将研究工作拿到茶馆进行。对成都的深切理解让他给这座城市提出一个新的看法。

瑞士籍德国教授冯铁走过很多个国家的很多个地方,但没有一个地方能像成都这样足以让他被改变。他虽然在成都待的时间并不长,但他的身上已经具有了成都

式休闲的气质。今天上午,他就要飞离成都,但成都这个"具有贵族气质的地方"会让他再次回来,因为他已经是四川大学的客座教授了。

冯铁是德国波鸿鲁尔大学东亚研究系中国语言文学部的教授,精通6个国家的语言。从2005年初到现在,他先后6次来到成都,而且前5次都居住了3个月。昨天下午,在百花潭公园,对成都休闲文化感触颇深的冯铁面对记者,表达出他对"休闲之都"的另一种想法,他说:"休闲两个字其实不足以涵盖成都人的真实状态,如果能换一个词更好,但我确实不知道用哪个词来代替它。"

1.工作可以搬进茶馆里做。

冯铁:工作和休闲都可以放在茶馆里进行,除了成都,这在任何城市都是没有办法做到的。

冯铁是从事比较文学研究的,这次是7月底来的,除了到川大给学生们讲授比较文学和现代文学,他的重心是去寻找收集成都近代和现代作家的手迹,并研究这些作家的教育背景和作品之间的关系。在这半个多月时间中,除了到图书馆查资料外,他会将自己的研究工作放到茶馆里进行。

他住在望江公园附近,那里有个小茶馆,"木桌,竹椅,来的人都是平民,每桌人都有相对独立的空间,聊天的聊天,做事的做事,很放松"。他告诉记者,他初次到成都的时候就发现成都人这种休闲的特质,茶馆这种公共地域不仅是在为大家提供休闲的场所,而且也是工作场所。对于相对自由的职业来说,在茶馆里放一个笔记本电脑,就可以一直在茶馆坐下去。"这里比较安静,我往往一坐就是七八个小时,服务员不会打搅,更不会让我重新付钱。"他说,在写字间工作会有压抑感,人又很紧张,做同样的工作,拿到茶馆里完全不一样,人很放松,反而效率更高。

这种工作方式并不是冯铁自己的发现,而是受到一些成都人的影响,2005年来的时候他就发现一些成都人就是这样在工作,他受到感染,就借鉴了过来。他很快融入茶馆文化中,不工作的时候,他会邀约朋友坐进茶馆聊天,他感到很舒服。他对记者说,他走过中国很多城市,"像成都这种工作和休闲都可以放在茶馆里进行,在任何城市都是没有的。"他给记者介绍了他的朋友,四川文艺出版社的编辑龚明德,"他也是这样在休闲中工作,在工作中休闲,而且很富有创造性,很难得。"

2.川大厨师从工作中找乐趣。

冯铁:能够从自己并不高贵的工作中找到乐趣,这种人不多,而在成都却有很多。

冯铁先后6次到成都,前5次都是3个月,而这次只有半个多月。他对记者说,在中国搞研究,主要居住在北京,但待的时间最长的地方却是成都,"加起来将近有一年零四个月"。之所以在成都待的时间这么长,主要是这里的休闲气质有助于搞研究。另外,对他自己的专业来说寻找资料非常方便,"在抗战时期,成都是大后方,很多文人都将自己的书本送到这里避难,成都成了一个文化聚集地,在这里查各种资料有时候甚至比北京还方便"。

他住在川大附近,又要在川大给学生上课,因此经常在川大内的一个小灶食堂吃饭。他对记者说,他喜欢成都的原因,还与小灶食堂的一个年轻师傅的生活状态有关。他叫不出这个厨师的名字,只叫他"师傅",他们已经成了无话不谈的朋友,"他是成都人的一个缩影,他对生活的态度震撼了我的心灵。"他告诉记者,这个27岁的师傅每天重复着单调的工作,做饭、炒菜,但他随时都很认真,而且快乐,从来没有看到他不开心。"我看得出,他非常喜欢自己的工作,把自己的工作当成一门艺术,他的工资不高,可热爱一门工作与工资无关,他的态度让人感动。"

冯铁仔细了解过这个"师傅"的经历:安徽人,10岁随父母到成都定居,从小就喜欢收集世界各地的菜谱,长大后就成了一个厨师。"如果把'师傅'放到其他城市,他的快乐会很快被压力消磨掉,这些地方压力大,破坏人的心境。"他说,能够从自己并不高贵的工作中找到乐趣,这种人不多,而在成都有很多这样的人,"对生活,我们需要这样的心态。"

3.成都风情,堪比意大利。

冯铁:成都充满生活的情调,喜欢意大利的人一定会喜欢成都。

冯铁被成都"同化"的不仅仅是茶馆和市民平静的心境。空闲的时候,他会和大多数的市民一样,约上几个朋友去郊外的农家乐。龙泉的一个葡萄园是他最乐意去的地方,这里可以找到他童年的乐趣。他小时候跟随祖父母在日内瓦一个湖边生活,那里有葡萄园,他常到葡萄园嬉戏、采摘葡萄、乘凉等,因而去龙泉的葡萄园,他觉得充满亲切感,很悠闲,而很多成都市民也在享受着这样悠闲的生活。

记者问他:"你走过世界上那么多国家,有没有哪座城市和成都的生活方式一样?"他想了很久,说:"成都是一座独特的城市,如果要比较的话,意大利的生活情调与成都很接近。"他说,国外也有休闲这个词,在意大利表现得更为突出,那里的人们很热爱生活,尽管生活休闲,但并不影响他们的创造和发展。

他告诉记者,在20世纪90年代,意大利的生活节奏开始改变,因而人们吃饭也很快,无疑影响了传统的休闲生活,所以出现了一次"反快餐运动",提倡慢餐。他所指的快餐并非麦当劳、肯德基那样的快餐,而是吃饭快,因为吃饭过快,意大利人失去了很多生活情调,所以才出现反快餐运动。他对记者说,成都堪比意大利,是因为充满生活的情调,"喜欢意大利的人,一定喜欢成都。"

2005年冯铁初来成都的时候,他的妻子也来了,而且爱上了这个地方。他和妻子把成都的一切告诉朋友,"我的朋友很多是搞学术的,因为我的介绍,很多人都到过成都,他们和我一样,一边享受生活一边搞研究,两不误。"

4. 成都式休闲 超越单纯休闲。

冯铁:"休闲"这个词没有包含工作,可在成都,工作已经成了休闲的一部分。

为了表达对成都的观点,冯铁说:"除去工作的原因,如果让我选择适宜生活的地方,那一定是成都。"他说,他到国内一些城市查找研究资料,"只有成都人的服务态度真正让我深受感动,我的理解是,好多地方的气候太冷或太热,会影响人的心情,而成都的气候温和,人也变得温和。与成都接触几次后我不难理解这座城市的包容性。"他的语言非常真挚。

成都被称为"休闲之都",可冯铁对用"休闲"一词来概括成都的生活和工作有不同的看法。他对记者说,休闲这个词,更多地表现为旅游、玩耍,而成都的休闲不仅仅是游玩,"成都人把工作也拿到休闲的场所做,而且做得很好,工作已经成了休闲的一部分,显然'休闲'这个词是没有包含工作的。"他说,"如果能用另外一个词来代替也许会更好。"至于用什么样的词汇来代替"休闲"这个词,他想了很久,说:"非常遗憾,我暂时还找不出一个词能涵盖休闲和工作,可成都的生活和工作方式确实是超越了'休闲'这个词的。"

冯铁还给成都旅游提出了建议,他说,现在很多外国朋友来成都,可他们获得的旅游资料上,英文介绍只有短短的两页纸,"应该出英文书,让外国朋友对成都有更深的认识"。

在采访过程中,正好四川师范大学旅游学院教授谢元鲁从百花潭公园经过,他停下来听记者与冯铁聊天。记者向他请教关于旅游书籍的事情,他告诉记者,其实成都出了很多个版本的英文旅游书籍,"很多都是赠送,市场上确实卖得少。"他认为,确实应该出一些全面阐述成都旅游文化的英文书籍,让外国朋友都能买到,这些书不光是纪念,还能带动很多外国朋友走进成都。

今天上午,冯铁将从双流国际机场直飞阿姆斯特丹,他的家离阿姆斯特丹只有2小时路程,他说:"飞机上是8个小时,加上2小时回家,其实我家离成都很近! 成都的地理位置,仿佛占据了天堂的中心,这里有生活气息,又具有贵族气质,我很快就会回来。"

(摘自新浪网,http://news.sina.com.cn/o/2007-08-16/072012393387s.shtml。)

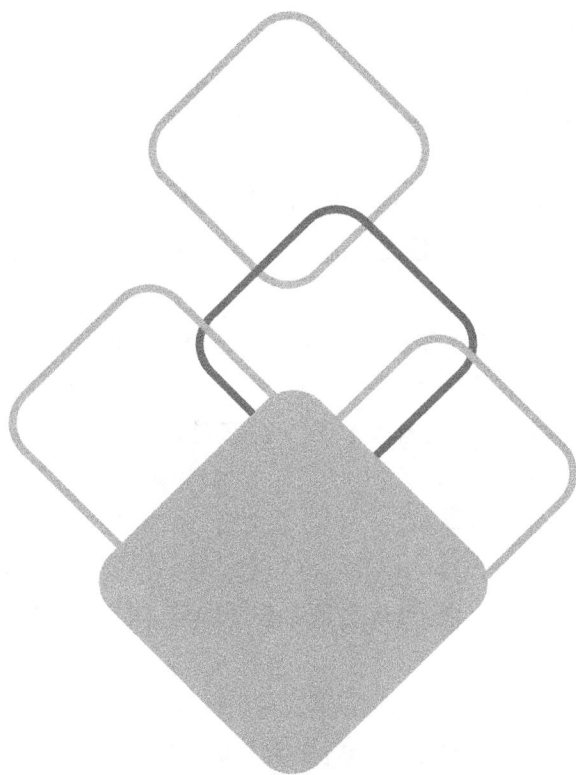

参 考 文 献

[1] 于光远.论普遍有闲的社会[M].北京:中国经济出版社,2005.

[2] 马惠娣.休闲:人类美好的精神家园[M].北京:中国经济出版社,2004.

[3] 马惠娣,张景安.中国公众休闲状况调查[M].北京:中国经济出版社,2004.

[4] 于光远,马惠娣.于光远马惠娣十年对话:关于休闲学研究的基本问题[M].重庆:重庆大学出版社,2008.

[5] 凡勃伦.有闲阶级论:关于制度的经济研究[M].蔡受百,译.北京:商务印书馆,1964.

[6] 凯利.走向自由:休闲社会学新论[M].赵冉,译.昆明:云南人民出版社,2000.

[7] 戈比.你生命中的休闲[M].康筝,译.昆明:云南人民出版社,2000.

[8] 古德尔,戈比.人类思想史上的休闲[M].成素梅,等,译.昆明:云南人民出版社,2000.

[9] 戈比.21世纪的休闲与休闲服务[M].张春波,译.昆明:云南人民出版社,2000.

[10] 阿荷拉.休闲社会心理学[M].谢彦君,等,译.北京:中国旅游出版社,2010.

[11] 马斯洛.存在心理学探秘[M].李文湉,译.昆明:云南人民出版社,1987.

[12] 马斯洛.动机与人格[M].许金声,程朝翔,译.北京:华夏出版社,1987.

[13] 契克森米哈赖.心流:最优体验心理学[M].张定绮,译.北京:中信出版社,2017.

[14] 伽达默尔.真理与方法[M].洪汉鼎,译.上海:上海译文出版社,2004.

[15] 爱丁顿,陈彼得.休闲:一种转变的力量[M].李一,译.杭州:浙江大学出版社,2009.

[16] 杰克逊.休闲与生活质量[M].刘慧梅,刘晓杰,译.杭州:浙江大学出版社,2009.

[17] 埃廷顿,乔顿,道格拉夫,等.休闲与生活满意度[M].杜永明,译.北京:中国经济出版社,2009.

[18] 赫伊津哈.游戏的人:文化中游戏成分的研究[M].何道宽,译.广州:花城出版社,2017.

[19] 埃金顿,等.休闲项目策划:以服务为中心的利益方法[M].李昕,译.重庆:重庆大学出版社,2010.

[20] 马克思恩格斯全集[M].北京:人民出版社,1979.

[21] 亚里士多德.形而上学[M].吴寿彭,译.北京:商务印书馆,1959.

［22］斯密.国富论［M］.郭大力,王亚南,译.北京:商务印书馆,1999.

［23］杜宁.多少算够:消费社会与地球的未来［M］. 毕聿,译.长春:吉林人民出版社,1997 .

［24］马尔库塞.单向度的人［M］.刘继,译.上海:上海译文出版社,2006.

［25］弗罗姆.健全的社会［M］.王大庆,等,译.北京:国际文化出版公司 ,2007.

［26］叶澜,郑金洲,卜玉华.教育理论与学校实践［M］.北京:高等教育出版社,2000.

［27］林语堂.生活的艺术［M］.北京:群言出版社,2010.

［28］刘海春.生命与休闲教育［M］.北京:人民出版社,2008.

［29］刘德谦,高舜礼,宋瑞,等.2010 年中国休闲发展报告［M］.北京:社会科学文献出版社,2010.

［30］吕勤.城市居民休闲行为的实证研究［M］.北京:中国旅游出版社,2008.

［31］李仲广,卢昌崇.基础休闲学［M］.北京:社会科学文献出版社,2004.

［32］章海荣,方起东.休闲学概论［M］.昆明:云南大学出版社,2005.

［33］张维亚,汤澍. 休闲学概论［M］.大连:东北财经大学出版社,2013.

［34］冯铁蕾.大学生心理学原理与应用［M］.北京:中国计量出版社,2010.

［35］郭元祥.生活与教育:回归生活世界的基础教育论纲［M］.武汉:华中师范大学出版社,2002.

［36］马惠娣.人类文化思想史中的休闲:历史·文化·哲学的视角［J］.自然辩证法研究,2003,19(1).

［37］马惠娣,刘耳.西方休闲学研究述评［J］.自然辩证法研究,2001,17(5).

［38］马惠娣.文化精神之域的休闲理论初探［J］.齐鲁学刊,1998 (3).

［39］张伟胜.自由与人的本质［J］.浙江社会科学,2004(5).

［40］楼嘉军.试论休闲发展的趋势及其对策［J］.旅游科学,2004(3).

［41］郑怡清,朱立新.上海市民休闲行为研究［J］.旅游科学.2006(2).

［42］金倩,楼嘉军.武汉市居民休闲方式选择倾向及特征研究［J］.旅游学刊,2006,21(1).

［43］王树生.当代中国休闲文化面临的挑战及应对策略:一种文化社会学的分析视角［J］.黑龙江社会科学,2005(3).

［44］秦学.广州市民休闲生活的调查与研究［J］.消费经济,2005,21(6).

［45］张广瑞,宋瑞.关于休闲的研究［J］.社会科学家,2001(5).

［46］张玉勤.休闲体验塑造"现代新感性"［J］.自然辩证法研究,2003,19(5).

［47］高晓玲.感受就是一种知识［J］.外国文学评论,2008(3).

[48] 冯铁蕾. 感悟生命品味休闲:关于当代大学生休闲文化的思考[J]. 现代教育科学,2012(1).

[49] 宋瑞,金准. 休闲与主观幸福感:西方研究述评[J]. 杭州师范大学学报(社会科学版),2015(6).

[50] 李粉,廖红君. 休闲、收入与城镇居民幸福感:来自中国家庭追踪调查的证据[J]. 人口与经济,2018(1).

[51] DAMAZEDITER J . Curent problems of the sociology of leisure [J]. International social science journal,2012.

[52] PIEREE R . Dimensions of leisure 111:charaeterjstjes [J]. Journal of Leisure Researeh,1980(12).

[53] NEULINGER J . To leisure:an introduction [M]. Boston:Allyn and Bacon,1981.

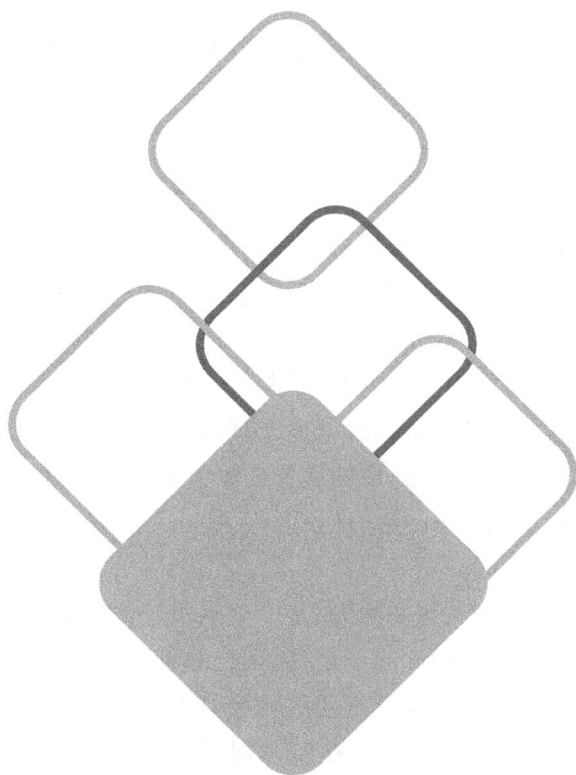

附　录

附录 I

杭州城市文化与市民休闲方式选择倾向及影响因素研究

一、城市足迹

生活在被誉为"人间天堂"的城市——杭州,是一生之幸事。

杭州位于祖国大陆东南沿海、长江中下游平原,北连烟波浩渺的太湖,南临波澜壮阔的钱塘江,西接峰峦叠翠的天目群山,东滨杭州湾。杭州现辖十区(上城、下城、江干、拱墅、西湖、滨江、萧山、余杭、富阳、临安),两县(桐庐、淳安),一市(建德);2016年,市区常住人口918.80万。

杭州是浙江省政治、经济、文化与交通中心。素有"鱼米之乡""丝绸之府""休闲之都"美誉,多次被评为最适宜居住的城市,2017年被评为中国最具幸福感的城市。杭州是令人向往的风景旅游城市、中国历史文化名城。但是,有多少人知道,这座美丽的城市,曾经与西湖、钱塘江一起,连接大海,是一片茫茫的海湾呢?

1. 依稀史前与文明曙光

远古时代,今天的杭州城区和西湖,是一个浅浅的海湾,与钱塘江相连,沉浸在水里,是一片汪洋,唯有几座山峰露出水面,西北是北高峰、老和山,东南是凤凰山、吴山,两者相对而望,成为环抱这湾海水的两个岬角;西南是飞来峰、南高峰和青龙山,三面群山环抱,整个海湾呈马蹄形。随着时间的推移,群山奔泻而出的泉水,夹裹着泥沙、石块,在海湾附近沉积下来,慢慢形成陆地;奔腾涌来的钱塘江潮水也夹带着泥沙,沉积在两岬前端,泥沙越积越多,海湾日渐浅小,最终把海湾和大海分割开来,内侧的海水就形成了一个湖,地质学称这种现象为"潟湖"。起初,该湖仍然随海潮出没,处于若有若无之间。以后,经多次修筑海塘阻挡海水,加之海平面下降,才形成现在的杭州陆地和西湖。唐朝以后,西湖的水才开始变淡。著名作家王旭烽曾说杭州是"水世界上漂来的城"。[①]

杭州是长江流域中华文明的发源地。大约在距今五万年前,杭州就有人类活动的踪迹。在七八千年前,生活在今天萧山跨湖桥边的杭州先民就进入了新石器时代,当时的社会已进入耜耕农业时代。1936年,一个在西湖博物馆供职的24岁小青

---

① 王旭烽.杭州史话[M].杭州:杭州出版社,2000.

年施昕更,听说其家乡良渚经常有黑陶片出现,便几次前去考察、发掘,认定这是一个早期原始人类活动的遗址。1959 年,良渚遗址被正式命名为"良渚文化",属于新石器晚期,四五千年前,就有人定居在此,并创造了灿烂的文化。"良渚文化"成为杭州历史发展的第一个高峰。

"良渚文化"不仅是杭州历史发展的第一个高峰,也是中华文明的曙光。虽然我们说中国有五千年文明史,但一直没有实证。良渚遗址经多次发掘,不仅出土了大量黑陶,还有很多精美的玉器,如镰、镞、矛、穿孔斧、穿孔刀等,磨制精致,特别是石犁和耘田器的使用,说明当时已进入犁耕阶段;象征财富的玉璧、象征神权的玉琮和象征军权的玉钺,为人们研究阶级的起源提供了佐证。大量考古资料表明,"良渚文化中心遗址是一个具有早期城市形态的大型聚落遗址,规模和品质全世界罕见,在人类文明史上具有唯一性和特别的重要性。"可以说,"良渚文化"是"最有可能成为中国 5000 年文明史实证的"。①

2.城市传说与建制演变

我们生活的这个城市,过去不叫杭州。她有着美丽的传说并经历了一个复杂的建制演变过程。

"杭"同"航",有"渡船""方舟"之意。《正字通·木部》:"杭,与斻,航同。"楚辞《九章·惜诵》里的"昔余梦登天兮,魂中道而无杭"。这里的"杭,度也"。②

"方舟"往往也被解释为几条船并在一起,有"浮桥"之意,《水经注·江水》中说:"溪广二百步,上立杭以相通……"其"杭"即浮桥的意思。关于杭州的由来,史书中记载着两种传说:一是,大禹治水,到东南巡视,请各路诸侯到会稽山聚会,一路水行,来到今天杭州所在地,在此舍航登陆,航通杭,此地称"禹杭",民间讹传为"余杭",以后该地成为这个城市建立州治的地方。二是,秦始皇统一中国后,公元前210年出巡南方,曾至此,并准备从这里渡江北上会稽。由于江面辽阔,波涛凶险,渡不过去,秦始皇便把船停在宝石山下,将缆绳系在一块临江的大石头上,后世将这块大石称为"秦始皇缆绳石",并雕刻成半身佛像,在后面修了庙堂,即现在葛岭的大佛院,据说那块大石上还有缆绳的印记。为了寻找合适的渡口,秦始皇登上一座小山(今将台山),举目眺望,实在找不到可渡之处,只好溯江西行一百二十里到今富阳一带江面狭窄处渡江,后人将他登的那座山称为秦望山。东晋时人顾夷认为秦始皇渡江北上会稽时,曾在此舍航登陆,"杭""航"通用,此地称余杭。

从大禹治水的夏代到春秋时期,杭州一直是越国故地的一部分。战国时越国为楚国所灭,杭州又纳入楚国的版图。

① 周膺,吴晶.中国 5000 年第一证:良渚文化与良渚古国[M].杭州:浙江大学出版社,2004.
② 汉语大字典编辑委员会.汉语大字典[M].武汉:湖北辞书出版社,1995.

　　秦始皇统一中国后,把全国划分为三十六郡,后又增至四十郡。在吴、越故地设置了会稽郡,会稽郡的治所设在原战国吴国的都城吴县(今江苏苏州),下属二十六个县,现在的杭州是其中之一,称钱唐县。钱唐县县治所在地为灵隐山下,相传灵隐山山林密布,经常有老虎出没,又叫"虎林山"。唐朝时,为避唐高祖的祖父李虎之讳,改为武林山,所以,武林又是杭州的别名。之所以叫钱唐,据传,从武林山涌泻下的水,称武林水,又称泉水或钱水,因钱水与江海相通,为防止潮汐冲淹,人们筑起一条塘堤,取名钱唐,古时"唐""塘"通用。唐朝时,为避讳,改为钱塘。钱唐这一名称第一次出现在史书上就是伴随着秦始皇的出游。《史记·秦始皇本纪》载:秦始皇三十七年,东巡会稽,"过丹阳,至钱唐,临浙江"。这是钱唐之名最早见于正史记载。[①]

　　到了西汉,钱唐仍属会稽郡,但它的地位逐渐重要起来。西汉末年,王莽篡权改制时,把钱唐改为"泉亭"。东汉建立后,光武帝又恢复钱唐旧名。顺帝时,由于南方经济的发展与钱塘江航运的兴起,开始以江为界,把会稽郡一分为二,在江北增设吴郡(治所在今江苏省苏州),江南仍属会稽。钱唐县隶属于吴郡,治所仍在吴县。

　　魏晋南北朝,中国历史进入一个300多年的分裂对峙时期。

　　三国时,钱唐县属吴国,并为吴郡都尉治,隶属扬州。

　　两晋,钱唐县仍属吴郡,隶属扬州。南朝陈后主时(587年),置钱唐郡,隶属吴州。郡辖钱唐、富阳、新城、於潜4县。

　　隋朝统一后,废除郡制,实行州县二级制。隋文帝开皇九年(589年),灭陈,废钱唐郡,并桐庐、新城入钱唐县,割吴郡盐官(今海宁)、吴兴郡余杭,及富阳、於潜共5县置州,因附近有余杭,所以取名为"杭州",杭州之名始此。州治始设余杭县,次年迁至钱唐县,在凤凰山下的柳浦,即现在杭州市的南端江干一带。后杭州又重新设置为余杭郡,治所仍在钱唐县。

　　唐初罢郡为州。高祖武德四年(621年),改余杭郡置杭州,为避国号讳,改钱唐县为钱塘县,辖钱塘、余杭、富阳、於潜4县;至唐末,杭州辖钱塘、富阳、余杭、於潜、盐官、新城、临安、唐山、桐庐9县。

　　五代十国时期,原唐朝镇海节度使、杭州人钱镠建立吴越国,定都杭州,称为"西府"。吴越国共传五王,历时七十二年。

　　靖康之难以后,宋高宗逃到江南建立南宋王朝,绍兴二年(1132年)定都杭州,称为"临安"。南宋王朝共传九帝,历时一百五十三年。

　　元改临安府为杭州路。

　　明、清又改为杭州府。其间行政区域变化不大,至清末,杭州府辖钱塘、仁和、余

　　① 杭州市地方志编纂委员会.杭州市志[M].北京:中华书局,2001.

杭、临安、於潜、昌化、富阳、新城 8 县和海宁州。

民国元年(1912 年)2 月,废杭州府,以原钱塘、仁和县地并置杭县,直属浙江省,并为省会所在地。

民国十六年(1927 年)5 月,划杭县所属城区等地设杭州市,杭州置市始此。1949 年 5 月 3 日,杭州解放,杭州市为浙江省直辖市,并为浙江省省会。后经多次调整建制,2017 年,杭州形成现在的十区两县及一县级市。

3. 从"山中小县"到"东南名郡"

杭州最早建置为钱唐县。自秦汉至六朝,杭州始终为一山中小县——钱唐县,历时八百年之久。自隋至唐,杭州渐趋繁荣,城邑逐渐扩展,最终成为"咽喉吴越、势雄将海"的东南名郡。

公元前 222 年,秦灭楚后,在今天的杭州设置钱唐县,隶属会稽郡。最早对钱唐县设置做历史记载的是南朝刘宋元嘉年间的县令刘道真,他在《钱唐记》中说:"昔一境逼近江流,而县在灵隐山下,至今基址犹存。"郦道元在《水经注》中记载:"浙江又东迳灵隐山……山下有钱唐故县。"清人倪播在《神州方史考》中又考证说,钱唐故县的范围大致是:南至五云山麓的江边徐村、范村(即梵村),西北至栗山石人岭和西溪,东大约到宝石山麓的大佛附近。这一带环绕着灵隐、天竺等南北诸峰(汉时通称为武林山),数千户人家散居其间,是个山中小县。

钱唐县没有建立在开阔的平原地区,一直局促在蜿蜒不平的群山之中,主要是自然环境所致。很久以来,平原地区遭受潮水侵袭,土地斥卤,淡水缺乏,人们最基本的生活所需不能保证。直到后来开始修建"防海大塘",筑堤排水,改造农田,平原地区经过沧海桑田后,大约从东汉到南北朝时期,钱唐县县治才逐渐依靠着从今白塔岭到凤凰山这条沿江分布的山麓线向平原一带迁移。这一带,南临江海,北靠山丘,既能发挥平原的地利,垦殖发展农业,又未远离山区,山坡和山麓地带,可以建立宫室和聚落,而燃料和淡水都不匮乏。从秦朝开始的八百年间,钱唐县始终是山中小县。虽然南朝陈祯明元年(587 年)曾将钱唐置郡,但其依然被认为是一县之地。

钱唐县从山中一路走来,成为东南名郡,起始于隋朝,得益于唐朝。

隋开皇九年(589 年),隋文帝杨坚灭陈,结束了东晋以来长期分裂的局面,中国再度统一。隋朝废除钱唐郡,设置杭州,州治在余杭,钱唐成了杭州的属县。杭州之名从此出现于史书。一年后,州治从余杭迁至钱唐,又把原来的新城(今浙江富阳市新登镇)、海盐也并入钱唐,扩大了地域;不久,州治又迁至柳浦西,即现在的杭州江干一带。这一地区背依山麓,面向大江,江干是江边之意。杭州城依山而建,州城方圆达"三十六里九十步"。因该山走势呈南北向延伸,宛若凤凰展翅东飞,故为凤凰山,凤凰山因而成为杭州的发祥地,以后的吴越都城、南宋皇城都建于此。

隋朝统治时间虽短,但对杭州正式成为一个城市,却起了奠基作用。有人说,没有隋朝就没有杭州。隋朝对杭州的贡献主要表现在两件事上:

一是前面所说的,是隋朝开始在杭州设州、移治、筑城的,开皇十一年(591 年),大臣杨素调集民工依凤凰山筑起州城,奠定了杭州在中国乃至世界城市发展史上的地位。城垣的兴建,有利于都市的安全与经济的发展,杭州从此由一山中小县成为雄踞东南的繁华名郡。

再一件事是隋炀帝大业六年(610 年),以杭州为南端终点的京杭大运河的竣工通航。

公元 581 年,隋朝定都长安后,东南还处于陈朝统治中,为了调兵遣将以完成统一大业,也为了从已开始富庶的江南征调粮草,以拯救长期处于战乱而粮食匮乏的秦川大地,隋文帝决定修筑运河。运河,顾名思义,运送东西的河。运河北起涿郡(今北京),南到余杭(今杭州),全长 1794 千米,比苏伊士运河长 10 倍,比巴拿马运河长 20 倍,是世界上开凿最早、最长的人工河。它沟通了海河、淮河、黄河、长江、钱塘江五大水系,对我国南北航运的畅通有重大的贡献。大运河的通航,极大地促进了我国南北的经济、文化交流,同时,也哺育了杭州,使之成为美丽富饶、贸易繁盛的重要商业城市,而且,杭州开始进入世人视野,为日后的繁荣发展,奠定了基础。

杭州步入世人眼帘,成为著名城市,应该说始于中国古代封建社会发展的鼎盛时期——唐朝。唐朝历经近三百年,实行州、县两级制,公元 7 世纪,全国有 358 个州,州长称刺史,杭州是其中之一;全国有 1551 个县,钱唐县是其中之一,为避讳,这时开始改为钱塘县。

唐朝时,为加强中央对地方的控制,也曾经设"道",作为监察机构,辖若干州,杭州始属江南东道;肃宗时江南东道分置浙江东道、浙江西道两节度使,杭州属浙江西道;昭宗时升杭州为大都督府。中唐以后杭州人口有较大增长,遂以"东南名郡"见称于世。唐贞观(627—649 年),杭州统辖 5 个县,户 30571,人口 153720;天宝元年(742 年)杭州复改为余杭郡;天宝年间,余杭郡管辖 9 个县,户 86258,人口 585963。[①]

杭州在唐朝渐渐繁荣起来。

唐朝中叶北方爆发了安史之乱,北方人口大规模南迁,推动了江南经济的进一步发展,而北方经济由于战乱受到了严重破坏,所以到唐朝后半期南方经济就开始超过北方,都城长安所需要的粮食几乎全要依赖江南。唐肃宗时江南每年向长安漕运谷物一百余万斛,租赋出于天下,而江南十居其九。

---

① 杭州市地方志编纂委员会.杭州市志[M].北京:中华书局,2001.

　　封建社会的经济基础主要是农业,而农业赖以依托的是水利建设,所以封建历代各级官员最大的政绩是兴修水利,一方面为农业灌溉,另一方面满足人们的日常生活所需。杭州的历任刺史也不例外,最典型的当数李泌、白居易。

　　关于李泌,南宋周淙在《乾道临安志》这样记载:"李泌,字长源,代宗朝为杭州刺史,引湖水入城,为六井以利民,为政有风绩。"据说,李泌从小聪明,博古通经,能诗会文,一生经历了唐朝的四个皇帝,从政四十七年。唐德宗建中二年(781 年)任杭州刺史,历时二十八个月。他到杭州任上,碰到一个棘手的问题,即居民的饮水问题。我们知道,杭州城区是由浅海湾演变的陆地,地下水咸苦,不能饮用,杭城居民饮水一直成为一大问题,一般要到西湖汲水。可杭州自隋建州后,城市日益发展,至唐开元年间人口已达 8.6 万余户。由于用水不便,不少人搬到有水的边缘地区,城里的人家开始减少,这样就影响了城市的发展。李泌任杭州刺史后,发现西湖水清淡可口,又有泉眼数十道潜流地下,决定引西湖水入城。他发动居民在西湖边(今湖滨一带)挖了六个输水口,自涌金门至钱塘门分置水闸,掘地为沟,沟内砌石槽,石槽内安装竹管(至北宋改用瓦筒),引西湖水至城内各地,并置六个出水口,即西井、金牛池、方井、白龟池、小方井、相国井,俗称六井。这种井类似地下小蓄水池,面积较大,水量较多,解决了城中居民的饮水问题,促进了城市的进一步发展,为怀念李泌,人们在杭州热闹的解放路井亭桥口建立祠堂,因其当过丞相,故称相国祠,并立有石碑,以供后人凭吊。

　　今天,当我们漫步白堤,尽情地享受着水光潋滟、山色空蒙的西湖美景时,不由自主地会想到唐代大诗人白居易。白居易于长庆二年(822 年)任杭州刺史,时年五十岁。到任后,他了解到,西湖(当时叫钱塘湖)年久失修,遇到大雨,湖水漫出,殃及百姓;若遭干旱,湖水干涸,导致数千顷良田枯干。为此,他力排众议,发动民工修筑了一道从钱塘门至武林门的湖堤,湖堤把钱塘湖一分为二,堤内为上湖(即今西湖),堤外为下湖(今已湮为市区),并设立水闸,调节水位,平时蓄水,旱时灌溉。湖堤建成后,白居易特地写了一篇《钱塘湖石记》的石碑,详细记述了堤的功用,蓄水、放水和保护堤岸的方法,刻在石碑上,立在湖边。这条湖堤的兴筑,不仅对人民的生活与农田灌溉起了积极作用,而且对美化西湖有重要影响。虽然目前这条堤坝已不复存在,如今仅剩圣塘闸桥亭遗迹,但念及白居易筑堤的功绩,人们把当时已存的另一条堤——白沙堤改名为"白堤",白堤也成为西湖胜景之一。西湖这一名称来自白居易的《西湖晚归回望孤山寺赠诸客》《杭州回舫》两首诗。白居易在任三年,给杭州留下了永久的记忆:西湖美名、白堤美景,还有那脍炙人口的绝妙词——《忆江南》:

　　江南好,风景旧曾谙。日出江花红似火,春来江水绿如蓝。能不忆江南!
　　江南忆,最忆是杭州。山寺月中寻桂子,郡亭枕上看潮头。何日更重游!

杭州经济发展还体现于丝绸业及贸易的发达。唐后期的丝织品已主要依赖南方,尤其是杭州的丝绸。当时,白居易还写诗称赞杭州的绫,"红袖织绫夸柿蒂,青旗沽酒趁梨花",指的就是杭州女红织造的有柿蒂花纹图案的绫是最好的。杭州贸易的兴旺从唐代著名文人李华所说的"骈樯二十里,开肆三万室"就可见一斑。

杭州的兴盛,还体现在城区的扩大上。唐朝时城区从原来的城南江干一带向北延伸至武林门。城南江干成为海外贸易的码头,城北武林门一带,则因大运河的通航而成为附近州县货物的集散地。至晚唐,杭州已成为"咽喉吴越,势雄江海"的东南名郡了。

唐末藩镇割据,争战不休,造成了北方"五代"、南方"十国"的分裂局面。伴随着唐朝的灭亡,曾在镇压黄巢起义中发迹的镇海节度使钱镠,趁势割据东南,建立了"十国"中的吴越国,定都杭州,杭州第一次成为国都,跻身于文明古都行列。吴越都城时代,也成为杭州历史发展的第二个高峰。

钱镠(852－932 年),浙江临安人,出身低微。十六岁时就以贩盐为生,当时贩盐属走私行为,若达到一定数量,罪该当诛,没有能耐是很难坚持的。多年的磨难,练就了他一身胆识。二十一岁时投入戎马生涯,身经百战,深得上司赏识,公元 893年升为唐镇海节度使。五代时被后梁册封为吴越国国王,定都杭州。

钱镠能雄踞一方,一方面靠金戈铁马、智勇双全、文韬武略;另一方面在于深谋远虑、审时度势,顾全大局。可以说,他是封建社会少有的明智之君。五代时,战争频繁,天下大乱,唯吴越国前后七十余年间没有战争,社会稳定,经济繁荣,百姓安居乐业。在"善事中国,保境安民"基本国策的指导下,吴越国大力发展农田水利基本建设,重点整治了钱塘江流域和太湖流域。为防止江潮冲击,开平四年(910 年),钱王增调军民数十万在钱塘江沿江北岸,从六和塔到艮山门开展了气壮山河的水利大作战,筑起了一道长 11000 千米左右的捍海石塘,并在附近种草植树,修建亭阁,既是防护林,又是景观带。从此,根治了杭州城的潮浸之患,也留下了"钱王射潮"的美丽传说,从而把吴越建成了鱼米之乡。《十国春秋》记载说:"钱塘富庶,由是盛于东南。"

钱镠带领军民五次扩建杭城。公元 907 年,曾有术士向其献策说,如果在旧基扩建,国祚只有百年,如填西湖更建,可以延长十倍,钱镠回答说,百姓靠湖水为生,无水即无民,哪有千年不变的真主?有国百年就心满意足了。他不仅不填湖,还疏浚西湖、运河,使之成为滋养千年的城市生命之水。城池依然选择在凤凰山麓原来的城址,向西湖以东扩展,分为子城、夹城、罗城三重。子城为宫城,在凤凰山下,有南北二门;夹城周围五十余里;罗城为外城,周围七十里,因形状像一个腰鼓又称"腰鼓城"。

吴越时,佛教盛行,境内广修寺院,如昭庆寺、净慈寺,还有雷峰塔、六和塔、白塔、保俶塔等。杭州成为东南著名的"佛都"。

正因为钱王的胆识、开明,才出现了著名文学家欧阳修在《有美堂记》里所说的"钱塘自五代时,不被干戈,今其民富足安乐,又其习俗工巧,邑屋华丽,盖十万余家,环以湖山,左右映带,而闽商海贾,风帆海舶,出入于江涛浩渺,烟云杳霭之间,可谓盛矣"的兴旺景象。吴越都朝时代,开始了杭州里程碑似的发展,并为日后筑就"上有天堂,下有苏杭"的美名奠定了基础。生活在"天堂"的百姓如果感到舒适惬意,应该感谢钱王的远见卓识。

公元960年,赵匡胤在陈桥发动兵变,建立了宋朝。公元978年,吴越王钱弘俶顺应潮流,放弃割据,归顺宋王朝,杭州又降为地方政权。

靖康二年(1127年),金兵攻陷宋朝都城汴京(现开封),皇帝钦宗及皇室成员被俘,北宋政权灭亡。太上皇徽宗第九个儿子赵构恰巧在外,躲过一劫,在旧臣拥戴下称帝高宗,1138年迁都杭州,定名临安,史称南宋。杭州开始作为南宋都城,成为当时中国的政治、经济、文化、科技中心,作为世界最繁华的大都市之一,名扬天下。南宋历时150年左右,南宋帝都临安府成为杭州历史发展的第三个高峰。

皇宫依然建在凤凰山一带,有内外两城。内城即皇城、宫城,又称"大内"。建在凤凰山上,北起凤山门,南到江岸,东到候潮门,西到万松岭,周围九里。囿于火灾,南宋皇宫已荡然无存,我们现在对其的了解,也只能借助时人的笔述。钱塘人吴自牧在《梦粱录》中这样描述:"大内(皇城)正门曰丽正,其门有三,皆金钉朱户,画栋雕甍,覆以铜瓦,镌镂龙凤飞骧之状,巍峨壮丽,光耀溢目。"南宋灭亡时,曾游览过皇宫的意大利人马可波罗回国后,在其游记中这样写道:"宫殿规模之大,在全世界可以称最……皇宫周围十里,环以高峻之城垣,垣内为花园,可谓极世间华丽快乐之能事,园内所植俱为极美丽之果园。园中有喷泉无数,又有小湖,湖中鱼鳖充牣。中央为皇宫,一宏大之建筑也……大殿以外尚有华美之大厅一千间,俱绘以金碧杂色……遇祭神之日,法克佛王(南宋君王)于大殿上赐大臣亲贵及行在富商以盛宴。大殿可容一万人会餐。"

外城的规模与吴越时的罗城差不多,南到吴山,北到武林门,东临钱塘江,西临西湖。四周筑有城墙,开十三门,门外建有瓮城或在门上修有门楼。杭州城内还开通了一条贯通南北的大街,称为御街,是外城的中心大道,长达三四千米,把杭城分为两大部分,中间是御道,用三万五千块巨形石板铺成,长四五千米,宽二百步;御道两边是用砖石砌成的河道,河里种植荷花,河岸遍栽桃李,盛夏之际,望之如绣。河道之外的走廊,才是市民百姓行走之路。其遗址在今天的中山路。另一条南北向大街后市街在御街西面。几条东西走向的大街与御街互相交错;街道中间有坊、厢,为市民居住区,但已没有了坊门和坊墙,说明南宋的城市生活比汉唐活跃得多,已不禁夜。

杭州人口稠密,南宋初孝宗时已达 261000 户,人口 552000;南宋末年更激增到 391000 户,124 万多人口。南宋耐得翁在《都城纪胜》中记述了杭州人烟的稠密,说官城以外的东、西、北三处各数十里,人烟生聚,市井坊陌,数日都行走不尽,各可比一座较小的州郡。

杭州经济发达,商业繁荣,在全国可谓首屈一指。

杭州的造船、陶瓷、纺织、造纸、印刷、酿酒、食品等行业都很发达。其中在吴越时就很兴盛的雕版印刷业更是突出,当时国子监重新刊刻群书,作为范本颁行各地,各府衙也多组织刻书,印刷业大盛。官刻本书籍做工严谨细致,纸质考究,文字精美,印刷清晰,信誉很高。私家书坊有 20 多家,刊刻各种名人文集及笔记小说、佛经佛像等,墨色香淡,刀法极为讲究。南宋官窑瓷器更享有"瓷器明珠"之美誉。

杭州的商业四通八达,远到大食(今阿拉伯)、占城(今越南中部)。每到香市和科举考试,来杭旅游的人达 20 多万,杭州与 50 多个国家和地区有使节往来及贸易关系。那时店铺林立,今官巷口至羊坝头一带,是最热闹的街区。城内的市店有早市、夜市,以及各种各样的专门行市,如药市、金银市、珍珠市、丝锦市、生帛市、冠市、衣市、花市、肉市、米市、鱼行、菜行、菱行等。当时还有专销外地名产的店铺,如水巷桥河下的温州漆器铺等。此外还有同一行业定期聚集在同一街坊设摊销售的"街市",如城北的米市(今米市巷)、江干的柴市(今柴木巷)、东青门外的菜市(今菜市桥附近)及城西的鱼市等,生意兴隆,物货充足。服务业也较为昌盛,各种茶坊、酒肆、食店遍布全城,名目繁多的吃食不计其数。供市民娱乐的"瓦市"也有 20 多处。

伴随着经济的发展,杭州的文化教育事业也呈现出一派欣欣向荣的景象。南宋的最高学府太学,是以抗金英雄岳飞的住宅扩建而成的,故址约在原浙江医科大学附近。学生多时两三千人。当时,天下士子荟萃,学术繁荣,尤其是文学、艺术等非常辉煌。

南宋时的杭州不仅是中国最大的城市之一,也是全世界最繁华的大都市之一,成为令人向往的地方。

宋德二年(1276 年),蒙古人兵分三路攻占临安。1279 年,南宋灭亡,元朝建立。元朝降临安府为杭州路,作为江浙行省(辖境相当于今浙江、福建两省,江苏、安徽的江南部分以及江西的湖东部分)省会所在地。

从元始,再到以后的明、清时期,杭州或者为杭州府,或者为浙江省会。虽历经沧桑,经济、社会、文化仍然得到一定的发展,但政治地位的下降,不能不说,杭州度过了一段较为沉寂落寞的时光。

中华人民共和国成立后,尤其是改革开放以来,杭州这座历史文化名城,拂去了岁月的风尘，以崭新的面貌呈现在世人面前。近些年，杭州获得国际、国内组织评选的多种荣誉，如联合国评定的"人居奖"，世界银行评选的"中国城市总体投资环境最佳城市"，名列美国《福布斯》杂志评选的"中国大陆最佳商业城市排行榜"前列，以及"东方休闲之都""国际花园城市""中国最佳休闲城市""最佳国际旅游度假地""中国十大品质休闲城市"，2017年成为连续11年获得"中国最具幸福感城市"殊荣的唯一城市。

如今，杭州正以"构筑大都市，建设新天堂"拥抱更为美好的未来。

二、"天堂"大观

如果杭州的城市发展从秦朝的钱唐县建制开始，至今已有二千二百多年了。拨开岁月风尘，杭州形成了自己独特的历史文化名城、国际著名风景旅游城市、创新活力之城、生态文明之都和东方品质之城特色。

1. 西湖与旅游"天堂"

人们向往杭州、留恋杭州，很大程度上是因为眷恋西湖的美。西湖不仅有着怡人的湖光山色，更有璀璨丰蕴的人文景观。有人说，没有西湖的杭州是让人难以想象的，因为那样，杭州会显得缺乏历史凝重感、文化深邃感。正是西湖在滋养着一代又一代杭州人，西湖与杭州伴生，杭州才成为世界著名风景旅游胜地，成为一座得到历史较多眷顾的城市，从这一点说，杭州是幸运的，生活在杭州的人是幸福的。

西湖在杭州市区的西面，面积5.68平方千米，南北长约3.2千米，东西宽约2.8千米，绕湖一周近15千米。湖中有"一山二堤三岛"，"一山"即孤山，是西湖最大的岛屿，由火山喷发的流纹岩组成，因"四周碧波萦绕，一山孤峙湖中"而得名，似降落在西湖水面上的一顶花冠，风光秀丽，环山叠翠，古迹名胜，美不胜收；"二堤"（现在又开发了第三堤——杨公堤）即白堤、苏堤，它们宛若两条缎带，横亘湖中，将西湖分成了里湖、外湖两个部分。两堤由西湖疏浚时挖出的淤泥堆积而成，后经多次修整，种植花草树木，景致宜人；"三岛"即三潭印月、湖心亭、阮公墩，湖中有岛，岛中有湖，精致、和谐，让人流连忘返。

关于西湖，还有个美丽的传说。古时候，在天河东边的石窟里，住着一条雪白的玉龙，在天河西边的树林里，住着一只彩色的金凤，它们是邻居。有一天，它们不约而同地来到一个仙岛，在岛上发现了一块亮闪闪的石头，因为喜欢，它们决定将之琢磨成一颗珠子。磨了很久，终于把石头琢成了一颗滚圆滚圆的珠子。这颗明珠是一颗宝珠，珠光照到哪里，哪里就树木常青，百花齐放，山明水秀，五谷丰登。消息传到天宫，王母娘娘非常羡慕，派天兵天将，趁玉龙和金凤睡熟的时候，悄悄地把这颗明珠拿走了。玉龙和金凤发现后，前去索要，双方争抢中，明珠坠落，降到人间，立刻变成波光粼粼的西湖，玉龙和金凤也随之降落，一个变成玉龙山（即玉皇山），一个变成凤凰山，从此，静静地在西湖边守护着这颗美丽的明珠。直到现在，杭州还流传着两句古老的歌谣：西湖明珠从天降，龙飞凤舞到钱塘。

前有所述，杭州城是依西湖而建的。杭州城最早建在凤凰山麓，沿钱塘江发展，以后为了解决居民饮水、拓展城市空间，市中心又沿湖开发形成了现在杭州"三面云山一面城"的"腰鼓形"城市格局。西湖的发展见证了杭州的历史变迁。在两千多年的西湖整治、开发过程中孕育了丰富的西湖文化内涵，如"开合得宜的结构品质、秀逸柔和的美学品质、自然自在的艺术品质、内庸平和的哲理品质、天人合一的功能品质、蓬莱世界的境界品质等"。[①] 而这些品质从总体上完美地体现了中国传统文化的精神理念，包括人生态度、哲学思想、理想追求、美学取向、艺术情趣等，深刻地影响并渗透到整个城市的文化生活之中，并内化为人们的心理、行为，构成了杭州人特有的精神品质，最终形成了杭州"精致和谐、大气开放"的人文精神。所以人们说："杭州依湖而建，因湖而名，以湖为美。没有西湖，杭州的兴盛就失去了依托，人间天堂的美誉就失去了内涵，历史文化就失去了根与魂。"[②]

正因为有了西湖美景、西湖文化，杭州才能成为世界著名风景旅游胜地、中国历史文化名城。

(1)西湖十景。西湖十景形成于南宋时期，基本围绕西湖分布，有的位于湖上，有的在湖的周围。包括苏堤春晓、曲院风荷、平湖秋月、断桥残雪、柳浪闻莺、花港观鱼、雷峰夕照、双峰插云、南屏晚钟、三潭印月。西湖十景各擅其胜，组合在一起又交相辉映，相得益彰，代表了古代西湖胜景的精华。

无论春夏秋冬，西湖都能展现其人间美色。春天的西湖，满目青翠，微风吹拂，柳枝摇曳，"山色如娥，花光如颊，波纹如绫，温风如酒"，令人心醉；夏天的西湖，荷花盛开，柔情无限，让人意醉神迷；秋天的西湖，湖天一碧，金风送爽，水月相融，让人神清气爽；冬天的西湖，虽也凉风习习，但湖水波光粼粼，堤岸柳条依依，给人一种温暖感。

(2)新西湖十景。经过多年的发展建设，西湖变得越来越大，越来越美，新的景点不断涌现。1985年由杭州市人民政府和新闻媒体发起，杭州市民推选，并由专家评选委员会反复斟酌，最后确定了杭州新西湖十景，全国知名书法大家为其题写景名，诗人作家为其挥毫唱诵，它们是虎跑梦泉、龙井问茶、云栖竹径、满陇桂雨、九溪烟树、吴山天风、玉皇飞云、宝石流霞、阮墩环碧、黄龙吐翠。

新西湖十景既是对原西湖十景的继承，也是对新时期西湖自然人文景观的补充，大大地丰富了西湖景观的文化内涵，提高了西湖的美誉度。

进入21世纪，杭州又实施了西湖综合保护与环境整治工程，呈现了300年前

---

① 陈明钊.西湖山水的文化品质[N].每日商报,2003-09-22(6).

② 叶明.人文杭州[M].杭州:杭州出版社,2003.

"一湖映双塔,湖中镶三岛,三堤凌碧波"的历史风貌,杭州真正成了因西湖而美丽的"人间天堂"。

西湖不仅有优美的自然景观,还有无数的文化古迹和丰富的人文景观。

(3)宗教圣地。杭州注重吸收外来文化,除了本国其他地区文化外,还吸收了伊斯兰文化、基督教文化。吴越国时,佛教文化盛行,修建了很多寺院,如灵隐寺、净慈寺、六和塔、保俶塔、雷峰塔等,其中,灵隐寺是最古老的。

相传公元 326 年,从印度来的高僧慧理来到杭州,有一天,登山而望,看到这里山峰奇秀,以为是"仙灵所隐",就在这里建寺,取名灵隐寺。五代吴越国时,灵隐寺曾两次扩建,大兴土木,有九楼、十八阁、七十二殿堂的大寺,房屋 1300 余间,僧众达 3000 人。北宋时,皇帝多次赐名,南宋时也多次修建,现在的寺宇是后来重建的,巍峨高大,气势雄伟,是中国佛教禅宗十大名刹之一。

灵隐寺最前面是天王殿,悬挂的"云林禅寺"匾额,是清代康熙的手笔。大殿正中佛龛里,坐着袒胸露腹的弥勒佛像。弥勒佛后壁的佛龛里,站着神态庄严、手执降魔杵的韦驮菩萨,是用独块香樟木雕成的,属南宋遗物。

灵隐寺的大雄宝殿是单层、重檐、三叠的建筑,高达 33.6 米。大殿正中的释迦牟尼佛像,高 19.6 米,是 1956 年由浙江美术学院的雕塑家和民间艺人共同努力,以唐代禅宗著名雕塑为蓝本,用 24 块香樟木雕刻而成。

灵隐寺的殿宇、亭阁、石塔、佛像等建筑和雕塑艺术,对于研究我国佛教历史、建筑艺术、雕塑艺术都有较高价值,是祖国珍贵的文化遗产。

(4)文化名胜。杭州作为历史文化名城,文化发达,古迹众多,有国家级、省级重点文物保护单位 50 多处。如有展示杭州悠久历史和灿烂文化的良渚文化遗址、跨湖桥新石器遗址、老虎洞南宋官窑遗址、雷峰塔遗址等,也有反映杭州科学技术、篆刻艺术、图书文化的西泠印社、文澜阁、杭州碑林等。

西泠印社位于风景秀丽的孤山,是我国研究金石篆刻的著名学术团体。金石篆刻是一门书法和雕刻相结合的艺术,为我国优秀的艺术遗产。早在战国时代,我国就开始使用印章,一般用铜制作,也有用金、银、玉、犀角、象牙的,当时的印章被后世称为"玺"。到了秦朝时,只有皇帝用的才可称为"玺",其他人用的只能称为"印"。凿印、铸印的都是工匠。宋代后,盛行"文人画",画作完成后,题字、盖印,更富有艺术感,于是,有的画家开始自己刻印。元明以后,文人治印者颇多,材料有用石的,逐步形成篆刻艺术的各种流派。到了 18 世纪的乾隆、嘉庆年间,浙江的金石篆刻艺术盛极一时,自成一派。杭州人丁敬(1695-1765)就是"浙派"篆刻的开山祖。

清朝末年,篆刻艺术家们经常会聚孤山,切磋技艺,交流心得,1913 年成立"西泠印社",国内外不少篆刻家前来入社。西泠印社以"保存金石,研究印学"为宗旨,是我国传承金石篆刻艺术的著名学术团体,赵朴初先生是第五任社长,启功先生为第六任社长。

文澜阁位于杭州西湖孤山南面的浙江博物馆内,是清乾隆时珍藏《四库全书》的七大书阁之一。乾隆时,选派纪昀等160多位著名学者,耗时10年,编纂了《四库全书》,搜集了周代以来的政治、经济、文学、天算、科技、医卜等方面的著作,全书3.6万册,79337卷,共收书3503种,分经、史、子、集四部,故名四库。《四库全书》为手抄,有7部。其中四部分藏于称为"内廷四阁"的北京故宫内的文渊阁、沈阳的文溯阁、圆明园的文源阁、热河的文津阁;三部分藏于称为"江南三阁"的扬州的文汇阁、镇江的文宗阁、杭州的文澜阁。杭州的文澜阁,南临西湖,背倚孤山,由原清康熙帝南巡时的行宫改建。《四库全书》于1787年运抵收藏,清宣统三年(1911年)迁至浙江图书馆收藏。现在的文澜阁于1974年8月13日被烧毁,1981—1983年重建。

2. 行市与消费"天堂"

杭州山清水秀,物产丰盈,商品经济发展较早,形成了自己独特的经济格局。早在唐宋之际,杭州就有"东南第一州"的美誉;到了南宋,它既是全国的首都,是政治中心,又是经济、文化、商业中心和文化娱乐中心,其独特的地位引致各色移民纷至沓来,除了皇室贵族、官僚地主、文人墨客外,还有商人、手工业者,"四方之民,云集二浙,百倍常时"。"西湖为贾区,山僧多市人",正是当时商品经济繁荣的写照。杭州已不仅仅是"东南第一州",而且是全国最大的都会,即使在世界上也是"最繁华的大城市之一"。

明清时期,杭州的政治地位虽然有所下降,但仍为东南重要城市,城市经济继续得到发展,手工业也较发达,手工业产品丰富多彩,出现许多享誉海内外的名产,如丝绸、茶叶、陶瓷、扇子、剪刀、中药、雨伞等,产品自产自销。

杭州商品经济发展具有如下特点:

一是产品制作工艺讲究、精巧奇特、质量上乘,这种精致还表现在杭州历来具有较高的生活质量,是个生活观念比较先进,生活内涵比较丰富,生活环境比较优越,生活品质比较高的城市。

二是产业发展紧密贴近生活,其产品除具有一般消费性外,多具有观赏性、文化科技含量高,自古形成的杭州特色经济产品丝绸、陶瓷、茶叶、中药、扇子、雨伞、毛笔就具有上述特点。如杭扇,北宋初期就盛名天下,《梦粱录》曾描述当时的杭扇有"细画绢扇、细色纸扇、漏尘扇柄异色影花扇、藏香细扇"等。有的产品在消费过程中还形成了独特的消费文化,如茶文化、酒文化、瓷器文化等。

三是工商合一,前门开店,后房设场,产销一条龙模式。

四是较早形成了特定产品的集市,如官巷口是花市,炭桥是药材市,北关门上卫桥是米市,东青门坝子桥是菜市,候潮门外是鲜鱼市和南行猪市,衙湾是蟹市、清河坊之东为扇子巷等。可以说,专业市场比较发达。

杭州现代经济的发展特点依然具有上述特点,经济与文化相互融合、渗透、影响,产品精巧细致、科技文化含量高。比如目前 IT 业飞速发展,杭州已成为中国三大软件基地之一,正在实现"天堂硅谷"的理想,同时,致力于制造业,要把杭州建成"世界先进制造业基地"。

商业繁荣,还有一个重要的标志,那就是随着杭州人口的增多,社会各个阶层不断涌入,带来了各种消费行业的兴盛,比如,茶坊、酒肆和大小店铺分布于大街小巷等。时至今日,杭州仍然是著名的休闲娱乐城市,并且正成为休闲之都,每年吸引着海内外众多的游客。

(1)丝绸之府。距今四千七百多年前良渚文化遗址出土的丝织物就揭示了杭州丝绸的历史源远流长。春秋时代,越王勾践以"奖励农桑"为富国之策。五代吴越国时期,钱镠十分重视丝织业,丝织业的发展又刺激了农民种桑养蚕的积极性,使境内"桑麻蔽野",蚕季出现了"青巷摘桑喧姹女"的热闹景象。杭州的丝织品"越罗""吴绫"被列为朝廷贡品,吴越之地成为全国丝织业最发达的地区。唐朝丝绸业有"天下为冠"之美誉,成为朝廷贡品,唐代大诗人白居易"丝袖织绫夸柿蒂,青旗沽酒趁梨花"的诗句道出了当时杭州丝绸的水准之高。明代,杭州获得了"丝绸之府"的盛誉;到了清朝,杭州"机杼之声,比户相闻",杭州所产的"杭绸"是用"湖水漂净,宜于染色,大红尤佳",成了全国的名产,清河坊鳞次栉比的绸庄见证了杭州丝绸经济的繁荣。

杭州丝绸质地轻软、薄如纱、轻如帛、华如锦、光如缎,图景新颖,富丽华贵色彩绮丽,早在汉代,已通过举世闻名的"丝绸之路"远销国外。现代已发展到绸、缎、绫、罗、锦、纺、绒、绉、绢等十几大类,200 多个品种,2000 余个花色,远销世界 100 多个国家和地区。最著名的品牌有都锦生、喜得宝等。

(2)茶叶之都。中国是茶的故乡,是世界上茶历史最悠久、茶文化最深厚、茶资源最丰富的国家。发现和利用茶,已有四五千年的历史,从茶的栽培、制作、饮用等延伸开来,形成了丰富多彩的茶文化,茶已成为我们的举国之饮,茶文化已成为中华民族宝贵的物质和精神财富。而作为茶中极品——西湖龙井的原产地,茶文化极为发达的城市——杭州,自然而然地成为"中国茶都"。

作为中国"十大名茶"之首的龙井茶,产于杭州西湖龙井乡龙井村周围的群山中,尤以狮峰、虎跑、龙井、云栖四处生产的龙井茶为正宗。龙井茶的品质来自产地特定的土质松软、透气、呈酸性的土壤和四季分明、雨量充沛的气候条件以及采茶、炒制的讲究。

史料记载,唐时杭州境内就已广栽茶叶,被称为茶圣的陆羽在其所著的《茶经》里就有杭州天竺、灵隐两寺产茶的记录;白居易任杭州刺史时,曾与在灵隐修行的韬光禅师结为诗伴茶友,并留有"烹茗井"遗迹;宋时,龙井茶区初具规模,灵隐下天竺香林洞所产的"香林茶",上天竺白云峰所产的"白云茶",葛岭宝云山所产的"宝云茶"被列为贡品;清时,乾隆皇帝六下江南杭州,四上龙井,写有龙井茶御诗六首,并亲封"十八棵御茶",奠定了西湖龙井的至尊地位,从此,龙井茶开始了它的辉煌时期。

龙井茶因色翠,香郁、味甘、形美"四绝"而独步天下,且具有解毒、消暑、养心等保健作用,被人们称为茶中珍品、历史贡品、国家礼品。杭州除了名贯古今的西湖龙井茶,还涌现了其他一大批如桐庐的"雪水云绿"、余杭的"径山茶"等优质名茶。

杭州在数千年的栽茶、制茶、饮茶过程中,孕育了丰富的茶文化。世界上第一部茶学专著《茶经》,是陆羽在杭州余杭隐居期间写的;唐至清1200余年间留下的120余种茶书,杭州籍作者有8人,著书10种;全国茶文化研究、科研院所大多集中在杭州。目前杭州建有43个高标准高质量的都市农业茶叶示范园区和8个省级茶叶精品园。已建成标准化茶园4.92万亩,其中千亩以上基地15个,面积2.2万亩。2016年,杭州全市茶叶总产量2.22万吨,茶叶总产值30.8亿元。杭州还有大小规模的茶叶交易市场16个,年交易量1.1万吨、交易额23.1亿元。

杭州休闲观光茶旅游(农家乐)遍布全市15个区、县(市),从业人员1.86万,增值9.15亿元。年接待游客总量千万人次以上、实现旅游收入超10亿元。杭州市区大小茶馆遍布,据不完全统计,城区有各类茶楼、茶室、茶馆、茶坊、茶苑、茶吧及景区农家茶楼等2000多家,其中市内注册茶馆650余家、景区农家茶楼460余家,从业人员达到了1万多名。作为茶叶之都,杭州是名副其实的。

(3)鱼米之乡。杭州气候温和,雨量充沛,四季分明,江河湖泊纵横,农业资源丰富,适宜生产多种农产品,尤其水稻、茶叶、蚕茧、鱼类等,自古就有"鱼米之乡"美誉。《史记》中记载的"楚越之地,饭稻羹鱼",就是对鱼米之乡带来的饮食特色的具体描述。

杭州特产莼菜是一种多年生水生植物,由其制作的"西湖莼菜汤",被列为杭州名菜,曾作为贡品,滑嫩、清香,内含丰富的蛋白质、维生素,具有健胃、润肠、强身、防癌作用。每当夏日,西湖荷花盛开,粉嫩水灵,"接天莲叶无穷碧,映日荷花别样红"的荷叶风光不仅吸引大批游客,驻足观赏,用之制作的西湖藕粉也是杭州一绝,晶莹透明,质地细腻,味醇香甜,具有易于消化,生津清热,开胃补肺,滋阴养血的功效。

杭州有个民间说法,叫"吃在杭州"。杭州菜被称作杭帮菜,它吸收了粤、川等全国八大菜系中其他七大菜系和浙菜中温州、绍兴等地菜品的长处,又融入西湖特有的清醇灵秀之风,选料严谨,注重鲜、活、嫩,以鱼鲜、蔬菜为主料,制作精细,突出食材的原汁原味,以清淡、鲜爽为特色。可以说杭菜兼容并蓄,博采众长,融会贯通,从制作到用餐环境无不透出精致、和谐,大气、开放的气息和杭州饮食文化无处不在的品质,如今,杭帮菜成为新八大菜系之一,并以其独特的"味道"风靡全国。

其实,"鱼米之乡"也是对杭州农业的精耕细作和杭州人追求高品质生活的生动概括。

3.南宋遗风与"温情天堂"

自吴越、南宋开始,杭州就是一个悠闲安逸的城市,她富庶、柔美、娴静、淡雅,吸引了无数人驻足流连,就连白居易也发有"江南忆,最忆是杭州""未能抛得杭州去,一半勾留是此湖"的感慨。

杭州"三面云山一面城,一江清水城中流"。有人说,上天赐予杭州的太多了,"滚滚钱塘潮,轻波西子湖,浩浩良渚辈,吴越南宋都"。尤其是镶嵌在市中心的西湖,像一颗明珠给这个城市带来了"岸上湖中各自奇,山舫水酌两相宜。只言游舫浑如画,身在画中原不知"的优美意境。西湖集自然美与人文美于一体,和风、柔波、垂柳构成了主旋律。无论春夏秋冬,纤细柔弱的垂柳,潋滟柔和的波光,迷蒙烟雨的湖色,都能勾起人们对西湖千古传说的浪漫解读。白娘子与许仙、梁山伯与祝英台演绎的爱情故事,给这座城市平添了不少浪漫的气息,人们把杭州比作爱情之都。

西湖的柔情蜜意,孕育了杭州人热爱生活、追求精致的情愫,杭州人的生活和着西湖的风韵,弥漫着深厚的文化意蕴和浓浓的艺术气息。让生活艺术起来,让生命美好起来,似乎是杭州人千百年来的不懈追求,似乎只有这样,才是对造物主给予杭州西湖山水风光的一种呼应、一种回馈。杭州人会生活,爱享受。风情万种的咖啡馆、酒吧错落有致地分布在西湖沿岸,尤其在南山路上。众多的酒楼和茶馆散落于城市的大街小巷。吃饭喝茶聊天赏景,已成为杭州人生活的一部分,杭州正成为生活品质之城。

有人说,杭州人骨子里有一种贵族气息,太安逸、太舒适了,已缺乏创新意识和进取之心,甚至把城市的上述气质和杭州人的某些品性归结为南宋遗风的影响。实际上,我们应该对此做辩证的分析。自西晋以来,北方屡遭战乱,杭州几乎很少发生战争,安稳、平和的环境给杭州带来了良好的发展机会。吴越、南宋时期,杭州经济繁荣,文化昌盛,人们形成了一种思维,一种习惯,即努力追求宁静安和,不喜欢大起大落。而且,杭州的城市发展具有经济、文化、习俗相结合的特点,讲究精雕细琢、注重文化品位,在经济与文化的互动过程中,形成了以吴山为代表的俗文化和以孤山为代表的雅文化。各色人等都有休闲去处,喜欢琴棋书画,可以徜徉在孤山的艺海奇范中,那里有小桥流水、名人书画,既可以欣赏、切磋,又可以一展身手;如果想消遣放松,吴山能够满足,那里茶馆酒肆林立,寺院庙宇众多,算命的、演杂剧的、说评书的、玩杂耍的,应有尽有。直到今天,在杭州,无论人们的经济条件、社会地位、文化素养和年龄性格有多么不同,人人都能找到适宜自己需要的不同层次和风格的休闲场所,享受着共同的"天堂"生活,或高端、大气、奢华,或宁静、世俗、简朴,每人都能寻找到自己的幸福和快乐!

当然,南宋以来,皇室政权偏安一角,君臣们沉溺于吃喝玩乐,流连于湖光山色中,几代皇帝热衷于书画,舞文弄墨,不思进取,早已将收复中原,统一国家的大业抛到了九霄云外。"山外青山楼外楼,西湖歌舞几时休?暖风熏得游人醉,直把杭州作汴州。"反映了当时的某些社会现状。不能不说,上行下效,也形成了杭州市民阶层"四时幽赏"、行乐西湖的风气。现在的杭州人热衷游玩,追求安逸有其文化基因。

我们在继承传统文化时,要自觉剔除这些消极的精神特质,提升有益的精神品质。

(1)人物都会。从古至今,山清水秀、浓情蜜意的杭州吸引了无数英雄豪杰、达官贵人、文人墨客,他们在此驻足,留下了千古绝唱,演绎了无尽的浪漫与温情。北宋词人柳永在《望海潮》一词中写道:"东南形胜,三吴都会,钱塘自古繁华。烟柳画桥,风帘翠幕,参差十万人家……"

岳飞,南宋英雄,一生中大部分时间驰骋在抗金疆场上,转战于各地,屡立战功。他组织和指挥的"岳家军",纪律严明,骁勇善战,威震敌胆,是抗金的重要力量,时人感慨"撼山易,撼岳家军难!"岳飞刚正不阿,律己宽人,身先士卒,在抗金斗争中多次取得辉煌战果,后遭小人秦桧诬陷,被解除兵权,杀害于风波亭(今杭州小车桥畔)。人们为了怀念这位抗金英雄,在西湖边栖霞岭下修建了岳坟和岳王庙。岳坟在庙内左侧,葬有岳飞及其子岳云;墓道前面置有杀害岳飞凶手的秦桧、秦桧妻王氏、张俊和万俟卨的跪像。岳庙正殿内有岳飞塑像,庙内诸多碑刻,为历代文人志士赞誉岳飞的诗词题咏,另有精忠柏亭等文物。八百多年来,长眠在青山绿水间的忠魂贞骨为西湖增添了不少豪放。

于谦,杭州人,明代政治家。于谦15岁考中秀才,16岁起就读于吴山三茅观,写下了有名的《石灰吟》:"千锤万凿出深山,烈火焚烧若等闲。粉身碎骨浑不怕,要留清白在人间。"永乐十九年(1421年)中进士,任官19年,官至少保。于谦性格刚强,坚持公道,廉政爱民,生活简朴,始终如一。1449年,土木堡之变发生,英宗被俘,蒙古瓦剌军进逼北京,朝廷一片混乱。于谦力排南迁之议,拥立景帝,被授兵部尚书,主持京师保卫战,终于击退了瓦剌军,以功加少保。1457年,英宗复辟,于谦以"谋逆罪"被杀。查抄家产时,没想到家中只有生活必需品和几本书,没什么值钱物,连查抄者看后都有些汗颜,真正是为官清廉!于谦葬于杭州风景秀丽的三台山麓,西湖乌龟潭畔。于谦墓和少时读书的吴山三茅观连同吴山风景区及故宅改建的怜忠祠,都是杭州著名的人文、自然景观。

　　沈括,北宋初期杭州人,科学家、政治家。沈括自幼勤奋好学,1063 年考中进士,神宗时参与王安石变法,曾任翰林学士。他博学多才,天文、数学、物理、化学、地理、医学以及文学、历史等都有研究,并且取得了巨大成就,其所撰写的《梦溪笔谈》40 卷,内容丰富,几乎涉及自然科学及文学、历史、音乐、美术等所有领域,集前代科学成就之大成,被英国李约瑟博士称为“中国科学史上的坐标”,他本人则被称为“中国整部科学史中最卓越的人物”。

　　毕昇,宋代杭州人,科学家,活字印刷的发明者。他发明在胶泥片上刻字,一字一印,用火烧硬后,便成活字。排版前,先在置有铁框的铁板上做一层掺和纸灰的松脂蜡,活字依次排在上面、加热,使蜡熔化,用平板压平字面,泥字即固定在铁板上,可以像雕版一样印刷。此外,他还研究过木活字排版,使活字可以多次使用,把印刷技术提高到新的阶段。活字印刷术的发明,推动了整个人类的文明进程。

　　龚自珍,清代杭州人,思想家、文学家,出身仕宦书香之家,道光九年(1829 年)中进士,道光十七年(1837 年)任礼部主事,48 岁辞归,后任江苏丹阳书院讲席,50岁猝死。龚自珍自幼好读诗文,涉猎甚广,不仅学术成就卓著,写有诗词近 700 首,文章 300 多篇,有“龚派”之称,对开创中国近代文学新风产生了积极影响,而且,他思想上提倡“通经致用”,主张更法、改图、选拔人才,曾写有著名诗句:“我劝天公重抖擞,不拘一格降人才”。他关注国家命运、民间疾苦,拥护林则徐在广东禁烟,主张加强武备,预防英国侵犯中国。他是中国改良主义运动的先驱人物。

　　(2)西湖诗词。杭州因西湖而美丽,西湖与杭州共伴生。唐朝以前,西湖并不太有名气,经过唐宋的开发渐成气候,最终赢得美名——“天下西湖三十六,就中最美是杭州”,得益于历代诗人的吟诵,画家的描绘。“山外青山楼外楼,西湖歌舞几时休。暖风熏得游人醉,直把杭州当汴州。”(林升《题临安邸》)“一泓清可沁诗脾,冷暖年来只自知。流出西湖载歌舞,回头不似在山时。”(林稹《冷泉亭》)“菡萏香消画舸浮,使君宁复忆扬州。都将二十四桥月,换得西湖十顷秋。”(欧阳修《西湖》)。当然最负盛名的还是白居易、苏轼,他们都曾在杭州做过官,组织治理西湖,同时,留下了脍炙人口的西湖诗词。

　　“徐杭形胜四方无,州傍青山县枕湖。绕郭荷花三十里,拂城松树一千株。”(白居易《徐杭形胜》)“孤山寺北贾亭西,水面初平云脚低。几处早莺争暖树,谁家新燕啄春泥? 乱花渐欲迷人眼,浅草才能没马蹄。最爱湖东行不足,绿杨阴里白沙堤。”(白居易《钱塘湖春行》)“水光潋滟晴方好,山色空蒙雨亦奇。欲把西湖比西子,淡妆浓抹总相宜。”(苏轼《饮湖上初晴后雨》)“菰蒲无边水茫茫,荷花夜开风露香。渐见灯明出远寺,更待月黑看湖光。”(苏轼《夜泛西湖》)

（3）南宋画院。宋代一定时间内，社会相对稳定，商业繁盛，城市文化生活空前活跃，对绘画的需求量增加，客观上促进了绘画的发展，当时，民间绘画、宫廷绘画、士大夫绘画等各自形成体系，彼此间又相互影响、吸收、渗透，构成了宋代丰富多彩的绘画风貌，出现了一大批技艺精湛的职业画家。宋代多位皇帝都对绘画有兴趣，尤其宋徽宗，本是艺术家，奈何生长在帝王家，虽不善理政，却是古代少有的艺术全才，擅长绘画书法，是一流画家。他发展了宫廷绘画，广集画家，创造了宣和画院，培养了像张择端、李唐等一批杰出的画家。他还倡导设立画学，将绘画列入科举学校制，开了教育史的先河。

南宋时，大批画家逃到杭州，成为南宋画院中的骨干力量。南宋画院坐落于杭州望江门一带，存在了 100 多年，有姓名可考的画家就有 120 多人，代表人物主要是号称"南宋四家"的李唐、刘松年、马远、夏珪。他们在继承前代的基础上都有所创新。李唐擅长画山水、人物和牛，其画作或苍劲有力、气势雄伟，或简练婉约、妩媚动人；刘松年工山水人物，画风笔精墨妙，精细秀润，常画西湖，题材多园林小景，人称"小景山水"；马远则以山水画最长，构图时只画一角，其余是留白，给人无尽的想象，极有意境，人称"马一角"；夏珪的山水画，笔法简括，墨色苍润，诗意浓厚，其构图取景多为半边小景，如山角、水涯，画面留较多空白，以小见大，以局部表现整体，寓意南宋偏安一隅，仅存残山剩水，人称"夏半边"。

800 多年前南宋画院留下的作品，历经天灾人祸，但凡留存下来的，目前都被各大博物馆争相收藏，还有很多散落到世界各地。南宋画院的绘画是中国绘画艺术发展的高峰，它反映了广泛的社会现实生活内容，也创造了不少艺术表现手法和优美的表现形式，尤其给后人留下的最宝贵的绘画遗产是留白。留白表面上是一种构图法，是以一种无实际物相的方式去表达画面中的意境，以无相表达意象，形成了有与无、虚与实的对比，使画面虚实相生，创造出一种给人以无限遐想的奇妙意境，也即"言有尽而意无穷"，实际上是一种哲学智慧，体现的是一种生的取舍。南宋画院创造出的留白遗产最终给我们带来的是一种画面中的意境、气韵和空间虚实的美学体验。

（4）民风民俗。杭州地处江南，语言、风俗习性应具有典型的江南特色，尤其是吴方言区，说话吴侬软语，细声细气，但恰恰相反，杭州语言爽利硬朗，缺少柔和，语速较快。杭州话跟北京话一样，有很多的儿化音节，但儿化音节又不像北京的儿化音那么轻，而是很重，如"老头儿""眼镜儿""挖脚底板儿"（揭人之短）。公众场合，说话声音很大，完全没有西湖的柔情似水。杭州本是产稻区，应以米饭为主，但大街小巷面馆林立，其制作的各式面条比传统北方的还要精致，最有名的老字号是奎元馆。奎元馆创立于同治六年，据说创立之初只是一家小店，有位赶考的秀才来吃一碗清水面,店主可怜他贫穷,在其面里放进三个油煎蛋,意祝他连中三元。哪知秀才果然高中进士。为报三蛋之情,进士专程来小店拜谢,并应店主之请给起名为"奎元馆"。小店声名自此不胫而走,每逢大考,这儿车水马龙,考生必到店里吃一碗面。奎元馆有150多种面,最有名的是片儿川、虾爆鳝面。店内有"百年奎元,五味足知"的金字横匾,社会名流纷纷成了奎元馆的座上客。

杭州的青山秀水,虽孕育出了杭州人柔弱的个性,但其个性中也有刚烈、率直的一面。杭州先后为吴、越、楚属地,风俗习性有吴越之风、荆楚特点。自北宋以后,尤其宋王室东迁,杭州经历了我国历史上两次人口南迁的影响,形成了南北风俗的大融合,北方人将原有的家法礼俗一并带到南方,丰富了杭州原有的民俗风情。比如,北宋汴京有"瓦舍",即当时的娱乐场所,以演出评书、杂剧、杂耍等民间艺术为主,杭州也出现了相似的城市商业性游乐场所,且为数众多,有二十多个。南宋《西湖老人繁胜录》中称:时人"深冬冷月无社火看,却于瓦市中消遣"。北宋士大夫崇尚的园林,也成为南宋官僚阶层的一种习尚,当时,西湖四周建起了不少园苑。《梦粱录》中说:"杭州苑囿,俯瞰西湖,高挹两峰,亭馆台榭,藏歌贮舞,四时之景不同,而乐亦无穷矣。"

文化风俗反映了经济的发展状况。南宋经济发达,杭州成为北方商贾云集之地。他们纷纷在杭州开设作坊、开店设肆,前店后坊,商品丰富。史书记载当时杭州"无一家不买卖者"。南宋《梦粱录》载:"自大街及诸坊巷,大小铺席,连门俱是",不但白天营业,夜市也与日间无异。"坊巷市井,买卖关扑,酒楼歌馆,直至四鼓后方静。而五鼓朝马将动,其趁早市者,复起开张"。当时开店最多的是餐饮美食,尤其是面馆居多。《都城纪胜》记载:"京城食店,多是旧京师人开设。"因为南渡的士大夫、商人大都保持着北方的饮食习惯,所以,杭州饮食渗透着中原的味道。就连南宋皇帝赵构也因怀念乡情,在西湖边品尝了宋五嫂亲手烹制的北方鱼羹美味,使得"宋嫂鱼羹"这道名菜一直流传至今。

杭州人最乐此不疲的一项传统习俗是钱塘江观潮。钱塘江观潮是杭州的绝景,也是世界奇观。"钱江潮"主要由杭州湾入海口的特殊地形形成,杭州湾外宽内窄,外深内浅,是一个典型的喇叭状海湾。大量潮水挤入狭浅的河道,潮头受到阻碍,后面的潮水又急速推进,迫使潮头陡立,发生破碎,发出轰鸣,远远望去,如银线一排,从浩渺的大江口向里翻涌,越近越大,卷起冲天的浪花,气势极其雄伟。每年农历八月十五,潮水最大,自唐宋以来,杭州人就有观潮的习俗,杭州人纷纷倾城而出,从庙子头到六和塔沿岸,到处都是观潮的人群,历代都有诗人写下观潮诗,当然,最有名的依然是苏轼。他的《咏中秋观夜潮》就生动描绘了观潮时波澜壮阔的动人景观:"万人鼓噪骇吴侬,犹似浮江老阿童。欲识潮头高几许,越山浑在浪花中。"

三、杭州市民休闲方式选择倾向及影响因素

城市作为人们休闲生活空间的载体,不仅汇集了所有的经济要素、文化要素,通过各种要素之间的有序互动,形成了城市与人的休闲生活的主要内容,而且还影响并推动着城市的社会经济结构与文化结构的发展走向及城市文明的进步。

杭州作为"一座将天然优势和现代产业巧妙结合,引领休闲经济潮流的城市",对浙江的政治、经济、文化,具有极强的带动作用和集聚效应。杭州市民的休闲生活现状一定程度上反映了杭州的经济发展水平和城市市民的生活品质。改革开放40年来,杭州经济迅猛发展,居民收入水平大幅提高,市民的生活质量也日益改善。2016年杭州市人均GDP18106.83美元,人均可支配收入7167.3美元;2017年人均GDP21346.2美元,人均可支配收入8768.4美元。按世界银行划分贫富程度标准,杭州已达到富裕国家经济发展水平。当人们的物质生活得到满足时,便开始有时间、有能力追求更高层次的精神生活,社会的消费结构亦逐渐由物质消费转为休闲消费。休闲正成为杭州市民一种崭新的生活方式和生命状态。

为了解杭州市民休闲方式及选择倾向,笔者组建了课题组,于2015年对杭州市民休闲认知、休闲需求、休闲能力、休闲条件等做了调查研究。调查采取问卷调查和实地考察及访谈等形式,冀望通过对杭州市民休闲方式选择倾向的实证研究,探究其休闲方式的选择倾向与影响因素的关联性,提出符合杭州打造"生活品质之城"的休闲文化特色,推进市民休闲教育,发展健康休闲的主要途径及其策略。一方面,为市政府在充实、配套休闲文化设施的规划布局以及市场调控方面,提供相应的决策依据;另一方面,可以帮助市民提高健康休闲意识和休闲能力,使其更有效地参与社会文化财富的创造,从而促进城市精神文明的发展。

1.杭州市民休闲基本状况调研分析

(1)研究对象与方法。本次调查是以杭州市民为总体,采用整群抽样和分层抽样相结合的方法,选取调查对象按照职业划分层次进行问卷对象划分。具体的做法是:从杭州市的上城区、下城区、拱墅区、滨江区、江干区、萧山区、淳安县等各区县中,整群抽取上城、下城、江干、萧山、拱墅、余杭、西湖、滨江、临安;再从中按照职业抽取企事业一般职员、企事业高管、公务员、个体劳动者、学生、下岗及待业人员、艺术体育类从业者、自由职业者、科教文卫工作者、军人、武警、公安等进行层次划分。共发放了800份,回收问卷782份,其中743份为有效问卷,有效问卷回收率达95.1%。老城区(上城、下城、西湖、江干、拱墅)、新城区(滨江区、萧山区、余杭区)、县级市(建德、富阳、临安[①])、县(淳安、桐庐)分别发放回收有效问卷393份、205份、

---

① 临安在2015年还未撤市为区。

98 份、47 份。

　　本次调研主要采用文献查阅法、个别访谈法、实地观察法与问卷调查法相结合。课题组深入杭州市各旅游景点及相关机构,从休闲活动产品设计、人文景观建设到休闲环境营建等做了细致的考察,对杭州市民休闲方式现状和相关部门的管理有了一定的了解和感性认识,为日后的样本分析研究打下了基础。考察的同时,我们还针对不同层次的休闲个体、休闲场所服务人员及政府部门相关管理人员进行了访谈。

　　(2)调查结果与分析。

　　①样本基本情况:从样本的性别构成、年龄构成、受教育程度构成、家庭所在地构成、新老杭州人构成、职业构成和个人收入构成等方面对调查对象的基本情况做了了解。性别构成:本次调查针对杭州市民共发放问卷 800 份,有效问卷回收 743 份,其中男性 360 人,占 48.5%;女性 383 人,占 51.5%。年龄构成:按照基本年龄构成和居民消费水平及支付能力,课题组将年龄构成划分为 22 岁及以下、23—35 岁、36—45 岁、46—60 岁、60 岁及以上五个层次。根据调查结果,被调查对象中 22 岁及以下市民为 330 人,占有效问卷数的 44.4%;23—35 岁市民为 283 人,占有效问卷数量的 38.0%;36—45 岁市民为 73 人,占有效问卷数量的 9.8%;46—60 岁市民为 47 人,占有效问卷数量的 6.4%;60 岁及以上市民为 10 人,占有效问卷数量的 1.3%,基本符合研究所需要的年龄分布需求,基本上可以代表整体状况。受教育程度分布:鉴于调查对象为杭州市民,故调查对象的职业范围较广,受教育程度覆盖面较大。受教育程度包括初中及以下、高中/中专、大专、本科、硕士及以上。在被调查对象中,初中及以下受教育程度者为 73 人,占有效人数的 9.8%;高中/中专受教育程度者为 123 人,占有效人数的 16.5%;大专受教育程度者为 75 人,占有效人数的 10.1%;本科受教育程度者为 434 人,占有效人数的 58.4%;硕士及以上受教育程度者为 38 人,占有效人数的 5.1%。家庭所在地构成:按照调查需要,将家庭所在地分为老城区(上城、下城、西湖、江干、拱墅)393 人,占比 52.9%;新城区(滨江区、萧山区、余杭区)205 人,占比 27.6%;县级市(建德、富阳、临安)98 人,占比 13.1%;县(淳安、桐庐)47 人,6.1%。新老杭州人构成:为方便调查,课题组将三代及以上皆拥有杭州户口且居住于杭州的市民定义为老杭州人,193 人,占比 25.3%;两代拥有户口且居住于杭州的市民定义为新杭州人,205 人,占比 27.6%;无杭州户籍但居住于杭州者定义为暂居者 295 人,占比 39.7%;上述人除外的为"其他",50 人,占比 6.7%。个人月收入构成:按照杭州市月最低工资标准、杭州月平均工资、杭州中产阶级工资标准,课题组将个人月收入构成划分为 1300 元及以下、1300—3000 元、3000—5000 元、5000—8000 元、8000 元及以上五等。调查结果显示,1300 元及以下

为 330 人,占 44.4%;1300—3000 元为 168 人,占 22.6%;3000—5000 元为 185 人,占 24.9%;5000—8000 元为 47 人,占 6.3%;8000 元以上 13 人,占 1.7%。1300 元及以下收入的人居多是因为调查对象学生占一定比例。职业构成:杭州市民覆盖范围较大且职业划分较细,故课题组在详细了解现实生活职业基础上,将职业分为企事业一般职员、企事业高管、公务员等 11 类职业,见下表。

表 1 职业构成

职业分类	人数(人)	所占比(%)
企事业一般职员	180	24.2%
企事业高管	5	0.7%
公务员	68	9.2%
个体劳动者	25	3.4%
学生	281	37.8%
下岗及待业人员	5	0.7%
艺术体育类从业者	8	1.1%
自由职业者	40	5.4%
科教文卫工作	63	8.5%
军人、武警、公安	35	4.7%
退休	5	0.7%
其他	28	3.8%
合计	743	100.0%

家庭收入状况:本次调查显示,老城区居民家庭收入以 1300—8000 元为主,结合家庭年收入的交叉分析得出,被调查者家庭收入水平高低依次为老城区、新城区、县级市、县城。

②杭州市民的休闲认知。调查显示,大多数杭州市民对休闲的定位较为准确,认为休闲是有益于身心健康和全面发展的活动,休闲是为了放松、陶冶情操、锻炼身体、增长见识,培养能力等。这种认知,较为科学合理。

但还有 19.9% 的市民认为休闲是指休息,9.8% 的市民将休闲定义为打发时间,35.4% 的市民认为休闲只是娱乐性活动。

表 2　杭州市民休闲动机

在你眼中,休闲是指	人数(人)	所占比例(%)
休息	148	19.9%
打发时间	73	9.8%
娱乐性活动	263	35.4%
精神享受	240	32.3%
其他	11	1.5%
未选择	8	1.1%
总数	743	100.0%

表 3　杭州市民休闲主要目的

休闲目的	人数(人)	所占比例(%)
放松再工作	360	48.4%
陶冶情操	223	30.0%
锻炼身体	90	12.1%
增长见识	35	4.7%
培养能力	15	2.0%
其他	8	1.1%
未选择	12	1.6%
合计	743	100.0%

③杭州市民闲暇时间、休闲时间。

a. 闲暇时间。休闲的前提是有闲暇时间。闲暇时间与休闲时间并非一个概念。闲暇时间主要指个人除工作或学业、基本生存活动(吃饭、睡觉等)、个人生活事务时间等以外的时间,即闲暇时间＝24 小时－工作或学业－基本生存活动－个人事务时间等。休闲时间指在闲暇时间内用于休闲活动的时间。

●平时。数据显示,48.9%的杭州市民每天的闲暇时间在 1—2 小时之间;21.9%的杭州市民每天的闲暇时间在 2—3 小时之间;每天 3—4 小时的占 15.5%;而每天闲暇时间超过 4 小时的只有 11.4%。总体来讲,杭州市民每天闲暇时间集中在 1—3 小时。这样的时间,虽然保证了用于工作的时间,也能让自己得到休息,享受生活,但总体来说相对偏少。

表 4　杭州市民日均闲暇时间

闲暇时间	人数（人）	所占比例（％）
1 小时及以内	100	13.5％
1—2 小时	263	35.4％
2—3 小时	163	21.9％
3—4 小时	115	15.5％
4 小时以上	85	11.4％
无固定	17	2.3％
合计	743	100.0％

●周末。周末是主要的休闲放松时间，也应该是杭州市民休闲活动相对集中的时间。在调查中发现，周末有 14.5％的杭州市民闲暇时间为 4 小时以内；38.4％杭州市民的闲暇时间为 4—8 小时；20.2％的杭州市民闲暇时间为 8—12 小时；18.2％的杭州市民为 12 小时及以上。由数据看出，大部分杭州市民的周末闲暇时间集中在 4—8 小时，这样的闲暇时间基本能满足周末休闲生活，但是相对不足。

表 5　杭州市民周末闲暇时间

闲暇时间	人数（人）	所占比例（％）
4 小时及以内	108	14.5％
4—8 小时	285	38.4％
8—12 小时	150	20.2％
12 小时以上	135	18.2％
无固定	65	8.7％
合计	743	100.0％

●节假日。节假日主要指国家法定节假日，应是主要闲暇时间，但调研反映出，杭州市民节假日并未完全为自己的闲暇时间。

表 6　杭州市民年节假日闲暇时间

闲暇时间	人数（人）	所占比例（％）
3 天及以下	25	3.4％
3—10 天	160	21.5％
10—15 天	105	14.1％
15 天以上	363	48.8％
无固定	90	12.1％
合计	743	100.0％

b.休闲。有闲暇时间不一定就会休闲,休闲时间与闲暇时间也并非一个概念。休闲时间是指在闲暇时间内用于休闲活动的时间。休闲时间分为平时休闲时间、周末和节假日休闲时间。

●平时。调查显示,每天的休闲时间在1—2小时之间的占比55.9%;每天2—3小时的占比21.9%;每天休闲时间在3—4小时的占15.5%;超过4小时的有11.4%。整体来说,杭州市民每天休闲时间集中在1—3小时之间。这样的休闲时间安排较合理。

表7　杭州市民日均休闲时间

休闲时间	人数(人)	所占比例(%)
1小时及以内	93	12.5%
1—2小时	270	36.3%
2—3小时	168	22.6%
3—4小时	80	10.8%
4小时以上	48	6.5%
无固定	84	11.3%
合计	743	100.0%

●周末。在杭州市民周末闲暇时间安排中,42.4%的市民用于休闲的时间为4—8小时;26.3%的市民拥有4小时及以下休闲时间;8—12小时休闲时间的市民仅占11.8%;12小时及以上的休闲时间,仅有8.4%的市民用于休闲。与闲暇时间对比,有近一半的人拥有闲暇时间,但并未用于休闲。

表8　杭州市民周末休闲时间

休闲时间	人数(人)	所占比例(%)
4小时以内	195	26.2%
4—8小时	315	42.4%
8—12小时	88	11.8%
12小时以上	63	8.5%
无固定	82	11.0%
合计	743	100.0%

●节假日。近些年,国家法定节假日连上周末,全年有25天左右。调研显示,杭州市民用于休闲的时间显然没有达到法定时间。

表 9　杭州市民节假日休闲时间

休闲时间	人数(人)	所占比例(%)
3 天及以下	60	8.1%
3—10 天	148	19.9%
10—15 天	122	16.4%
15 天以上	255	34.3%
无固定	158	21.2%
合计	743	100.0%

④杭州市民休闲方式选择倾向。

休闲方式主要通过具体的休闲活动来体现。首先要考虑的是选择何种休闲活动？是自己独自进行还是与人一起？采用何种出行方式，去什么场所？

a. 休闲活动选择倾向。

通过对 743 名杭州市民具体的休闲活动调研分析，可将杭州市民休闲方式选择倾向概括为下列几种类型：

●消遣娱乐型。消遣娱乐型主要指影视观赏、收听广播、唱歌跳舞、上网、玩游戏、喝茶聊天、散步逛街等活动。这是一种较普遍的休闲类型，尤其是中青年选择的主要休闲方式之一。杭州市民平时选择此项活动的比例占 46.5%，周末为 22.6%，节假日则为 18.9%。这与闲暇时间分配有很大关系。

●怡情养性型。怡情养性型主要指陶冶性情、修养身心的活动，如养花弄草、饲养宠物、琴棋书画、美容美发、装修装饰等。选择此项休闲活动的市民平时所占比例为 18.5.%，周末为 16.5%，节假日为 15.8%。选择此类休闲方式说明杭州市民对通过休闲促进精神享受和自我发展有较好的认知。

●健身运动型。健身运动在所有休闲类型中所占比例较高。平时为 16.5%，周末为 30.3%，节假日为 7.7%。健身运动集中于各个年龄段人群，主要目的是放松身心，舒缓压力，强身健体。在温饱保证的前提下，人们更加注重精神的愉悦感和身体的舒适感。

●旅游观光型。随着社会经济的发展，和人们物质生活水平的提高，旅游观光、休闲度假成为人们休闲的主要方式。平时所占比例为 5.1%，周末为 6.7%，节假日为 19.9%。杭州是一个以西湖为中心的典型的旅游城市，西湖位于市中心，免费开放。有的市民每周至少一次去西湖。

●竞争活动型。竞争活动型主要指参加各种类型活动的比赛，如唱歌比赛、赛车、各种体育比赛、插花比赛等。这种休闲活动类型所占比例较少，平时为 1.0%，周末为2.4％,节假日为5.4％。这也说明杭州传统休闲文化比较注重个体自身的修身养性、自娱自乐,不太热衷竞争性的、对抗性的活动。

●社会公益型。社会公益型主要指参加社会公益工作、慈善活动、志愿者活动等。调查数据显示,杭州市民参与此类活动的平时为0.7％,周末为5.7％,节假日为8.8％。社会公益活动体现了现代社会人们对精神满足和自我发展的追求。人们在闲暇时间,将社会公益活动作为满足自己心理需求的一个重要载体,既有利于自身的精神发展,又有益于社会和谐共处,是当今社会提倡的休闲活动类型。

●教育发展型。教育发展型主要指参观各种类型的博物馆、艺术馆、美术馆、收藏馆、宗教场所等,为提高学历和职业能力而参加的各种教育培训,以及学习各种知识技艺等,如烹饪、书法绘画等。杭州市民参与此类活动,平时占比为3.4％,周末为5.1％,节假日为7.7％。主要集中在青年年龄段。这类人群注重自我发展,平时努力学习,提高自身修养和工作技能,希望能有机会选择自己喜欢和适宜的工作。对于社会经济高速发展,正在走向国际化的杭州而言,这是需要引导和鼓励的。

b. 休闲同伴选择倾向。"您经常和谁一起进行休闲活动?"调查结果显示,53.5％的人倾向于同学朋友,24.9％的人倾向于独自。休闲同伴选择反映了人们休闲活动时对社会人际交往关系及情感的依赖。与家人、恋人一起参加休闲活动反映的是以血缘、亲情为基础的亲密关系;与同学朋友一起则是以业缘、趣缘为基础的友情关系。杭州市民选择休闲活动外出同伴时,选择同学朋友的比例占到了53.5％,说明杭州市民参与休闲活动时具有显著的社会开放性和活动自由性的价值倾向。

表10　休闲同伴构成

休闲同伴	人数(人)	所占比(％)
独自	185	24.9％
同学、朋友	398	53.6％
恋人、家人	90	12.1％
同事	53	7.1％
有共同爱好的陌生人	10	1.3％
其他	7	0.9％
合计	743	100.0％

c. 休闲出行方式选择倾向。多数情况下,杭州市民休闲出行方式选择以公共交通工具为主,其次为私家车。这种选择与杭州日益严重的交通压力有关。另外,透过数据发现,选择搭便车和租车的情形还不多见。

d. 休闲场所选择倾向。休闲场所是休闲活动的空间载体。在常去的休闲场所选择中,杭州市民休闲主要场所选择旅游景区的占46.5%,这表明,旅游景区在杭州市民休闲活动的选择中占有重要地位,这与杭州打造"生活品质之城、建设国际休闲之都"的城市定位不谋而合。书吧、网吧、图书馆分别以8.8%及6.4%的优势占据第二、第三位置,此项调查中,选择其他或者没有进行此项选择的人数占21.9%,表明杭州市民有很大一部分未有明确的休闲场所选择。

表11　休闲场所选择

休闲场所	人数(人)	百分比(%)
旅游景区	345	46.4%
茶馆	5	0.7%
游戏厅	3	0.4%
剧院	2	0.3%
棋牌室	3	0.4%
健身房	2	0.3%
公园	5	0.7%
图书馆、书吧	64	8.6%
网吧	48	6.5%
体育场馆	35	4.7%
商场	35	4.7%
迪厅或KTV	10	1.3%
电影院	10	1.3%
美发厅或者足浴场所	3	0.4%
咖啡厅	7	0.9%
教堂	3	0.4%
其他	163	21.9%
合计	743	100.0%

⑤杭州市民休闲满意度。

a. 休闲时间分配满意度。关于休闲时间的满意度,30.6%的杭州市民对自己目前的休闲时间表示满意,29.6%的人表示一般满意,31.3%的杭州市民未直接表达自己的观点。这也说明大部分杭州市民面对自己的休闲时间和工作时间的安排持认可态度。

b. 休闲场所满意度。受调查对象所处的地理位置差异及休闲场所的方便程度所限,数据显示,有37.7%的杭州市民认为目前杭州市的休闲设施只是一般;11.4%的杭州市民认为休闲场所设施不完善;1.3%的大学生对大学校园休闲设施很不满意。这也表明杭州市民对杭州休闲设施现状与杭州市"生活品质之城"定位的差距是不太满意的。

c.休闲教育满意度。数据显示,有39.4%的被调查者对目前的休闲教育感到不满意,认为政府有必要对杭州市民进行休闲教育,更有13.8%的被调查者对目前休闲教育不满足和非常不满足。这些数据与之前的相关分析印证了目前杭州市民休闲生活质量不高,既有客观休闲环境因素,更有休闲主体自身的原因。

当被问及休闲教育的作用时,47.5%的被调查者回答说能够提高生活工作质量,14.1%的人认为有助于帮助选择健康的休闲方式。总之,休闲教育有助于提高市民生活质量及工作效率的说法得到大部分市民的认可。

d.休闲生活总体满意度。

表12 对自己目前休闲消费满意度

休闲满意度	人数	所占比例(%)
非常满意	43	5.7%
满意	240	32.3%
一般	280	37.7%
不满意	23	3.0%
非常不满意	5	0.7%
无所谓	153	20.5 %
合计	743	100.0%

(3)杭州市民休闲方式选择倾向的影响因素。

影响杭州市民休闲方式选择倾向的主要因素体现在主体方面和客体方面。主体方面表现为休闲认知、闲暇时间多少、身体状况、兴趣爱好、经济条件等因素;客体方面则主要表现在休闲设施及管理、休闲产品及服务水平、休闲场所出行方便程度、休闲价格合理性、休闲产品宣传和推介、休闲方式适宜度等因素。

①休闲认知。调查显示,19.9%的杭州市民认为休闲是指休息,9.8%的杭州市民对休闲的定义是打发时间,有35.7%的杭州市民认为休闲只是娱乐性活动,32.3%的杭州市民将休闲定位为精神享受,2.3%的杭州市民对休闲概念不确定。由此可见,绝大多数杭州市民是把休闲定位于有益于身心健康和全面发展的活动,对于休闲的主流定位是科学合理的,因此休闲选择倾向也较积极健康向上。

②闲暇时间。调查数据显示,35.4%的杭州市民每天的闲暇时间在1—2小时之间;21.9%的杭州市民每天的闲暇时间在2—3小时之间;每天3—4小时的占15.5%;而每天闲暇时间超过4小时的只有11.4%。周末闲暇时间,14.5%的杭州市民为4小时及以下;38.4%杭州市民的闲暇时间为4—8小时;20.2%的杭州市民闲暇时间为8—12小时;12.2%的杭州市民为12小时及以上。调查数据表明,市民平时的闲暇时间每天集中在1—3小时,周末闲暇时间集中在8小时以下。这也印证了杭州市民平时的休闲方式为何主要选择看电视、听广播的消遣娱乐型活动,占比46.5%;周末则主要选择健身运动类型休闲方式,占30.3%。

③休闲心理。休闲心理是指休闲个体在闲暇时间,摆脱自身内外束缚而享有的身心自由状态,即自主选择自己喜爱的休闲活动,以达到愉悦身心、舒展生命的状态。不同的地域文化会对所在地域群体的休闲心理及休闲态度产生影响。杭州作为中国七大古都之一,不仅拥有大自然造化的湖光山色,豪爽大气的钱江大潮,还有精工细雕的诸多人文景观,更有源远流长的休闲文化。南宋以来,杭州就是一个远离战乱,悠闲自得的城市,美丽、富庶、娴静、安逸,引无数文人墨客竞折腰。杭州百姓对柔美的西湖有无尽的爱恋,对杭州的休闲生活怀有深深的眷恋,无论走到哪里,还是杭州最美。从杭州市民对杭州"生活品质之城"的城市品牌定位认同就可见一斑。调查显示,50.8%的杭州市民认同杭州的城市定位,6.1%的市民非常认同。

④消费能力。选择什么样的休闲方式与个人的经济条件有很大关系。调查显示,杭州市民若参与休闲活动,一般日均费用在50—100元的占36.4%;日均费用在50元以下的占31.3%;日均费用为100—300元的仅有18.5%;500元以上的只有1.0%。

表13　杭州市民日均休闲费用

休闲费用(元)	人数（人）	百分比（%）
50以下	233	31.4%
50—100	270	36.3%
100—300	138	18.6%
300—500	38	5.1%
500以上	8	1.1%
无所谓	56	7.5%
合计	743	100.0%

表 14 杭州市民周末休闲平均费用

休闲费用(元)	人数（人）	百分比(%)
100 以下	173	23.3%
100～300	263	35.4%
300～500	100	13.5%
500～1000	40	5.4%
1000 以上	10	1.3%
无所谓	157	21.1%
合计	743	100.0%

表 15 杭州市民节假日休闲平均费用

休闲费用(元)	人数（人）	百分比(%)
500 以下	169	22.7%
500—1000	163	21.9%
1000—3000	148	19.9%
3000—5000	70	9.4%
5000 以上	13	1.7%
无所谓	180	24.2%
合计	743	100.0%

与此同时,课题组在调查"如果是听音乐会或看各种体育比赛,您能接受的最低价格是?"时,49.8%的杭州市民对 180—380 元的价位有承受能力;13.1%的杭州市民能接受 580 元的价位;12.8%的杭州市民认为只能承受 80 元的价位;能接受 780元价位的杭州市民只有 1.3%;接受 1280 元价位的有 0.3%;对价格无所谓的竟然有 16.8%,这也在一定程度上反映了杭州市民的收入差距。

表 16 观看比赛、听音乐会等所能接受的最高价格

价格(元)	人数（人）	百分比(%)
80	95	12.8%
180	185	24.9%
380	185	24.9%
580	98	13.2%
780	10	1.3%
1280	3	0.4%
无所谓	126	17.0%
未选择	41	5.5%
合计	743	100.0%

⑤休闲产品与服务。

休闲质量高低与休闲产品及服务有很大关系。休闲产品主要指休闲项目、休闲场所设施、休闲费用、休闲服务水平、休闲活动吸引力、休闲产品宣传与推广和休闲方法指导等。在影响杭州市民休闲活动因素调查中,29.6%的杭州市民认为是休闲消费过高影响了其休闲活动的正常进行,居首位;认为休闲项目缺乏吸引力的占22.9%,处于第二位;认为杭州市休闲场所设施不完善的人数也较多,占11.8%,处于第三位。上述数据可以看出,休闲消费过高对杭州市民休闲活动的正常进行产生重大影响,休闲项目缺乏吸引力、休闲设施不完善也会影响市民休闲活动的选择。未作答者高达20.9%,说明与休闲主体自身有一定关系。

表17 休闲项目影响因素

休闲影响因素	人数(人)	所占比例(%)
休闲项目缺乏吸引力	170	22.9%
休闲消费过高	220	29.6%
休闲设施不完善	88	11.8%
休闲服务不到位	80	10.8%
其他	30	4.0%
未作答	155	20.9%
合计	743	100.0%

2.杭州市民休闲生活特点及存在的问题

杭州不仅作为"精心呵护并科学经营自然与人文荟萃的'人间天堂'",作为唯一的中国城市入选"全球休闲范例城市",被公众网络专项评价为"最美休闲城市",连续多次被市民评为最具幸福感的城市。杭州市民的休闲生活具有怎样的特点呢?

(1)杭州市民休闲生活特点。

① 杭州市民休闲意识浓厚,休闲选择日益成熟。

从对杭州市民的休闲认知、个人休闲选择、休闲满意度等诸多方面的调查结果中,我们不难发现杭州市民的休闲意识及个人在休闲方式选择上日趋成熟。32.3%的杭州市民将休闲定义为精神享受,休闲是有益于身心健康和全面发展的活动;35.7%的杭州市民认为休闲是娱乐性活动,休闲是有助于人们缓解压力、消除烦恼,以更好地投入工作和学习有效途径之一,也是人类自我发展的必然要求。

随着我国人均GDP的提高,人们对物质文化的需求已开始转向精神文化需求,尤其是伴随着城市化的发展,人们的审美观、价值观、消费观等日益更新,杭州市民选择自己的休闲方式日趋自主和独立,在休闲活动内容、休闲时间、休闲场所和休闲同伴选择等方面也更具自己的内心感受和有一定的独立性。如在休闲同伴选择上，24.9%的人选择独自外出旅行，53.5%的受访者选择与同学朋友外出旅行。这些都表明杭州市民的休闲意识正在逐步走向成熟。

②个人受教育程度对休闲方式选择有很大影响。

我们将被调查者的受教育程度划分为5个层次：初中及以下、高中或中专、大专、本科、硕士及以上，其中问卷分发数量分别占9.8%、16.5%、10.1%、58.7%、5.1%。

平时休闲活动选择中，初中及以下、高中或中专、大专、本科学历选择消遣娱乐型休闲活动者居多，分别占本层次的38.4%、44.7%、57.3%、37.5%、21.1%；硕士及以上学历在平时的休闲活动选择中比较倾向于运动健身型休闲活动，且调查比例占本层次的34.2%。调查数据说明个人的受教育程度对休闲活动选择产生较大的影响，且在休闲活动的选择中，对消遣娱乐型休闲活动的热衷程度，呈现出随着学历的提高，先升后降的态势。

表18 受教育程度平时休闲活动选择(单位:人)

| | | 若有时间,平时优先选哪些类型的休闲活动 | | | | | | | | |
		消遣娱乐型	怡情养性型	运动健身型	观赏型	竞争型	社会公益型	教育发展型	其他	未作答	合计
受教育程度	初中及以下	28	8	10	8	3	0	0	0	18	75
	高中或中专	55	13	18	5	0	0	3	3	28	125
	大专	43	13	10	0	0	0	3	0	8	77
	本科	164	70	53	20	5	5	15	0	94	426
	硕士及以上	8	8	13	3	0	0	0	0	8	40
合计		298	112	104	36	8	5	21	3	156	743

周末休闲活动选择中，初中及以下、高中或中专、本科学历选择消遣娱乐型休闲活动者居多，分别占本层次的20.5%、22.8%、14.4%；大专学历的选择，倾向于观赏型休闲活动，且调查比例占本层次的40%。与平时休闲活动选择状况相比较，在周末的休闲活动选择中，所有学历的杭州市民对消遣娱乐型休闲活动的青睐度均有所降低，大部分市民逐步将目光移向观赏型休闲活动，选择消遣娱乐型休闲活动的市民比例减少。

表 19　受教育程度周末休闲活动选择（单位：人）

		消遣娱乐型	怡情养性型	运动健身型	观赏型	竞争型	社会公益型	教育发展型	其他	未作答	合计	
		若有时间,周末优先选哪些类型的休闲活动										
受教育程度	初中及以下	15	3	0	15	0	8	8	5	21	75
	高中或中专	28	13	5	25	8	5	5	3	33	125
	大专	3	8	8	30	3	5	3	0	17	77
	本科	63	60	35	60	23	28	33	8	116	426
	硕士及以上	7	6	8	8	3	3	3	0	2	40
合计		116	90	56	138	37	49	52	16	189	743

年休、节假日休闲活动选择中,无论何种学历,杭州市民休闲活动选择倾向呈现出多元化特点,本科、硕士及以上学历的市民选择怡情养性型休闲活动的比例开始上升。这一方面说明随着社会经济的发展,人们开始有能力做出多种休闲方式选择,另一方面也表明,随着节假日的增多,高雅、文明的休闲方式已步入人们的休闲视野。

表 20　受教育程度平年休、节假日休闲活动选择（单位：人）

		消遣娱乐型	怡情养性型	运动健身型	观赏型	竞争型	社会公益型	教育发展型	其他	未作答	合计	
		若有时间,年休、节假日优先选哪些类型的休闲活动										
受教育程度	初中及以下	15	3	0	18	0	8	8	0	23	75
	高中或中专	30	18	8	25	8	5	8	3	20	125
	大专	3	8	8	30	3	5	3	0	17	77
	本科	66	63	35	60	20	23	33	8	118	426
	硕士及以上	6	7	2	8	3	3	3	0	8	40
合计		120	99	53	141	34	44	55	11	186	743

③杭州市民休闲行为显示出年龄、性别、职业等差异性。

不同性别的休闲差异。调查研究中,我们发现男女在休闲动机、休闲时间选择、休闲场所利用等方面存在很大的差异性。

一是男女休闲活动选择的目的不同。男性将"锻炼身体"设为首要因素,而女性则选择"陶冶情操"为首要目的。这说明男女对休闲的功能认识不同。

二是男女休闲活动时间不同。女性的日常休闲时间比男性多,尤其是白领下班后的时间被她们很好地利用起来,主要休闲活动选择为逛街、上网、唱歌、种花、养宠物等;而男性的日常休闲时间明显低于女性,多半是因为工作压力大,没有合理的规律的闲暇时间,他们日常的休闲活动主要是上网、影视、健身等。

三是男女休闲场所的选择差异性大。男性在选择休闲场所时通常考虑户外,而女性多数选择室内的休闲活动。这与男女的运动量差异和性格差异有关。

不同年龄的休闲差异。我们将样本的年龄调查分为以下区间,22 岁以下,23—35 岁,36—45 岁,46—60 岁,60 岁以上。22 岁以下的年轻人休闲活动多选择运动性质强、时尚流行的,如健身,唱歌等。同时他们的休闲同伴多选择自己的同学朋友,和家人在一起进行休闲活动的概率是非常小的。23—35 岁是休闲消费的主要人群,他们对休闲活动的重视程度相对较高,运动娱乐性质和怡情养性型是并存的,他们比较理性地选择休闲的消费活动,多以看书充电、室内的影视剧欣赏为主,周末多选择户外运动。36—45 岁的人群休闲活动主要是和家人一起旅游,同伴多选择家人,这部分人群会花更多的时间和家人在一起进行休闲活动。46 岁以上的人群多以怡情养性为主,如茶馆聊天等。加之杭州是龙井茶主要产地,自古以来就有悠久的饮茶历史和习惯,这为这项休闲活动提供了很好的发展土壤,是最具杭州特色的休闲活动。

不同职业的休闲差异。在设计调查问卷时,我们根据不同职业的性质及工作内容,将职业划分为 12 大类,通过对不同职业的分析比较,了解到不同职业对人们的休闲活动选择产生不同的影响。公司职员、白领公务员的收入相对较高,有较多的有规律的闲暇时间用来支配利用,他们选择的休闲活动多为旅游、健身、逛街等消费性质较浓的休闲活动;学生层次的人群由于学业等综合因素的影响通常会选择一些大众类并且较为时尚的休闲项目,如上网、唱歌等;科教文卫事业从业者受职业影响较大,休闲活动类型以怡情养性为主,偶尔也会选择放松身心的娱乐活动作为必要的补充。个体从业者的闲暇时间不确定。没有规律地进行休闲活动,但是从我们的调查访问中了解到,他们的休闲活动主要是消遣娱乐,以运动健身为主,以放松缓解工作压力为目的。

④杭州市民休闲偏爱自己的城市。

杭州凭借着得天独厚的自然条件、巧夺天工的人文景观和政府精心打造的"生活品质之城",不仅吸引着国内外各界宾客前来观光旅游,而且还让生于此、长于此的杭州市民对自己的城市无限热爱,无比自豪。杭州文化孕育的杭州人既无排外倾向,又具有浓厚的"自恋"情结,既有多元性,又有极强的文化同化力。在问及杭州市民平时主要选择的休闲场所时,大多数市民首选自己的城市,尤其是西湖景区。杭州市民将西湖作为杭州的标志,认为没有西湖的杭州就不是杭州。他们休闲场所的选择会随着休闲时间长短、休闲能力大小而在空间上呈现出一定的特点。首先,休闲时间长短直接决定了杭州市民对休闲场所的选择。调查表明,休闲时间短,市民选择杭州市内景区的比例偏高;时间长,选择市外场所的倾向开始强烈。其次,平时休闲的集中地主要在西湖景区、河坊街等;节假日选择其他地方的人数增多主要在于假日经济的发达,不少人开始选择到全国各地或境外旅游。

表 21 平时休闲最常去的休闲场所

休闲场所	人数(人)	百分比(%)
西湖景区	500	67.3%
天目山	3	0.4%
运河广场	15	2.0%
大明山	3	0.4%
梅家坞龙井村	5	0.7%
富春江景区	3	0.4%
浙西大峡谷	0	0.0%
桐庐瑶琳仙境	3	0.4%
灵隐景区	35	4.7%
宋城景区	23	3.1%
钱塘江边	20	2.7%
河坊街	25	3.4%
西溪湿地	22	3.0%
千岛湖景区	2	0.3%
杭州乐园	5	0.7%
野生动物园	13	1.7%
其他	66	8.9%
合计	743	100.0%

表 22　周末休闲最常去的休闲场所

休闲场所	人数（人）	百分比（%）
西湖景区	123	16.6%
天目山	13	1.7%
运河广场	25	3.4%
大明山	8	1.0%
梅家坞龙井村	33	4.4%
富春江景区	2	0.3%
浙西大峡谷	3	0.4%
桐庐瑶琳仙境	3	0.4%
灵隐景区	98	13.1%
宋城景区	33	4.4%
钱塘江边	95	12.8%
河坊街	150	20.2%
西溪湿地	30	4.0%
千岛湖景区	33	4.4%
杭州乐园	33	4.4%
野生动物园	23	3.1%
其他	37	5.0%
合计	743	100.0%

表 23　节假日休闲最常去的休闲场所

休闲场所	人数（人）	百分比（%）
西湖景区	78	10.5%
天目山	18	2.4%
运河广场	48	6.5%
大明山	10	1.3%
梅家坞龙井村	45	6.1%
富春江景区	8	1.1%
浙西大峡谷	8	1.1%
桐庐瑶琳仙境	5	0.7%

休闲场所	人数(人)	百分比(%)
灵隐景区	15	2.0%
宋城景区	23	3.1%
钱塘江边	58	7.8%
河坊街	53	7.1%
西溪湿地	65	8.7%
千岛湖景区	28	3.8%
杭州乐园	48	6.5%
野生动物园	35	4.7%
其他	198	26.6%
合计	743	100.0%

(2)杭州市民休闲生活存在的问题及原因。

①休闲方式单调,休闲情趣单一。杭州市民的休闲方式由于受传统习惯、消费能力及地理环境等因素影响,显示出一定的单一性。在平时的休闲方式选择中,杭州市民有46.5%的选择消遣娱乐型,选择怡情养性型的只有18.5%,运动健身型的为18.5%,观赏型的仅为5.1%。从杭州市民休闲场所选择看,67.3%的人倾向于在旅游景区,尤其是在西湖景区进行休闲。杭州市民普遍的休闲方式就是在市内景区游玩、在茶馆喝茶、打牌、聊天等,较少观看高雅艺术演出。造成这种现象的原因除了受消费能力和地理环境因素影响外,主要是传统的休闲习惯。杭州是典型的旅游休闲城市,城市发展主要是以西湖为中心,得天独厚的自然环境是杭州市休闲发展的优势。杭州西湖最早免费对外开放,杭州人习惯在和煦的春风和惬意的秋色中漫步西湖。我们从杭州市民的休闲费用中也可以看出,杭州市民平常用于休闲方面的费用相对较少,这也是杭州市民休闲方式单调、情趣单一的表现之一。当然,近年来开始外出旅游,出国度假,还仅局限于少数人。

②休闲主观随意,被动休闲多于主动休闲。杭州市民休闲意识虽已日渐成熟,但也只是纵向比较而言,如果横向比较,我们不难发现,杭州市民的休闲观念更多的还是停留在休闲观念的浅表层面上。

在对杭州市民进行休闲安排调查时,课题组发现28%的杭州市民对自己的休闲时间没有合理的计划安排,那就更不能做到按照计划合理实施了。此外,在有对自己的休闲时间能进行合理安排的杭州市民中,51.2%的人并不能够按照计划进行休闲。多达79.2%的杭州市民或者没有对自己的休闲时间进行合理计划,或者对自己的休闲时间进行了计划但并未按计划实施。这也反映出杭州市民在进行休闲时存在一个较大的问题,即被动休闲。很多人的休闲是临时兴起或随所在群体的组织和他人的邀请下进行的。被动休闲从一个侧面也反映了杭州市民的休闲生活质量。

表 24　是否有计划安排自己的休闲时间并按计划实施

是否有计划安排休闲	人数(人)	所占比例(%)
有计划并严格实施	148	19.9%
有计划但不能按计划实施	380	51.1%
没计划,有意愿做计划	108	14.5%
没计划,没意愿做计划	100	13.5%
其他	7	0.9%
合计	743	100.0%

③休闲层次较低,缺乏高雅休闲方式。在对杭州市民休闲方式选择的价值取向调查中,我们发现,杭州市民在各时间段的休闲方式选择上,相比于旅游、娱乐、喝茶和餐饮等休闲活动方式,教育发展类休闲活动方式所占比重极低,休闲更愿意选择的项目中旅游为54.2%、上网为9.4%、逛街为7.7%,而看展览的只有0.3%,参加情趣培训的为0.3%,参与公益活动的为0.7%。这表明人们对文化教育类和公益类休闲活动方式尚未引起足够的重视,当然这也折射出杭州市民在休闲活动中自觉接受高雅文化熏陶和进行自我教育发展过程出现的与社会文明进步相脱离这一严酷现实。

杭州作为世界休闲之都,在引领休闲文化方面理应走在前列,但调查中我们感到,杭州市民仅仅在休闲时间占有和使用方面显现出与国际接轨的征兆,但在休闲生活品质和休闲发展引领方面与发达国家相比仍然存在明显的距离。

④闲暇时间偏少,相对而言休闲时间分配不足。在对杭州市民休闲时间分配与闲暇时间利用情况调查时,课题组发现48.9%的杭州市民平均日闲暇时间只有1—2小时及以下,2—4小时的有37.4%,4小时以上的有11.4%。

虽然节假日开始增多,但人们的休闲生活并未随着闲暇时间的增多而有本质性的改变。访谈中我们发现,社会各个阶层,人们的工作压力、生活压力都非常大,很多人无暇或无闲进行休闲活动。有限的时间会出现两个极端,要么睡觉休息,要么过度娱乐带来更大的疲劳感。市民休闲选择自由度没有随着节假日增多而加大的一个重要原因在于社会高速运转,生活节奏加快,人们没有充裕的时间选择休闲,而且工作、生活和个人发展重压下的人们,很少有闲情逸致去从事休闲。

(3)提高杭州市民休闲生活品质的对策性建议。

城市市民的休闲行为,一方面反映了休闲环境对休闲主体的满足程度,另一方面也反映了休闲主体对休闲环境的心理需要和适应。从杭州市民休闲行为的调研情况来看,杭州市民休闲行为从主体方面和客观环境方面看都面临着改善的需要:一是反映在休闲主体方面,即休闲观念还需进一步改善,休闲能力和技巧需进一步提高;二是反映在休闲客体方面,政府对城市的休闲环境还需进一步的规划和投入,媒体需要对市民进行休闲引导,休闲产品提供者需要拓宽休闲项目领域和提升休闲服务水平,同时,整个社会应营造一个良好的休闲文化氛围。由此,我们对杭州市打造"生活品质之城""休闲之都"和提高市民休闲生活品质方面提出如下对策性建议。

①政府应发挥休闲管理职能,构建和谐的休闲环境。发达国家经验表明,当休闲文化成为人们日常生活中重要组成部分时,政府就应承担其相应的管理职责,致力于构建一个和谐的休闲环境。党的十九大报告明确提出,今后我们党和国家一切工作要以满足人民对美好生活日益向往的需求为目标。当前中国正处于历史发展的新时代,人民的需求已发生深刻变化,由原来主要满足物质需求,转化为主要满足精神需求,休闲生活就是满足人的精神需求。满足人的休闲生活需求是满足人民日益增长的美好生活需要的重要内容。休闲产业作为文化产业的一部分,理应贯彻和落实这一目标要求。

第一,政府相关部门应加强休闲的实证研究,借鉴成熟国家的先进经验,制定符合杭州社会发展要求和市民休闲需求的休闲文化及休闲产业政策,从宏观层面促进休闲资源的优化配置,完善休闲市场机制和市场结构,促进休闲产业布局的合理化,从而促使作为"休闲之都"的杭州的休闲文化及休闲产业核心竞争力的形成,进而从整体上维护休闲产业发展所必需的良好的市场秩序和文化氛围,最终达到文化领域供给侧结构性改革和文化产业转型升级,使休闲文化和休闲产业成为杭州经济社会发展的直接动力。

第二,国家已新组建了文化和旅游部,可对休闲文化及休闲产业进行宏观层面的指导及管理。地方政府应明确专司休闲管理的职能部门,一方面要充当出资人,对公共休闲设施和休闲文化直接投资管理,另一方面也要对休闲产业进行行业监督和引导。文化不仅是产业,更是事业。文化产业和文化事业的良性互动才能带来发达的休闲文化市场。在休闲产业已成为国家重要支柱产业,休闲生活已成为城市市民重要生活内容时,政府应该在休闲管理中扮演重要角色。韩国、日本、法国、加拿大等休闲产业的发达,无一不与政府充当的"协调人"有重大关系。英国每个街镇的中心位置都有政府设置的游客服务中心,接待和服务来自世界各地的游客,让每一个到达该地的陌生人都能有家的感觉。台湾地区发达的文化创意产业和繁荣的文化演出市场也与相关机构的扶持有关。杭州虽然休闲资源丰富,政府的休闲服务水平在国内已领先,但与发达国家和地区相比,还有很大的距离。外地游客来杭旅游度假,只能在眼花缭乱的商业资讯中寻找信息,缺乏安全可靠的指导。我们应借鉴各种先进经验,组建专司休闲管理的部门,统一规划和战略部署休闲文化及休闲产业,创造发展良好的城市休闲环境,推动和引导杭州市民健康的休闲方式。目前杭州户籍人口与流动人口两个层面,人均 GDP 都已超过 1 万美元,进入国际经验所说的精神文化发展井喷期。当市民的可支配收入大幅增加和生活水平日益提高时,政府更需从宏观层面对城市市民进行科学、健康、文明的休闲引导与推动。杭州市政府应将市民的休闲行为和休闲满意度作为社会公共生活和经济协调发展的重要考察指标,以期率先建立和完善城市人文 GDP 指标体系。政府在努力打造生活品质之城,构建和谐的城市休闲环境。要督促和引导相关休闲产业有可持续发展意识、有社会好公民意识。一定要明确,休闲产业不是一个挣大钱的行业,要在顾及商业利益的同时,更要考虑公共利益。

第三,政府要加大对公共休闲服务设施的投入力度,特别是科技馆、图书馆、艺术馆、体育馆、健身房等文体设施。无论从纵向看还是横向看,杭州的休闲文化设施和文化产品与杭州的经济大市、文化大市的地位不相匹配。社区缺乏能满足大众需求的公办图书馆、文化馆、文体设施和活动场所。目前主要休闲活动场所和设施都带有浓厚的商业化色彩,普通市民难以承受。很多居民小区原有的公共配套和活动场地被日益增多的私家汽车挤占,市民已很少有活动空地。因此,政府一方面要建立更多的免费开放的公共休闲活动场所,另一方面要帮助城市居民拿回被商业化挪用的城市空间。

第四,促进文化事业与文化产业互动发展,多出精品,以高尚的休闲文化来教育人、感化人。浙江、杭州的媒体业较为发达,在制作满足大众娱乐需求产品的同时,更要有社会责任意识,要对中小学生和市民进行科学、合理、健康的休闲观引导。在休闲信息来源调查中,我们发现杭州市民的休闲信息来源主要集中在广播电视(34.3％)、互联网(32.0％)、报纸杂志(23.9％)等主要渠道,这也凸显了广播电视等大众传媒在休闲教育与引导过程中的重要性。

第五,鼓励和支持休闲文化、休闲产业的相关研究,开展休闲教育,构建和传承好杭州休闲文化特色。杭州的城市传统休闲特色,围绕西湖山水——对湖的整治、利用、美化、消费、休闲、眷恋等——形成的生活方式。杭州传统城市休闲特色可以概括为“以生活品质的提高为主题,在文化、经济与环境的交融中和谐创新”。[①] 迄今的杭州城市休闲传统,滥觞于隋唐,勃兴于吴越国,成型于南宋临安。杭州休闲传统

---

① 叶明. 人文杭州[M]. 杭州:杭州出版社,2003.

特色主要是精致及其所代表的典雅、闲适。精致体现于自然环境的优美秀丽,生产方式的精耕细作、艺术形式的精雕细琢、生活方式的精醇圆润。比如杭州的园林,无论是灵隐寺、白塔、石窟造像、雕刻石碑等宗教建筑,还是小瀛洲、郭庄、刘庄等皇家园林、私家别墅,其中的亭、台、楼、阁、小桥流水都是山水相借、小巧精致;精致特色表现在杭州的休闲经济产品中,如丝绸、茶叶、扇子、剪刀、中药、雨伞等都以产品精巧、质量上乘著称;精致还表现在杭州历来具有较高的生活质量,饮食、服装、居住环境、休闲方式等都极其讲究,如杭州住房,无论中高低档,其内部结构、功能、外观设计,相对而言,在全国同类型中都是较有品位的。

杭州在珍惜自己城市传统休闲文化特色的同时,还要摒弃因为追求典雅、闲适的精致生活,而出现的精小琐碎、虚荣虚浮、自给自足的休闲生活方式。要大气开放,多元吸纳各种先进的休闲文化。

②行业主体应创新休闲产品,提升休闲服务水平。城市市民休闲生活质量的高低与休闲产品质量及休闲服务水平有很大关系。因此,休闲行业应在休闲产品开发和休闲产品服务方面多下功夫。

首先,要开发特色休闲产品,拓宽休闲服务领域。杭州市民已不满足于通俗化的大众休闲产品,希望能依据自己的兴趣与喜好来选择参与休闲活动。从对杭州市民休闲行为影响因素分析来看,兴趣爱好、心情愉悦、自我发展等因素已成为杭州市民选择休闲活动的主要价值依据;休闲产品的品质和休闲服务质量是市民休闲选择的另一个考量要素。目前杭州市的休闲产品、休闲场所和设施已远远不能满足市民对休闲选择的需求。在对休闲满意度调查中有相当比例的市民对此表示不满意。随着杭州城市经济水平的提高,市民休闲时间的增多和可支配收入的增加,市民的休闲行为呈现出新的发展趋势:一是人们的休闲活动由单一开始多元,由市内向省外、境外转变;二是人们的休闲活动从参与型、娱乐型到享受型、发展型转变。基于此,杭州休闲产品提供者应在不断完善现有休闲产品和服务的基础上,努力开发新的、适应不同群体(如针对老年群体的健身性、儿童的益智性、年轻人的时尚性)的休闲产品,拓宽休闲服务领域,以满足人们日益增长的休闲需求。

其次,强化服务意识,提升休闲管理水平。调研中发现,很多市民有休闲意识和休闲意愿,但休闲场所的有限性、休闲出行的不便性和休闲安全的顾虑性等因素,影响了其休闲参与热情。比如,作为世界文化遗产保护的西湖景区,节假日吸引了众多外地游客。休闲本来是一件轻松惬意的事,结果节假日的景区常常是人满为患,有时甚至是寸步难行。交通拥堵、服务不到位,不仅影响了杭州的城市形象,也让杭州市民无法出行。政府号召杭州市民要有大局意识,尽量减少外出,降低景区的压力,但这不能解决根本问题。这就需要休闲产品提供者一方面规范日常休闲管理,强化休闲服务意识,提高服务人员的综合素质和管理水平,同时还应开发更多的适应本市市民节假日期间休闲需求的休闲项目,如举办各种文化艺术展览、举办演唱会和体育赛事、开办各种兴趣班等,客观上也能分散景区的人流压力。

最后,挖掘传统的杭州休闲文化,赋予新的时尚元素。杭州的历史文化有着深厚的休闲意蕴。不论是茶文化,西湖文化还是戏剧文化,都是值得发展和挖掘的高雅儒雅的艺术文化。文化在影响休闲行为选择的同时有着重要的影响作用,是休闲行为的基础。杭州在不断发展新型休闲文化及方式的同时,要兼顾杭州传统文化的挖掘,这才能发展具有生命力的休闲文化。休闲文化具有鲜明的传统性,在推动休闲产业发展、设计休闲产品时要考虑到如何继承传统文化,同时赋予时代特色,增加时尚元素,最终形成带有老杭州特色和时尚元素的杭州休闲文化。

③休闲主体应提升健康休闲意识,学会智慧休闲。休闲生活质量的高低主要依靠休闲主体的休闲素质。杭州市民要自觉提升积极健康的休闲意识,增强休闲能力和休闲技巧,以提高自己的休闲品质。

一要树立积极健康向上的休闲观。城市市民的休闲行为表现折射出的是城市市民的休闲观。高质量的休闲生活并非通过高档消费的娱乐化形式来实现,内心的悠然自得和自我的身心愉悦更符合现代人的休闲需求。杭州的传统休闲特色文化,一方面是精致小巧、细腻周到;另一方面是琐碎涣散,追求安逸、容易满足。南宋以来,杭州被视为一个灯红酒绿、纸醉金迷的“销金窟”,是典型的消费城市,市民的消费热情较为高涨。在全球化背景下的今天,市场竞争激烈,我们既要追求舒适安逸的休闲生活,还要保持创新创业精神,增强自己的休闲价值判断和休闲选择能力,协调好工作与休闲的关系。

二要培养休闲能力,学习休闲技巧。高质量的休闲生活与健康智慧的休闲能力密切相关。休闲从本质上讲是完全个性化的,休闲的本质是心灵的自由和无拘无束,要做到这一点需要学习和培养。只有学习并掌握一定的休闲知识和休闲技巧及方法,才能在树立健康休闲观、扩展休闲视野的同时,裨以聪明用闲、快乐享闲,从而在欲望熙攘、利益纷争的市场经济时代,增进协和身心、平衡生活与工作关系中的自我调适能力,以更好地享受休闲生活带给我们生命的美好和幸福。

相信只要休闲主体和社会共同努力,杭州市民一定会在这座美丽、温情的城市脉动中,感受休闲生活的自在适意,人间天堂的精致美好!

附录 II

《杭州市民休闲方式选择倾向及影响因素研究》调查问卷

亲爱的女士/先生：

您好！首先请原谅我们打扰了您的工作与休息！我们是_____学校学生，正在做"杭州市民休闲方式选择倾向及影响因素研究"课题调研。本次调研旨在了解杭州市民休闲选择方式及休闲满意度状况，为政府休闲基础设施配套规划与市场调控提出合理的对策和建议。调查用于学术研究，以无记名方式进行，不会对您个人隐私带来任何不良影响。请您先仔细阅读题目以及答案，客观、真实地在答案上打 √ 或者在_____中填写，无特殊说明均为单选。我们将严格遵守《中华人民共和国统计法》的规定，对您的资料进行严格的保密。

"杭州市民休闲方式选择倾向及影响因素研究"课题组

2015 年 5 月

相关概念解释

休闲：人们可在自由支配时间内，选择某些个人偏好性活动，从中感受到惯常生活不能体会到的身心愉悦、精神满足和自我实现与发展的生活方式。

闲暇时间：24 小时减去工作或学业、基本生存活动（吃饭睡觉）和个人事务外的时间。

1. 您的性别：

　[1] 男　[2] 女

2. 您的年龄：

　[1] 22 岁及以下　[2] 23—35 岁　[3] 36—45 岁　[4] 46—60 岁

　[5] 60 岁以上

3. 您受教育程度：

　[1] 初中及以下　[2] 高中/中专　[3] 大专　[4] 本科　[5] 硕士及以上

4. 您个人月收入（元）：

　[1] 1300 及以下　[2] 1300—3000　[3] 3000—5000　[4] 5000—8000

　[5] 8000 以上

5. 家庭所在地：

[1] 老城区(上城、下城、西湖、江干、拱墅)

[2] 新城区(滨江、萧山、余杭)

[3] 县级市(建德、富阳、临安)

[4] 县(淳安、桐庐)

6. 您的职业：

[1] 企事业一般职员　[2] 企事业高管　[3] 公务员　[4] 个体劳动者

[5] 学生　[6] 下岗及待业人员　[7] 艺术体育类从业者[8] 自由职业者

[9] 科教文卫工作者　[10] 军人、武警、公安　[11]其他_____。

7. 您是：

[1] 老杭州人(三代及以上)　[2] 新杭州人(两代)　[3] 暂居者(非户籍)

[4] 其他_____

8. 您认为休闲是：

[1] 休息　[2] 打发时间　[3] 娱乐性活动　[4]精神享受

[5] 其他_____

9. 您的休闲目的是：(限选 2 项,若有其他请填写以说明)

[1] 放松再工作　[2] 陶冶情操　[3] 锻炼身体

[4] 增长见识　[5] 培养能力　[6] 其他_____

10. 您通常获得休闲信息的途径：(限选 2 项,若有其他请填写以说明)

[1] 报纸杂志　[2] 广播电视节目　[3] 互联网

[4] 朋友介绍　[5] 广告宣传　[6] 其他_____

11. 您认为休闲信息对您休闲选择的影响是：(限选 2 项,若有其他请填写以说明)

[1] 有参考价值　[2] 是忽悠　[3] 开阔视野　[4] 提供了便利

[5] 没什么价值　[6] 其他_____

12. 您会有计划地安排自己的闲暇时间并按计划实施吗?

[1] 有计划,并严格按计划实施　[2] 有计划,但不能按计划实施

[3] 没计划,有意愿做计划　[4] 没计划,没意愿做计划

13. 您的平均闲暇时间。

日平均：

[1] 1 小时及以下　[2] 1—2 小时　[3] 2—3 小时

[4] 3—4 小时　[5] 4 小时以上

周末平均：

[1] 4 小时及以下　[2] 4—8 小时

[3] 8－12 小时　　[4] 12 小时以上

年休、节假日平均：

[1] 1 天及以下　　[2] 3－10 天

[3] 10 －15 天　　[4]15 天以上

14. 您的平均休闲时间。

日平均：

[1] 1 小时及以下　　[2] 1－2 小时　　[3] 2－3 小时

[4] 3－4 小时　　[5] 4 小时以上

周末平均：

[1] 4 小时及以下　　[2] 4－8 小时

[3] 8－12 小时　　[4] 12 小时以上

年休、节假日平均：

[1] 1 天及以下　　[2] 3－10 天

[3] 10 －15 天　　[4]15 天以上

15. 如果您有闲暇时间，一般优先安排的事(请排序,仅写数字)：

[1] 娱乐活动　　[2] 逛街　　[3] 工作　　[4] 睡觉　　[5] 处理生活事务

[6] 朋友家人聚会　　[7] 外出旅游　　[8] 收拾房屋　　[9] 其他_____

平时：　　周末：　　年休、节假日：

16. 以下休闲项目,您更愿意参与的是? (请排序,限 7 项,仅写数字)

[1] 旅游　　[2] 阅读　　[3] 逛街　　[4] 上网　　[5] 运动　　[6] KTV 唱歌

[7] 影视　　[8] 打牌　　[9] 摄影　　[10] 茶馆聊天　　[11]泡吧、咖啡厅

[12] 玩游戏　　[13] 购物　　[14] 听音乐会　　[15] 看体育赛事　　[16] 美容足浴

[17] 健身　　[18] 亲友聚会　　[19] 公益活动　　[20] 养花草宠物

[21] 参加情趣班培训　　[22] 看展览　　[23] 登山　　[24] 其他_____

17. 以下休闲场所,您更愿意去的是? (排序,限排 7 项,仅写数字)

[1] 旅游景区　　[2] 书吧或图书馆　　[3] 网吧　　[4] 体育场馆　　[5] 商场

[6] 迪厅或者 KTV　[7] 电影院　　[8] 美发厅或者足浴场所　　[9] 咖啡厅

[10] 茶馆　　[11] 游戏厅　　[12] 剧院　　[13] 棋牌室　　[14] 健身房

[15] 社区活动场所　　[16] 公园　　[17] 其他_____

18. 您经常去的杭州境内休闲区:(请排序,限排 7 项,仅写数字)

[1] 西湖景区　　[2] 灵隐景区　　[3] 宋城景区　　[4] 钱塘江边　　[5] 河坊街

[6] 西溪湿地　　[7] 千岛湖景区　　[8] 杭州乐园　　[9] 野生动物世界

[10] 天目山　　[11] 运河广场　　[12] 大明山　　[13] 梅家坞、龙井村

[14] 富春江景区　　[15] 浙西大峡谷　　[16] 桐庐瑶琳仙境

[17] 其他_____

19. 您经常和谁一起进行休闲活动:(限选 3 项,若有其他请填写以说明)

[1] 独自　　[2] 同学、朋友　　[3] 恋人或家人　　[4] 同事

[5] 有共同爱好的陌生人　　[6] 其他_____

20. 您的出行方式通常为:

[1] 公共交通工具　　[2] 私家车　[3] 租车　　[4] 搭便车　　[5] 其他_____

21. 您的休闲费用(元):

平时:

[1] 50 以下　　[2] 50—100　　[3] 100—300　　[4] 300—500　　[5] 500 以上

周末:

[1] 100 以下　　[2] 100—300　　[3] 300—500　　[4] 500～1000

[5] 1000 以上

年休、节假日:

[1] 500 以下　　[2] 500—1000　　[3] 1000—3000　　[4] 3000—5000

[5] 500 以上

22. 如果是听音乐会或看各种体育比赛,您能接受的最低价格(元):

[1] 80　　[2] 180　　[3] 380　　[4] 580　　[5] 780　　[6] 1280　　[7] 无所谓

23. 您的休闲消费观念是:

[1] 消费多少无所谓　　[2] 事先做好消费计　　[3] 能省则省　　[4] 其他_____

24. 影响您休闲活动的最大因素:(限选 5 项,若有其他请填写以说明)

[1] 时间　　[2] 兴趣爱好　　[3] 休闲活动时尚性　　[4] 休闲活动知识性

[5] 休闲活动参与性　　[6] 交通　　[7] 环境安全　　[8] 休闲设施完善与否

[9] 休闲费用　　[10] 休闲产品的推介　　[11] 服务水平　　[12] 地理位置

[13] 身心状况　　[14] 工作压力　　[15] 其他_____

25. 您对自己现在的闲暇时间安排满意程度:

[1] 非常满意　　[2] 满意　　[3] 一般　　[4] 不满意　　[5] 非常不满意

[6] 无所谓

26. 您对经常去的休闲区的设施满意度:

[1] 非常满意　　[2] 满意　　[3] 一般　　[4] 不满意　　[5] 非常不满意

[6] 无所谓

27. 您是否认同杭州"生活品质之城"的城市定位:

[1] 非常认同　　[2] 认同　　[3] 不认同　　[4] 完全不认同　　[5] 无所谓

28. 您认为政府是否有必要对市民进行休闲教育和引导：

    [1] 非常必要　　[2] 必要　　[3] 不太必要　　[4] 毫无必要　　[5] 无所谓

29. 您认为休闲教育可以起到的作用是：(限选 2 项,若有其他请填写以说明)

    [1] 提升生活、工作质量　　[2] 帮助选择健康的休闲方式和行为

    [3] 传播普及休闲知识　　[4] 传授休闲方式和技能

    [5] 休闲是个人的事,没什么作用　　[6] 其他 ＿＿＿＿＿＿＿＿

    本次调查到此结束,谢谢您的合作与支持!

    调查员:＿＿＿＿＿＿＿　　调查时间: ＿＿＿＿＿＿＿　　调查地点:＿＿＿＿＿＿＿

    合作情况:＿＿＿＿＿＿＿　　审核员:＿＿＿＿＿＿＿

附录 III

《杭州市民休闲方式选择倾向及影响因素研究》深度访谈纲要

一、个体休闲情况

1. 您眼中的休闲是什么？

2. 您为什么要休闲？（休闲目的/休闲动机）

3. 在时间上您怎样安排自己的休闲活动？

4. 您一般花在休闲上的费用大概是多少？（平时、周末、年休及节假日）

5. 如果不考虑自身限制，您会选择哪些休闲活动？

6. 您觉得休闲活动对您的作用是什么？

7. 您所在地区有没有进行休闲教育？您觉得有必要吗？为什么？

8. 您对政府提供的休闲设施满意度如何？

9. 您认为杭州市市民休闲存在哪些问题？原因是什么？

10. 你更希望政府能满足你什么目的的休闲？

11. 您对现在个人休闲有什么建议？

二、休闲场所访谈

1. 您眼中的休闲是什么？（对休闲的理解）

2. 您觉得您这里所提供的服务是休闲内容吗？

3. 您这里的主要服务对象是谁？

4. 来您这里的客人一般消费情况怎样？您提供的休闲花费一般为多少？

5. 如果不考虑客人身份限制，客人大多选择您这里哪些方面的休闲活动？

6. 多数情况下，客人在接受相关服务后的感受是（您的观察）？

7. 您觉得您这里现在提供的休闲产品哪些需要改进？

8. 您所在的地区有没有进行休闲教育？您觉得有必要吗？为什么？

9. 您的这里一般在什么时间段是客人最聚集的时间？

10. 您对政府提供的休闲设施满意度如何？

11. 您更希望政府能在休闲方面做哪些工作？

12. 您对现在来您这里休闲的客户有什么建议？

13. 您对自己提供的产品的未来发展是否有相关的规划？

访谈员：_____　访谈时间：_____

访谈对象：_____核查员：_____